Genießer unterwegs
FRANKREICH

Genießer unterwegs
FRANKREICH

Rezepte und kulinarische Notizen

Text und Rezepte von
GEORGEANNE BRENNAN

Foodfotos von
NOEL BARNHURST

Landschaftsfotos von
STEVEN ROTHFELD

CHRISTIAN VERLAG

0°
3°
GRANDE BRETAGNE
BELGI
LA MANCHE
CALAIS
BOULOGNE-SUR-MER
FLANDRES
LILLE
CHERBOURG
LE HAVRE
PAYS DE CAUX
AMIENS
ROUEN
BEAUVAIS
CAEN
CAMEMBERT
NORMANDIE
BREST
BRETAGNE
RENNES
ÎLE-DE-FRANCE
PARIS
PICARD
REIMS
CHARTRES
LE MANS
ORLEANS
TROYES
BOURGOGNE
NANTES
PAYS DE LA LOIRE
TOURS
LOIRE-ET-CHER
BOURGES
OCÉAN ATLANTIQUE
POITIERS
FRANCE
LA ROCHELLE
POITUE-CHARENTES
COGNAC
BORDEAUX
LIMOGES
CLERMONT-FERRAND
LYONNAI
BORDEAUX
ST-ÉTIENN
DORDOGNE
LES LANDES
LANGUEDOC-ROUSSILLON
BAYONNE
BIARRITZ
GASCOGNE
TOULOUSE
NÎMES
PAU
MONTPELLIE
PAYS BASQUE
ESPAGNE
MARSEILLE
PERPIGNAN
KM
0 50 100 150 200 250
0 50 100 150
MILES
ANDORRE
MER M
51°
48°
45°
42°

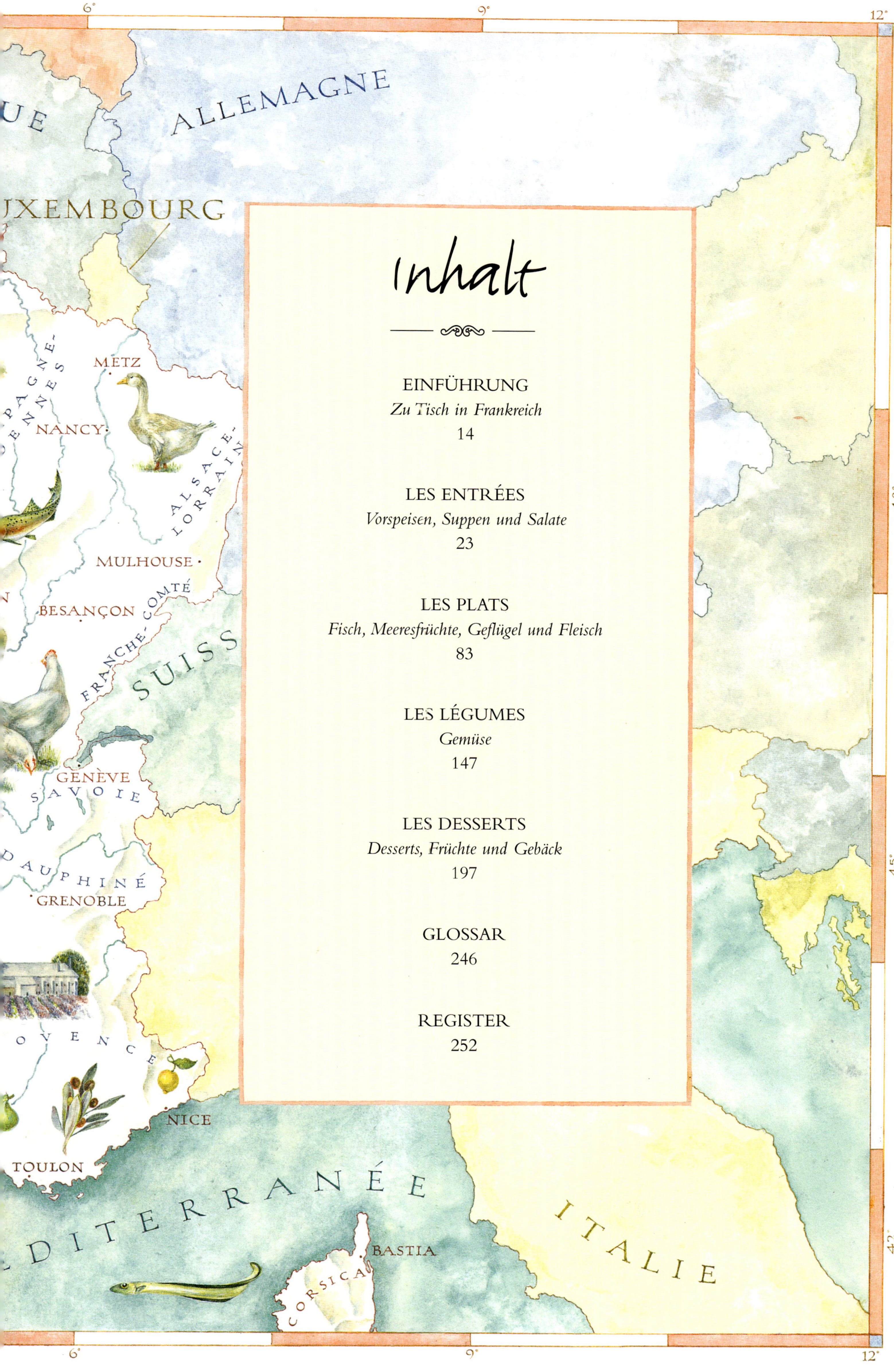

6°
9°
12°
51°
48°
45°
42°
ALLEMAGNE
METZ
NANCY
ALSACE-LORRAINE
MULHOUSE
BESANÇON
FRANCHE-COMTÉ
GENÈVE
SAVOIE
GRENOBLE
NICE
TOULON
BASTIA
CORSICA
ITALIE

Inhalt

Oben: Elegante Cafés und edle *pâtisseries* schmiegen sich zwischen Luxuswohnungen im Marais, dem Pariser *Quartier* auf dem rechten Seine-Ufer, das während der Revolution 1789 von den Royalisten zerstört wurde.

EINFÜHRUNG

Zu Tisch in Frankreich

Essen ist in Frankreich geradezu eine Institution, ein nationaler Zeitvertreib, der den Gang des Lebens bestimmt und dessen angenehme Seiten zu einem festen Bestandteil des ganz gewöhnlichen Alltags macht. Das erkannte ich bereits, als ich als junge Studentin zum ersten Mal nach Frankreich kam, und auch später, als ich dort lebte, Ziegen züchtete, Käse herstellte und so selbst am Rhythmus des täglichen Miteinanders teilhatte. Seit nun fast dreißig Jahren besitze ich ein Haus weit im Hinterland der Provence. Ich habe dort so viele glückliche Stunden und Tage verlebt, dass ich vielleicht manchmal dazu neige, die französische Wirklichkeit aus meinem ländlich-romantischen Blickwinkel ein wenig zu verklären. Jahr für Jahr bin ich immer wieder beglückt, im ganzen Land, in Dörfern und Städten, ja selbst in Paris, all das unverrückt in lebendiger Tradition zu sehen, was ich an der französischen Küche so liebe – den Rhythmus der Mahlzeiten, die Qualität der Zutaten, die Vorliebe für saisonale und regionale Produkte.

Das Ritual der Mahlzeiten ist überall das gleiche. Das Frühstück, *le petit déjeuner,* besteht zumeist aus frischem Brot und Croissants vom Bäcker und einer Tasse oder Schale dampfendem Milchkaffee oder auch einer heißen Schokolade. Das Brot wird sorgfältig mit Butter und Marmelade bestrichen, auch das Croissant wird nicht einfach hinuntergeschlungen, sondern gemächlich in mundgerechte Bissen zerteilt. Dazu wird langsam und stets sehr heiß der Kaffee genippt. Getreideflocken, Müslis und Fruchtsäfte drängen zwar zunehmend auf den französischen Frühstückstisch, doch in den meisten Cafés, Hotels, Autobahnraststätten und heimischen Küchen begrüßen die Menschen den neuen Tag nach wie vor mit Brot und einem heißen Getränk.

Sobald es Mittag wird, begibt sich ganz Frankreich zu Tisch. Zwischen zwölf oder halb eins und halb zwei oder zwei ruht die Arbeit, die Läden schließen, und man widmet sich dem Mittagessen. Selbst die Karussells in den Vergnügungsparks stehen still. In kleineren Gemeinden, wo es noch möglich ist, holt man die Kinder von der Schule ab, um gemeinsam mit der Familie zu Mittag zu essen. Andernfalls essen die Kinder ihr Drei-Gänge-Menü in der Schulkantine, was auch dort alles andere als eine eilige Angelegenheit ist. Überall füllen sich die Restaurants, Brasserien, Bistros und Cafeterias mit Menschen, bereit für *le déjeuner*. Und das ist ein wahrhaft opulentes Mahl, gemessen an den üblichen Standards heutzutage. Meist wird zuvor ein Aperitif genommen. Das

ist durchaus nicht immer Alkohol. Es kann auch ein Fläschchen Perrier sein oder ein Glas Fruchtsaft. Es folgt die Vorspeise, eine Suppe etwa oder ein Salat, *charcuterie* oder ein Stück Quiche. Dann kommt der Hauptgang, begleitet von verschiedenen Gemüsen, und zu guter Letzt noch Käse und ein Dessert. Dazu wird gewöhnlich Wein getrunken. Es ist ein beruhigendes Ritual, das den Tag einen Moment lang anhält und selbst den fleißigsten Arbeiter innehalten lässt. Vor allem in den ländlichen Restaurants sind sie zu sehen, die Steinmetze, Elektriker, Kraftfahrer und alle, die sonst noch Land und Leben am Laufen halten, wie sie beisammensitzen und sich bei einem ausgedehnten Drei-Gänge-Menü, gekrönt von einem *café express*, entspannen.

Zwischen vier und fünf Uhr ist die Zeit für *un goûter*, einen Nachmittagssnack. Die Arbeit wird mit einer Tasse Kaffee oder Tee und einer Süßigkeit unterbrochen. Auf dem Lande verbindet man das nachmittägliche Kaffeetrinken häufig mit einem Besuch beim Nachbarn.

Am späten Nachmittag, wenn sich die Büros, Felder, Fabriken und Läden leeren, geht man vielfach noch mit Freunden in ein nahe gelegenes Café, um bei einem Aperitif den Arbeitstag ausklingen zu lassen und die erholsamen Abendstunden einzuläuten. Kurz darauf folgt das Abendessen, das dem Mittagessen in nichts nachsteht, bestenfalls etwas leichter ist, wenn jenes allzu üppig ausfiel. Ich finde diese Bräuche sehr friedvoll und kultiviert, denn sie erlauben den Menschen, täg-

Links: Zarte, erntefrische Radieschen werden praktisch zu jeder Gelegenheit gegessen – schlicht mit Butter und Salz. **Oben:** Obwohl sein Name übersetzt »Neue Brücke« bedeutet, ist der Pont Neuf tatsächlich die älteste Brücke in Paris. 1607 eingeweiht, wurde ihr Grundstein bereits im Jahre 1578 gelegt.

lich mehrere Stunden mit Freunden und Familie zu verbringen.

Ein großer Teil der französischen Leidenschaft für alle Tischfreuden wurzelt in einer tiefen Verbundenheit mit dem Land und den Produkten, die es über das Jahr hervorbringt. Man ist überaus stolz auf die Erzeugnisse der heimischen Region, *les produits du terroir*, ja dieser Stolz scheint sogar noch zuzunehmen. Nicht selten, wenn ich bei Freunden zum Mittagessen eingeladen bin, besteht die Hauptbeschäftigung vor oder nach dem Essen in kulinarischen Beutezügen – Pilze oder Kräuter suchen, Schnecken sammeln oder Kirschen pflücken. In einer mehr städtischen Umgebung mag der Streifzug in einer speziellen Fromagerie enden, die ihre Käse in eigenen Kellern reift, oder in einer besonders erlesenen *pâtisserie* oder *charcuterie.*

Restaurants preisen überall stolz ihre *menus du terroir* an, ihre heimischen Gerichte, ob einfach oder umfangreich. In Forcalquier, am Rande des Dorfplatzes, liegt die Hostellerie des Deux Lions, ein traditionelles Hotel für Leute auf der Durchreise, das aus dem letzten Jahrhundert stammt. Man serviert dort als Aperitif den *vin de noix*, einen Walnusswein, der aus der Ernte der berühmten Walnussplantagen des nahe gelegenen Jabron-Tals hergestellt wird. Die Auswahl der Vorspeisen bietet immer ein Gemüse der Saison oder eine daraus bereitete Suppe. Unter den Hauptgerichten findet sich Lamm, genährt und aromatisiert von heimischen Wiesenkräutern, und eine *daube* (Schmorbraten), nach Art der Region mit Orangenschale und in regionalem Wein geschmort.

Der Besitzer reift auch seinen eigenen Käse, der den nächsten Gang bestimmt. Als ich zum ersten Mal von seinem Ziegenkäse mit Lavendel probierte, war ich überwältigt. Es war Käse in Vollendung. Ich fragte ihn, wie er dieses unvergleichliche Aroma zustande bringe. Er holte eine flache Pappschachtel hervor, die einige Lavendelblüten und -stengel enthielt. Er erklärte mir, dass er nur die Samen verwendet, da die Blüten zu intensiv seien. Der Käse würde »gleich da

Links: Die Franzosen verfügen über einen ausgeprägten Schönheitssinn, wie die Gestaltung dieses typisch ländlichen Gartens mit seinen gepflegten, von rosa Malven gesäumten Beeten zeigt. **Rechts oben:** Reihe an Reihe warten Tische und Stühle auf Besucher im Café Flore, dem legendären Literatentreff, in dem schon so illustre Gäste wie Jean-Paul Sartre, Albert Camus und Simone de Beauvoir ihren Kaffee tranken. **Rechts unten:** Eine verlockende Auswahl von Gebäck ziert die Auslage dieser *pâtisserie* in Auxerre an der Yonne im Burgund.

Ganz oben: Ein seichter Fluss schlängelt sich durch die rebenbedeckten Hügel um Banyuls, wo das milde Klima einen süßen und weithin geschätzten Dessertwein hervorbringt.
Darunter: Melonen zählen wegen ihres feinen Aromas zu den beliebtesten Früchten und werden in der Gegend um Aix en Provence, Avignon und Cavaillon angebaut.
Rechte Seite: Paris, Stadt der Liebe. Ein junges Paar küsst sich auf der sonnenbeschienenen Place Saint Sulpice.

drüben« hergestellt, in den Hügeln nahe Banon, und der Lavendel stamme aus seinem eigenen Anbau.

Diese Szene könnte sich überall in Frankreich wiederholen. Die Menschen achten auf die Lebensmittel und ihre Herkunft. Selbst in einer Zeit, da Frankreich wie alle industrialisierten Länder über ein leistungsfähiges Versorgungssystem für Frischwaren wie Obst, Gemüse, Fisch, Käse und Fleisch verfügt, herrscht immer noch eine tiefe Verbundenheit mit der Region und eine besondere Wertschätzung für hochwertige *produits du terroir.*

Die Bedeutung der Jahreszeiten wird besonders auf den regionalen Märkten augenfällig, wo sich im Frühjahr Spargel und Artischocken, später dann Berge von Beeren auftürmen und im Frühsommer winzige, *griottes* genannte Kirschen, um im Sommer Platz zu machen für Tomaten, Paprika, Auberginen, Pfirsiche, Pflaumen und Melonen. Kaum ist der Herbst gekommen, wechselt das Sortiment erneut mit verschiedenen Kohlsorten, Waldpilzen, Kürbissen, Äpfeln und Quitten. Und der Winter bringt schließlich Grünkohl, Nüsse, Kartoffeln, Endivie und Frisée. Natürlich sind die Jahreszeiten je nach Region und Klima unterschiedlich. So sind die Alpenbewohner noch immer in geduldiger Erwartung der ersten Erdbeeren, wenn ihre Landsleute im Südwesten sie schon längst genießen.

196
HVT 75
401
KLB75

Wenn man durch Frankreich reist, lernt man am meisten über die Menschen, Regionen und ihre Tafelfreuden, indem man in die Auslagen der *charcuteries, pâtisseries,* Käse- und Weinläden schaut und die ausgehängten Speisekarten der Restaurants studiert. Man entdeckt überall Spezialitäten, die jeweils typisch für die Region sind; zum Beispiel die *poumonier*-Würste aus Savoyen, den *gâteau basque*, einen kegelförmigen Kuchen, der auf einem senkrechten Spieß gebacken wird, oder den bretonischen Rosinenpudding. Und überall gibt es den charakteristischen *vin de pays*, den Wein der Region.

Die Bedeutung der französischen Bauern und Erzeuger sowie die Achtung und Anerkennung, die ihnen entgegengebracht wird, kann gar nicht hoch genug eingeschätzt werden. *Fromagers, charcutiers, pâtissiers, fermiers* sowie Fischer und Winzer, die häufig in eigener Regie oder mit nur ein paar Angestellten nach traditionellen Verfahren arbeiten, sind die lebendige Verkörperung des französischen Strebens nach hochwertigen Lebensmitteln. Käse zum Beispiel ist ein wesentlicher Bestandteil der französischen Küche, sei es als eigenständiger Gang oder als Zutat. In Frankreich gibt es Hunderte verschiedener Käsesorten, darunter viele aus kleinen, regionalen Käsereien. Noch heute leben auf den sommerlichen Almen der Alpen Schäfer, die Käse mit Milch aus ihrer eigenen Produktion herstellen. Später bringen sie die Laibe zum Reifen und Verkaufen hinunter ins Tal. Ziegenkäse, der mit Kastanienblättern umhüllt wird, steht in der Tradition von Banon, wo die *fromagers* wissen, dass die grünen Blätter zu viel Tannin enthalten und dem Käse ein leicht bitteres Aroma verleihen, anders als die dezent nussige Note der braunen Blätter.

Es ist dieser Kennerschaft zu verdanken, dass man praktisch überall in Frankreich ein komplettes Menü einkaufen und dabei einer Qualität der Zutaten sicher sein kann, die so gut ist wie selbst gemacht, wenn nicht besser. Vom *boulanger* stammt das Brot, einige Baguettes oder vielleicht ein besonderer Laib mit Oliven oder Walnusskernen. Der *charcutier* steuert die Vorspeise und den Hauptgang bei. Vorweg vielleicht ein *jambon cru*, ein roher Schinken, eine Scheibe Kaninchen-Pâté oder ein paar Scheibchen *saucisson*, garniert mit winzigen Cornichons. Das Kernstück des Menüs ist vielleicht ein Huhn, im

Ganzen gebraten, die Haut schön knusprig und goldbraun und mit einem betörenden Duft nach Kräutern. Oder vielleicht doch lieber ein in edlem Wein geschmorter Braten? Die *épicerie* ist Bezugsquelle der herrlich reifen Tomaten, die in Scheiben geschnitten, auf einer Platte angerichtet dem Huhn folgen. Der Käsegang ist natürlich vom *fromager* zusammengestellt, und aus den Leckereien der *pâtisserie* stammt das Dessert. Sorgfältig ausgewählte Weine begleiten das gesamte Menü. Besonders der *charcutier* und der *pâtissier* erleichtern es, einmal so richtig aufzutischen, denn ihrem Angebot ist es zu danken, dass sich die Arbeit des Kochs auf nur einen oder zwei Gänge reduziert.

Ich hoffe, mit diesem Buch nicht nur meine Zuneigung zu Frankreich, zu seiner Küche und Lebensart zu vermitteln, sondern auch eine Vorstellung von der Ursprünglichkeit und Schlichtheit zu geben, die sich vielfach hinter der französischen Hingabe an die Tafelfreuden verbirgt. Häufig ist es gerade diese Schlichtheit, die den gedeckten Tisch in Frankreich auszeichnet; einen Tisch voller einfacher Genüsse, bestimmt von Region und Jahreszeiten und geteilt mit Freunden und Familie in ungezwungener, entspannter Atmosphäre.

Links oben: Die imposanten, schneebedeckten Alpen beherbergen einige der exklusivsten Winterkurorte, von den Skipisten Chamonix' und Megèves bis zu den luxuriösen Bädern rund um den Genfer See. **Links Mitte:** Die schroffe Küste der Bretagne zieht Touristen und einheimische Angler gleichermaßen an. **Links unten:** Im Hafen von Bastia genießt ein Korse eine frische Auster direkt aus dem Meer. **Ganz oben:** Aix en Provence, einstige Hauptstadt der Provence und Geburtsort von Paul Cézanne gilt noch immer als kulturelles und gastronomisches Zentrum. **Darunter:** Für hartnäckige Feilscher bieten Flohmärkte einen wahren Schatz an Haushaltsartikeln.

Poil

LES ENTRÉES

Der erste Gang gibt
immer den Ton an und
bereitet den Gaumen vor auf
kommende Genüsse.

In Frankreich wird der Vorspeise ebenso viel Bedeutung beigemessen wie dem Hauptgericht. Schließlich ist sie der Auftakt, der auf die kommenden Genüsse einstimmt, den Gaumen vorbereitet und die Magensäfte in Wallung bringt. Wenn ich in einem französischen Restaurant ein Menü bestelle, verbringe ich fast die meiste Zeit mit der Wahl der Vorspeise. Die Fülle der Möglichkeiten scheint jedes Mal schier unerschöpflich. Ich könnte einen Teller mit *charcuterie* nehmen, einen gemischten Salat, Meeresfrüchte, warmen Käse, eine Eierspeise, eine Gemüseplatte, eine Tarte oder Quiche, Crêpes oder eine Suppe. Bei einer Mahlzeit zu Hause ist die Wahl der Vorspeise nicht minder bedeutsam, denn sie legt fest, worauf Sie Ihre küchenhandwerklichen Anstrengungen konzentrieren. Wählen Sie einen Salat, einen warmen Käse oder *charcuterie,* so wird die Vorspeise nicht viel Zeit kosten. Gekaufte *charcuterie* muss lediglich auf einem Teller angerichtet werden. Ein Salat macht vielleicht zusätzlich den einen oder anderen Griff zum Messer erforderlich, und der Käse muss erwärmt werden. Eine Suppe, Tarte oder Quiche, hausgemachte *charcuterie* oder ein Gemüsegericht sind da schon zeitaufwendiger und verlangen ein Mindestmaß an kulinarischen Fertigkeiten.

Im Restaurant liefert eine Auswahl an *charcuterie* meist eine erste Kostprobe regionaler Produkte, die häufig *à la maison,* also vom Chef persönlich, zubereitet sind. Vor allem in den kleinen Familienbetrieben werden sie meist nach traditionellen Rezepten gefertigt, die von Generation zu Generation weitergegeben wurden. So ist das Aroma des *terroir* stets auch mit einem Hauch Geschichte gewürzt. In Rouen war ich ganz hingerissen von Entenpâté mit Armagnac, im Süden von *pâté maison* mit Wacholderbeeren und Marc, im Baskenland war es ein *jambon du pays,* Schinken, eingerieben mit Paprika aus Espelette, und in Savoyen *poumonniers,* Schweinswürste, die aus Lunge und Spinat oder Mangold hergestellt werden.

Die Vielfalt der französischen *charcuterie,* die als Vorspeise gereicht wird, ist erstaunlich. Terrinen, Pasteten, *rillettes* (Schweinemett in Schmalz), Würste und Schinken gibt es in unzähligen Zubereitungsarten – mal als Sülze, mal unter einem Teigmantel; man verwendet Ente, Schweinefleisch, Wild oder Kaninchen, aber auch Fisch, Gemüse und Meeresfrüchte. Schweinskopfsülze, marinierte Zunge, Zungen- oder Ochsenmaulsalat sind weitere Beispiele für traditionelle Zubereitungsarten der *charcuterie.*

Vorherige Seite: Staunend betrachten Passanten die Auslage der berühmten Pariser Bäckerei Poilâne in der Rue du Cherche-Midi. **Links:** Mit seinem leuchtend blauen Meer, den milden Wintern und den großzügigen Stränden lockt Nizza ganze Scharen von Besuchern. Eine elegante Promenade, eingerahmt von Belle-Epoque-Fassaden, säumt die Uferlinie. **Unten:** Die Zubereitung von *escargots à la bourguignonne* ist nicht ganz einfach: Die Schnecken werden mehrmals gewaschen, gekocht, ausgelöst, mit Weißwein und Kräutern gegart, zurück in die gesäuberten Gehäuse gefüllt, mit Schneckenbutter bestrichen und sehr heiß serviert. **Ganz unten:** Angeblich waren es die Griechen, die vor rund 2500 Jahren die ersten Olivenbäume in die Provence brachten.

Ganz oben: In dem baskischen Ort Espelette hängen Büschel roter Paprika zum Trocknen. Sie werden oft für *rouille* verwendet, eine würzig-scharfe, rötliche Sauce aus Knoblauch, Semmelmehl, Olivenöl, Tomaten und Fischfond, die zu Fischsuppe serviert wird. **Mitte oben:** *Gavage,* das in Deutschland verbotene systematische Stopfen von Gänsen und Enten führt zu einer künstlichen Vergrößerung der Leber der Tiere und ergibt eine aromatische und saftige Foie gras. **Darunter:** *Charcuterie,* der Oberbegriff für alle möglichen Fleischzubereitungen wie Pasteten, Terrinen, *rillettes,* Schinken und Würste, bezeichnet auch das Geschäft, in dem diese Waren verkauft werden. **Rechts:** Pâtés gibt es in allen erdenklichen Variationen, von der gewöhnlichen *pâté de campagne* (nach ländlicher Art) bis zur etwas selteneren *pâté de rive* (Drosselpastete). Diese *pâté en croûte* (Blätterteigpastete) hält im Innern einen Schatz verborgen. **Ganz rechts:** Ein Aperitif am Nachmittag krönt den Besuch auf einem Markt in Lyon. Die Metropole an den Ufern von Rhône und Saône gilt als Frankreichs gastronomische Hauptstadt.

Meeresfrüchte sind ein ganz besonders reizvoller Auftakt für ein Essen, vor allem in den küstennahen Orten. Viele Restaurants sind bekannt für ihre frischen *coquillages,* die sie nahe des Eingangs auf einer Schicht von zerstoßenem Eis und dekoriert mit frischer Zitrone und Meeresalgen zur Schau stellen, um hungrige Passanten zu verführen. Je nach Jahreszeit füllen Austern, Garnelen, Krebse, winzige Venusmuscheln, Seeigel und Meeresschnecken das Sortiment.

Doch nicht minder unwiderstehlich sind Spezialitäten wie eine Austernsuppe an der bretonischen Küste oder Omelett mit frischen Waldpilzen im Périgord, gegrillte Sardellen entlang der Mittelmeerküste oder Linsensalat mit Entenbrust in der Auvergne.

Es sind die Jahreszeiten, die bestimmen, welches Gemüse oder Obst als Vorspeise auf dem Teller landet, sei es *au naturel* oder als Zutat in einem Salat, einem Omelett oder einer Quiche. Schauen Sie im Frühling nach Spargel, Artischocken und Kirschen; im Sommer nach Tomaten, Auberginen, Zucchini *(courgettes),* Paprika und Melonen; nach Waldpilzen, Feigen und Äpfeln im Herbst, und im Winter nach Lauch, Kürbissen und Trüffeln. Das Gemüse serviert man am besten so schlicht und naturbelassen wie möglich, damit es seinen besonderen Geschmack und seine vollendete Reife zur Geltung bringen kann. Spargel mit Estragon-

Vinaigrette, Artischocke mit Olivenöl und einem Hauch Knoblauch oder gebackene Feigen sind ganz einfache Gerichte, die man wunderbar frisch zubereiten kann.

Salate geben ebenfalls häufig einen querschnittartigen Eindruck von der *cuisine du terroir,* sowohl als traditionelle Gerichte wie auch in neuen Kreationen. Die *salade niçoise* mit ihrem Thunfisch, den Sardellen, Kartoffeln, Tomaten und grünen Bohnen, aromatisiert mit Olivenöl und Kräutern, verkörpert die mediterrane Provence. Ein normannischer Salat besteht dagegen aus Äpfeln und Walnüssen und wird mit Rahm und Cidre-Essig zubereitet, während eine *salade savoyarde* wiederum Käsewürfel enthält – Beaufort oder Emmentaler – sowie Walnüsse und Speck und mit dem heimischen Walnussöl und Weinessig angemacht wird. Nahe der spanischen Küste, in der Gegend um Perpignan und Biarritz, dominieren Salate mit Fisch und Paprika, die man mit Safran würzt, während sich in den nördlichen Küstenregionen der Salatteller eher mit Schalen- und Krustentieren füllt.

Tartes, Crêpes und Quiches werden heiß oder lauwarm serviert und gehören zu den verlockendsten Vorspeisen überhaupt. Die mediterrane *pissaladière* mit ihrem üppigen Belag aus goldgelb geschmolzenen Zwiebeln, gekrönt von Sardellen und Oliven, lässt einem regelrecht das Wasser im Munde zusammenlaufen. Im Norden bereitet man einen ähnlichen Teigfladen, allerdings mit Lauch, den man mit einem regionalen Käse bestreut. Doch das Prinzip ist immer das gleiche: ein Hefeteig, ausgerollt und mit einem Gemüse belegt, das genug Zucker enthält, um ein wenig zu karamellisieren und zuoberst mit etwas Passendem ergänzt. Andere Tartes erinnern eher an Kuchen, bei denen zunächst eine Backform mit Teig ausgekleidet und dann mit einem Käse aus der Region bestreut wird – Cantal in der Auvergne, Beaufort in Savoyen und Ziegenkäse im Indres. Darüber schichtet man ein Gemüse, zum Beispiel Tomaten. Bei einer Quiche wird der Teig zunächst blind vorgebacken, bevor man ihn mit einer Milch-Eier-Mischung auffüllt. Ergänzt mit Speck, Schinken, Käse, Meeresfrüchten oder Gemüse ergeben sich fast unbegrenzte Variationsmöglichkeiten.

Doch von allen möglichen Vorspeisen, so glaube ich, bieten Suppen die reichste Vielfalt. Eine Suppe kann schlicht und rustikal sein wie Zwiebelsuppe. Doch füllen Sie eine Kelle davon in eine ofenfeste Schale, fügen Sie eine dicke Scheibe altbackenes Brot, einige Stückchen Butter, ein paar Spritzer Olivenöl und reichlich geriebenen Gruyère hinzu, und Sie werden Zeuge einer köstlichen Verwandlung. Ähnlich lässt sich auch eine Gemüsesuppe mit Bohnen, Kartoffeln und kleinen Nudeln durch einfaches Hinzufügen von *pistou* veredeln, einer dicken Knoblauch-Basilikum-Sauce, die erst kurz vor dem Servieren untergerührt wird. Oder denken Sie an die köstliche *bourride,* die den provenzalischen Fischern zu verdanken ist. Dabei beginnt alles ganz unscheinbar mit einem Topf voll Fischköpfen und -gräten, einigen Gemüsen und einem Schuss Wein. Dann kommt stückchenweise der Fisch – die Reste des Tagesfangs – hinzu und wird langsam in dem Sud gegart. Als Nächstes rührt man Aïoli, eine dicke Knoblauchmayonnaise, und einige Eigelb in die Brühe. Das Ergebnis ist eine duftende, cremige Suppe, die über einige Brotscheiben in Teller gefüllt wird. Nun noch eine Extraschale Aïoli auf den Tisch, und Sie erleben das Paradies auf Erden.

Egal, wofür Sie sich entscheiden, ob heiß oder kalt, schlicht oder ausgefeilt, gekauft oder selbst gemacht, die Vorspeise will in der heimischen Küche genauso gründlich überlegt sein wie im Restaurant. Ich war selten einmal zu Gast an einem französischen Tisch, an dem keine Vorspeise serviert wurde.

Einer meiner besten Freunde in Frankreich ist Pascal, ein Steinmetz, der nebenbei im Dienst der Gemeinde steht. Zwei Tage in jeder Woche übt er das Amt des *garde champêtre* aus, zu dessen Aufgaben so unterschiedliche Dinge gehören wie den Verkehr im Falle eines Unfalls zu regeln, die Einsatzbereitschaft des Feuerwehrwagens sicherzustellen, einmal wöchentlich die Kirchturmuhr aufzuziehen und bei Wahlen und offiziellen Feierlichkeiten zu assistieren. An Tagen, an denen er für die Gemeinde arbeitet, geht er zum Mittagessen nach Hause. Er ist der Koch in seiner Familie. Kochen hat für ihn eine geradezu therapeutische Wirkung. Es beruhigt und entspannt, sagt er. Jeden Montag und Dienstag kommt um die Mittagszeit sein verbeulter Lieferwagen die Straße herauf, und Pascal, nach einem Pastis, strebt an den Herd, um für jeden zu kochen, der gerade da ist. Ich schätze mich jedes Mal glücklich, wenn ich mit von der Partie bin.

Erst kürzlich – und noch in guter Erinnerung – servierte er uns als Vorspeise einen *jambon cru* mit Oliven, gefolgt von gebratenen Lachssteaks mit Safran, Weißwein und Rosinen, dazu einen Endiviensalat und schließlich noch Käse. Ein *café express* rundete das Mahl ab, bevor Pascal sich wieder auf den Weg zur Arbeit machte. Es war ein gutes, einfaches Mittagessen in entspannter Atmosphäre, begleitet von lebhafter Unterhaltung.

Links: Der Louvre, verdeckt von einigen Bäumen am Ufer der Seine. Im Jahre 1190 n. Chr. als Festung erbaut, beherbergt er heute eine der bedeutendsten Kunstsammlungen der Welt. **Rechts oben:** Pferde grasen auf einem Feld in den Cévennen nahe der Stadt Nîmes. Einst bedeutende Handelsdrehscheibe ist sie heute bekannt für ihre Festivals, Stierkämpfe und romanischen Ruinen. **Rechts unten:** In Frankreich gibt es mehr als 400 verschiedene Käsesorten. Wie viele Weine und Wurstsorten werden sie häufig nach ihrer Herkunft benannt – zum Beispiel Camembert, Brie oder Roquefort.

Ganz oben: Der Kirchturm von Bonnieux aus dem 12. Jahrhundert erhebt sich vor dem Kalkmassiv des Lubéron. **Unten:** Ein Aperitif bietet immer Gelegenheit für einen geselligen Schwatz. **Rechts:** Die Rotweine der Côte d'Or im Burgund zählen zu den berühmtesten der Welt.

Essen in Frankreich ist ein unvergleichliches Erlebnis, das in seiner besonderen Art außerhalb des Landes schwer zu vermitteln ist. Es beginnt schon beim Aperitif – dieser beschauliche, halbstündige Rückzug aus der Welt der Arbeit in die private und angenehme Atmosphäre der Tischfreuden, die schließlich vom ersten Gang eröffnet werden. Dieser entspannte Auftakt zwingt förmlich zu einem langsameren Rhythmus. Man isst gemächlich, nimmt sich viel Zeit zum Reden und hat Freude an Geselligkeit. Geschäft und Arbeit rücken in den Hintergrund, und Politik, Theater, Sport oder andere erbauliche Themen treten an ihre Stelle. Das ist nicht nur der Verdauung förderlich, wie Ihnen jeder Franzose versichern wird, sondern ein vitaler Bestandteil der französischen Tischkultur überhaupt.

Es ist nicht ganz einfach, diese Atmosphäre in einem anderen Land mit anderer Lebensart herzustellen. Doch denken Sie daran, nicht jeder Gang muss höchste Kochkunst demonstrieren, er muss nur gut sein. Der Auftakt zu einem Essen kann ein schlichtes, gekochtes Gemüse mit Kräutern und Vinaigrette sein oder ein Teller mit Tomaten oder ein, zwei Scheiben Schinken.

Provence

Pissaladière

Provenzalische Pizza

Dies ist das provenzalische Pendant zur Pizza, reich belegt mit Zwiebeln, die zuvor mit Butter, Olivenöl und Kräutern zu einem dicken, goldgelben Confit eingekocht werden.

FÜR DAS ZWIEBEL-CONFIT

60 g Butter

1,75 kg gelbe Zwiebeln, in ½ cm dicke Ringe geschnitten

2 frische Lorbeerblätter (oder 1 getrocknetes)

4 frische, große Zweige Thymian

4 frische Zweige Bohnenkraut

Frisch gemahlener Pfeffer

½ TL Salz

4 EL (60 ml) natives Olivenöl extra

FÜR DEN TEIG

2 Päckchen Trockenhefe

250 ml lauwarmes Wasser

1 TL Zucker

1 TL Salz

2 EL natives Olivenöl extra

Etwa 550 g Mehl

AUSSERDEM

20 Sardellenfilets

20 eingelegte, schwarze Oliven

2 TL Olivenöl

2 EL frischer Majoran, gehackt

◆ Den Ofen auf 150 °C vorheizen

◆ Für das Zwiebelconfit die Butter in Stücke schneiden und in eine flache Backform geben, die aber tief genug ist, um die Zwiebelringe übereinander etwa 3 cm dick aufzuschichten. Liegen die Ringe zu dünn geschichtet, so werden sie geröstet, statt zu einem Confit zu »zerschmelzen«. Die Backform für etwa 5 Minuten in den Ofen schieben, bis die Butter zerlaufen ist. Herausnehmen und die Hälfte der Zwiebelringe in die Form füllen. Die Lorbeerblätter zerteilen und die Hälfte davon über die Zwiebeln streuen. Dann jeweils 2 Thymian- und Bohnenkrautzweige hinzufügen und mit Pfeffer und Salz würzen. Darüber 2 EL des Olivenöls träufeln. Nun die andere Hälfte der Zwiebeln, Kräuter und Gewürze in gleicher Weise darüber schichten und mit dem restlichen Olivenöl beträufeln. Die Form erneut in den Ofen schieben und die Zwiebeln 1-1½ Stunden garen, bis sie goldbraun und auf die Hälfte des Volumens eingeschmolzen sind. Die Zwiebeln während des Garens alle 10–15 Minuten wenden. Aus dem Ofen nehmen und das Bohnenkraut, den Thymian sowie den Lorbeer entfernen.

◆ Inzwischen den Teig zubereiten. Dazu zunächst in einer Schüssel die Hefe in dem lauwarmen Wasser auflösen. Dann den Zucker hinzufügen und etwa 5 Minuten stehen lassen, bis sich Bläschen bilden.

◆ In der Küchenmaschine die Hefemischung mit dem Salz, 1 EL Olivenöl und 500 g Mehl vermengen und alle Zutaten zu einem kompakten Teig verarbeiten. Ist der Teig zu feucht, nach und nach so viel von dem restlichen Mehl einarbeiten, dass eine feste und elastische Kugel entsteht. Ist er zu trocken, einige Tropfen warmes Wasser dazugeben und weitere 3–4 Minuten durcharbeiten, bis der Teig eine ebenmäßige Struktur hat. Dann den Teig auf eine gut bemehlte Arbeitsfläche legen und nochmals 4–5 Minuten durchwirken, bis er glatt und geschmeidig ist.

◆ Den restlichen Esslöffel Olivenöl in eine große Schüssel geben. Den Teig hinzufügen und rundum mit dem Öl einreiben. Mit einem sauberen, feuchten Geschirrtuch bedecken und an einem warmen Ort etwa 1-1½ Stunden gehen lassen, bis der Teig sein Volumen verdoppelt hat. Dann den Teig abschlagen, erneut abdecken und weitere 30 Minuten gehen lassen.

◆ Ein Blech im oberen Drittel des Ofens einschieben und den Ofen auf 250 °C vorheizen.

◆ Auf einer bemehlten Arbeitsfläche den Teig ein weiteres Mal durchkneten, damit die beim Aufgehen entstandenen Luftbläschen entweichen können. Dann mit einem Nudelholz zu einem Rechteck von etwa 35 × 50 cm ausrollen. Ein Backpapier der gleichen Größe mit etwas Mehl bestreuen und den Teig darauf legen. Die Ränder etwas hochdrücken, damit eine Kruste entsteht. Nun das fertige Zwiebel-Confit darauf ausbreiten und die Sardellen und Oliven gleichmäßig darüber verteilen.

◆ Die *pissaladière* mit dem Backpapier auf das heiße Blech legen und im Ofen etwa 12–15 Minuten backen, bis der Boden schön knusprig und die Ränder goldbraun sind. Aus dem Ofen nehmen und solange sie noch heiß ist mit 2 TL Olivenöl beträufeln sowie mit dem Majoran bestreuen.

◆ Zum Anrichten die *pissaladière* in Rechtecke von etwa 7 × 10 cm schneiden und heiß oder lauwarm servieren.

Für 10 Personen

Pays de la Loire

Salade de melon et figues avec crème au basilic

Salat von Melone und Feigen mit Basilikumsahne

Vollreife, zuckersüße Feigen und Melonen sind in den warmen Regionen Frankreichs besonders beliebt.

125 ml fette Sahne (Crème double)

2½ TL frisch gepresster Zitronensaft

1½ TL Zucker

10 g frisches Basilikum, gehackt (und einige Blätter zur Dekoration)

500 g einer süßen Melonensorte (z.B. Cantaloupe, Charentais oder Netzmelone), in 2–3 cm große Würfel geschnitten

500–750 g sehr reife Feigen, längs geviertelt

◆ In einer Schüssel die Crème double mit dem Zitronensaft, Zucker und gehackten Basilikum verrühren. Zudecken und für mindestens 1 Stunde, aber nicht länger als 6 Stunden, in den Kühlschrank stellen.

◆ Die Melonenwürfel und geviertelten Feigen gleichmäßig auf vier Tellern anrichten und etwas von der Basilikumsauce darüber gießen. Mit den Basilikumblättern dekorieren und servieren.

Für 4 Personen

Früchte der Saison serviert man am besten so schlicht wie möglich. So können sie ihren herrlichen Geschmack und ihre vollendete Reife voll zur Geltung bringen.

Alsace-Lorraine

Quiche Lorraine

Quiches aller Art sind ein nicht wegzudenkender Bestandteil des französischen Küchenreichtums. Eines Sommers testete mein damals 13-jähriger Sohn alle möglichen Sorten Quiche, die er für sein Leben gern isst. Auf einer Fahrt von der Haute Provence in den Norden von Lyon kaufte er in jedem Ort, in dem wir hielten, ein Stückchen Quiche. Und während er es genüsslich verzehrte, kommentierte er Konsistenz und Menge der Füllung sowie die Knusprigkeit der Teigkruste. Noch heute erinnert er sich an den Testsieger, die Quiche aus Villelaure im Lubéron.

Quiche-Stände, die man überall auf den Märkten findet, bieten das leckere Backwerk frisch, in allen Größen und mit den verschiedensten Füllungen an. Sie werden »sur place« (an Ort und Stelle) gebacken. Es ist praktisch unmöglich, an diesen mobilen Küchen vorbeizugehen, ohne ein Stück Quiche frisch aus dem Ofen geradewegs aus der Hand zu essen. Quiche Lorraine ist die einfachste Variante, doch ihr Geschmack ist ungemein harmonisch und intensiv.

FÜR DEN TEIG

300 g Mehl

½ TL Salz

125 g kalte Butter, in kleine Würfel geschnitten

6 EL Eiswasser

FÜR DIE FÜLLUNG

3 Eier

250 ml fette Sahne (Crème double)

250 ml Schlagsahne

½ TL Salz

Frisch gemahlener Pfeffer

Eine Prise gemahlene Muskatnuss

8 dünne Scheiben roher Speck, in 1 cm dicke Streifen geschnitten

◆ Für den Teig Mehl und Salz in eine Schüssel geben. Die Butterwürfel nach und nach hinzufügen und mit einem Teigmischer oder zwei Messern in das Mehl hacken, bis sich erbsengroße Kügelchen bilden. Dann löffelweise das Eiswasser dazugeben und zuerst mit einer Gabel, dann mit den Fingerspitzen rasch in den Teig einarbeiten. (So bleibt der Teig beim Backen locker und blättrig.) Den fertigen Teig zu einer Kugel formen (er sollte noch ein bisschen krümelig sein), in Frischhaltefolie einwickeln und 15 Minuten im Kühlschrank durchkühlen lassen.

◆ Den Ofen auf 220 °C vorheizen.

◆ Auf einer bemehlten Arbeitsfläche den Teig zu einem Kreis von etwa 26 cm Durchmesser und 6 mm Dicke ausrollen. Die Teigplatte locker um die Kuchenrolle legen und über einer Kuchenform oder Auflaufform von 23 cm abrollen. An Boden und Rändern gut andrücken. Je nach Höhe der Form die überstehenden Teigränder mit einem Messer abschneiden. Den Teig mit Aluminiumfolie oder Backpapier auslegen und mit Backerbsen oder getrockneten Bohnen beschweren.

◆ Im Ofen etwa 12–15 Minuten blind backen, bis der Teig fest, aber noch nicht braun ist. Aus dem Ofen nehmen und Backerbsen sowie Alufolie oder Backpapier entfernen. Etwaige Blasen am Teigboden mit einer Gabel einstechen und für weitere 5 Minuten backen, bis der Teig eine leicht goldbraune Farbe angenommen hat. Aus dem Ofen nehmen und beiseite stellen.

◆ Die Ofentemperatur auf 190 °C reduzieren.

◆ Für die Füllung Eier, Crème double, Schlagsahne, Salz, Pfeffer und Muskatnuss in einer Schüssel gut miteinander verrühren. Den Speck gleichmäßig auf dem Teigboden verteilen und mit der Eier-Sahne-Mischung auffüllen.

◆ Die Quiche vorsichtig in den Ofen schieben und etwa 25–30 Minuten backen. Sie ist fertig, wenn die Oberfläche goldgelb und die Füllung vollständig gestockt ist, so dass nach dem Einstechen mit einem Messer keine Rückstände an der Klinge bleiben. Die Quiche aus dem Ofen nehmen und 15 Minuten ruhen lassen. Warm servieren.

Für 6 Personen

Provence

Tellines à l'arlésienne

Sautierte Venusmuscheln mit Knoblauch

Am Mittelmeer, nicht weit von Arles, findet man am Strand winzige Venusmuscheln, kaum größer als der Nagel eines kleinen Fingers. In Olivenöl mit Knoblauch und Petersilie sautiert, sind sie in der gesamten Region, in Cafés, aber auch zu Hause, ein traditioneller Begleiter zum Aperitif. In größeren Mengen werden sie auch als eigenständiges Gericht serviert. Im nahe gelegenen Isle-sur-la-Sorgue kann man am Markttag Einkäufer beobachten, wie sie mit den Händen aus den kleinen Plastikbehältern der Händler »tellines« heraussuchen und sich im Weitergehen die Finger ablecken. Überall an Frankreichs Küsten gibt es diese kleinen Venusmuscheln in Hülle und Fülle, aber auch andere Sorten. Man kann sie auf die gleiche Weise zubereiten. Alle klassischen Aperitifs sind geeignete Begleiter, obwohl ich persönlich am liebsten ein Glas eisgekühlten Rosé aus der Provence dazu trinke.

500 g kleine Venusmuscheln oder 1 kg einer anderen Muschelsorte (z.B. Miesmuscheln)

60 ml natives Olivenöl extra

4 Knoblauchzehen, gehackt

½ Bund glatte Petersilie, gehackt

◆ Die Muscheln gründlich unter fließendem Wasser von etwaigem Sand oder Schmutz befreien. Falls nötig, eine Bürste dazu benutzen. Werden Miesmuscheln verwendet, mit einer Schere die Bärte entfernen. Geöffnete Muscheln, die sich bei Berührung nicht schließen, aussortieren und wegwerfen. Die Muscheln mit einem Handtuch grob trockentupfen.

◆ Eine Pfanne auf dem Herd bei mittlerer Temperatur heiß werden lassen. Sie sollte so groß sein, dass sämtliche Muscheln darin Platz haben und nicht mehr als zwei Schichten übereinander liegen. Das Olivenöl hineingeben. Sobald es heiß ist, den Knoblauch hinzufügen und etwa 1–2 Minuten anschwitzen, aber nicht braun werden lassen. Muscheln und Petersilie dazugeben und mit einem Holzlöffel umrühren, so dass die Muscheln gleichmäßig mit Öl überzogen werden. Etwa 2–3 Minuten sautieren, bis sich die Muscheln geöffnet haben.

◆ Die Muscheln mit ihrem Sud auf Tellern anrichten. Ungeöffnete Muscheln wegwerfen. Sofort servieren.

Für 3–4 Personen als »amuse gueule« (Appetithäppchen); für 2–3 Personen als Vorspeise

Bourgogne et le Lyonnais

Escargots à la bourguignonne

Weinbergschnecken mit Knoblauchbutter

Im Burgund gibt es Weinbergschnecken im Überfluss. Ich verwende für dieses Gericht aber oft die kleineren »petit gris« aus der Provence. Der größte Unterschied ist, dass Sie davon wohl mehr als ein Dutzend pro Person brauchen werden – nicht gerade ein Nachteil! Ich glaube allerdings, dass Schnecken in Wirklichkeit nur ein Vorwand dafür sind, Baguette mit Unmengen geschmolzener Knoblauch-Petersilienbutter zu tränken und genüsslich zu verzehren.

Schnecken in Dosen und leere Gehäuse gibt es überall zu kaufen. Die gefüllten Schneckenhäuser werden in speziellen, mit Vertiefungen versehenen Pfannen serviert, in denen sich die geschmolzene Butter sammelt. Dazu gibt es eine Zange zum Halten der Gehäuse und eine zweizinkige Gabel zum Herauslösen der Schnecken.

250 g weiche Butter

6 Knoblauchzehen, gehackt

1 Bund glatte Petersilie, gehackt

Frisch gemahlener Pfeffer

4 Dutzend Schnecken aus der Dose, abgetropft

4 Dutzend Schneckengehäuse

◆ Den Ofen auf 230 °C vorheizen

◆ In einer Schüssel Butter, Knoblauch, Petersilie und Pfeffer mit einem Holzlöffel gut verrühren.

◆ In jedes Gehäuse jeweils eine Schnecke stecken und mit einem kleinen Löffel so weit wie möglich hineinschieben. Dann die Knoblauchbutter in das Gehäuse füllen, fest hineindrücken und an der Öffnung glatt streichen.

◆ Die Schnecken mit der Butterseite nach oben in die Vertiefungen der Schneckenpfannen legen und auf ein mit Backpapier ausgelegtes Blech stellen. Sie können die Schnecken auch in eine flache Backform setzen, möglichst dicht aneinander, damit sie nicht zur Seite rollen und die Butter herausläuft.

◆ Die Schnecken etwa 10–12 Minuten backen, bis die Butter zu schmelzen beginnt. Die heißen Schneckenpfannen auf Platzteller setzen. Wenn Sie eine Backform verwenden, die Schnecken auf kleinen Tellern anrichten und darauf achten, dass nichts von der leckeren Knoblauchbutter verloren geht.

Für 4 Personen

Le Sud-Ouest

Omelette aux champignons sauvages

Omelett mit frischen Waldpilzen

Im Périgord, wie auch in vielen anderen Regionen Frankreichs, erwartet man voller Ungeduld die herbstliche Pilzsaison. Sobald sie gekommen ist, sieht man überall Einheimische, die Körbe, gefüllt mit den Reichtümern ihrer Beutezüge, nach Hause tragen. Aus Waldpilzen wie Pfifferlingen und Steinpilzen, die im Périgord ganz besonders häufig sind, wird dann ein ebenso einfaches wie köstliches Omelett bereitet.

3½ EL Butter

½ Schalotte, gehackt

250 g frische Steinpilze oder eine Mischung aus Steinpilzen und Pfifferlingen, geputzt und in dünne Scheiben geschnitten

½ TL frischer Thymian

Salz

Frisch gemahlener Pfeffer

6 Eier

1 EL glatte Petersilie, gehackt

◆ In einer kleinen Pfanne 2 EL Butter bei mäßiger Hitze zerlaufen lassen. Die gehackte Schalotte hinzufügen und in etwa 1–2 Minuten glasig werden lassen. Dann die Pilze und den Thymian hinzugeben und weitere 2–3 Minuten sautieren. Mit Salz und Pfeffer würzen und beiseite stellen. In einer Schüssel die Eier mit Salz und Pfeffer schaumig schlagen.

◆ In einer Pfanne mit etwa 30 cm Durchmesser die restliche Butter zerlaufen lassen. Die Eier hinzufügen und einige Sekunden umrühren, bis sie zu stocken beginnen. Dann die Hitze reduzieren. Vorsichtig mit einem Holzspatel die Ränder anheben und die Pfanne leicht neigen, so dass das noch flüssige Ei der Oberfläche nach unten läuft. Garen, bis das Omelett vollständig gestockt und goldgelb ist.

◆ Mit einer Schaumkelle die Pilze auf der zum Pfannenstiel gewandten Hälfte des Omeletts verteilen. Dabei einen Rand von 2–3 cm lassen Die Hälfte der Petersilie darüber streuen. Nun mit einer raschen Bewegung der Pfanne zum Körper hin oder mit Hilfe eines Spatels die unbelegte Hälfte über die Pilze schlagen. Weitere 30–40 Sekunden garen. Auf einem vorgewärmten Teller anrichten und mit der restlichen Petersilie bestreut servieren.

Für 3–4 Personen

Pour commencer, un peu de fromage

Wir neigen vielfach zu glauben, dass Käse nur am Ende der französischen Speisefolge steht, doch es ist erstaunlich, wie oft er dazu dient, ein Mahl zu beginnen *(pour commencer),* sei es zum Aperitif oder als Bestandteil der Vorspeise. Als ich in der Provence noch Ziegen hütete und aus ihrer Milch meinen eigenen Käse herstellte, pflegte ich die bei größeren Essen übrig gebliebenen Stücke in Olivenöl einzulegen. Sie dienten dann als Toastaufstrich zum Aperitif. Heute sehe ich auf dem Markt überall kleine, in Olivenöl eingelegte Käse mit der Aufschrift *pour l'apéro* (zum Aperitif). *Cougères,* kleine, mit Käse gefüllte Blätterteigtaschen, sind ein weiterer beliebter Begleiter zum Aperitif. Manchmal werden auch Würfel einer besonderen regionalen Käsespezialität serviert. Fast am liebsten von allen Vorspeisen esse und bereite ich warmen Ziegenkäse, serviert auf einem würzig angemachten Friseésalat, eine vollkommene Harmonie von Geschmack und Konsistenz. Doch Käse kommt auch auf Tartes und Quiches vor oder als Zutat in gemischten Salaten sowie in Saucen zu feinen Crêpes oder Klößchen *(quenelles).*

Le Sud-Ouest

Tarte au roquefort et aux tomates

Tarte mit Roquefort und Tomaten

Dieses Gericht habe ich bei einem Picknick entdeckt. Der Belag eignet sich auch für eine Pizza.

FÜR DEN TEIG

150 g Mehl

½ TL Salz

100 g kalte Butter, in kleine Würfel geschnitten

3 EL Eiswasser

FÜR DIE FÜLLUNG

200 g weicher Roquefort

2 EL süße Sahne oder Milch

2 Tomaten, in etwa ½ cm dicke Scheiben geschnitten

Frisch gemahlener Pfeffer

½ TL frischer Thymian

1 TL natives Olivenöl extra

◆ Für den Teig Mehl und Salz in eine Schüssel geben. Die Butterwürfel nach und nach hinzufügen und mit einem Teigmischer oder zwei Messern in das Mehl hacken, bis sich erbsengroße Kügelchen bilden. Dann löffelweise das Eiswasser dazugeben und zuerst mit einer Gabel, dann mit den Fingerspitzen rasch in den Teig einarbeiten. (So bleibt der Teig beim Backen locker und blättrig.) Den etwas krümeligen Teig zu einer Kugel formen, in Frischhaltefolie wickeln und 15 Minuten im Kühlschrank durchkühlen lassen.

◆ Den Ofen auf 200 °C vorheizen. Auf einer bemehlten Arbeitsfläche den Teig zu einem Kreis von etwa 27 cm Durchmesser und 6 mm Dicke ausrollen. Eine möglichst flache Springform von 23 cm Durchmesser damit auslegen und den Teig an den Rändern fest andrücken. Überstehende Teigreste abschneiden.

◆ In einer kleinen Schüssel den Käse mit einer Gabel sorgfältig zerdrücken und mit Sahne oder Milch verrühren, dann gleichmäßig auf dem Teigboden verstreichen. Mit einer Schicht Tomatenscheiben dicht belegen und mit Pfeffer und Thymian bestreuen. Zuletzt das Olivenöl darüber träufeln.

◆ Etwa 20–25 Minuten backen, bis der Boden goldgelb ist und die Tomaten leicht zerfallen. Warm oder lauwarm servieren.

Für 6–8 Personen

Île-de-France

Les crudités

Dreierlei Rohkost

Zu Hause serviere ich Crudités auf kleinen, »raviers« genannten ovalen Tellern mit entweder jeweils einer Sorte pro Teller oder einer Kombination aus allen drei Crudités für jeden.

3 Rote Beten

5 Karotten, geschält und fein geraspelt

3 Tomaten, in Scheiben geschnitten

100 ml (6½ EL) natives Olivenöl extra

1 TL Dijon-Senf

60 ml (4 EL) Rotweinessig

Salz

Frisch gemahlener Pfeffer

8 Kopfsalatblätter

2 EL gehackte glatte Petersilie

◈ Die Blätter der Roten Beten entfernen und die Stiele bis auf 2 cm abschneiden. Die Knollen waschen. In einem Topf mit Wasser bedecken und zum Kochen bringen. Bei mittlerer Hitze zugedeckt etwa 1 Stunde garen, bis die Knollen so weich sind, dass man sie leicht mit einer Gabel einstechen kann. Abgießen, etwas abkühlen lassen und häuten. In kleine Würfel schneiden und in einer Schüssel beiseite stellen.

◈ Die vorbereiteten Karotten und Tomaten in separate Schüsseln geben. Für die Vinaigrette in einer weiteren Schüssel 60 ml des Olivenöls und den Senf mit einer Gabel verrühren, bis die Mischung dick wird. 3 EL Essig, Salz und Pfeffer hinzufügen und gut verrühren.

◈ Jeweils die Hälfte der Vinaigrette über die Rote-Bete-Stücke und die Karotten geben und gut durchmischen. Die restlichen 2 EL Olivenöl, 1 EL Essig sowie Salz und Pfeffer vermischen und über die Tomaten verteilen. Tomaten anschließend wenden.

◈ Die Kopfsalatblätter auf einer Platte oder auf einzelnen Tellern anrichten. Mit einem Löffel die dreierlei Gemüse separat darauf verteilen, mit der Petersilie bestreuen und servieren.

Für 4 Personen

Provence

Sardines marinées aux tomates et huile d'olive

Gebratene Sardinen in Tomatenmarinade

Sardinen gelten entlang der Mittelmeerküste als Delikatesse. Wie auch bei diesem Rezept werden sie häufig gebraten, mit einer Sauce mariniert und lauwarm serviert. Im Mittelmeer gibt es Sardinen seit jeher in Hülle und Fülle. Sie kommen in vielen regionalen Gerichten vor, auch in der Bouillabaisse. Eine meiner liebsten Zubereitungsarten ist gleichzeitig die einfachste: über einem offenen Feuer gegrillt, so dass die Haut schön knusprig wird und das Fleisch einen angenehmen Rauchgeschmack annimmt. Meine Nachbarin und ich grillen manchmal Sardinen im Kamin ihres Esszimmers. Vom Grillrost kommen die fertigen Fische dann direkt auf den Tisch.

Achten Sie beim Kauf der Sardinen darauf, dass die Augen der Fische klar sind und die Haut mit einer glänzenden, intakten Schleimschicht überzogen ist. Sind die Augen trübe und die Haut stumpf und trocken, so ist der Fisch nicht frisch. Rechnen Sie mindestens vier Sardinen pro Person.

60 ml (4 EL) Olivenöl
75 g Mehl
12 (1½ kg) frische, küchenfertige Sardinen
Salz
Frisch gemahlener Pfeffer
60 ml (4 EL) Rotweinessig

FÜR DIE MARINADE
2 EL Olivenöl
1 mittelgroße Zwiebel, in feine Würfel geschnitten
1 Knoblauchzehe, gehackt
1–2 Zweige Fenchelkraut
1 frisches oder ½ getrocknetes Lorbeerblatt
2 reife Tomaten, enthäutet, entkernt und gehackt

◆ In einer Pfanne das Olivenöl auf mittlerer Stufe erhitzen. Währenddessen das Mehl auf einen Teller geben und die Sardinen von allen Seiten darin wenden.

◆ Sobald das Öl heiß ist, einen Teil der Sardinen hineingeben und von beiden Seiten jeweils 2–3 Minuten braten, bis die Haut goldbraun und schön knusprig ist und sich das Fleisch mühelos von der Mittelgräte lösen lässt. Die Sardinen aus der Pfanne nehmen und auf Küchenkrepp abtropfen lassen. Auf gleiche Weise sämtliche Sardinen nach und nach braten. Anschließend mit Salz und Pfeffer bestreuen und auf einer Platte anrichten.

◆ Das Olivenöl in der Pfanne bis auf 2 EL weggießen und bei mäßiger Temperatur erneut erhitzen. Mit dem Essig ablöschen und mit einem Holzlöffel sämtliche Bratrückstände vom Pfannenboden losrühren. Vom Herd nehmen und gleichmäßig über die Sardinen verteilen.

◆ Für die Marinade das Olivenöl in einer weiteren Pfanne langsam erhitzen. Sobald es heiß ist, Zwiebeln, Knoblauch, Fenchelkraut und Lorbeer hinzugeben. Etwa 1–2 Minuten anschwitzen, bis die Zwiebeln glasig sind. Dann die Tomaten hinzufügen und bei großer Hitze 2–3 Minuten einkochen lassen.

◆ Die heiße Marinade sofort über die Sardinen geben. Ungefähr 10–15 Minuten auf Zimmertemperatur abkühlen lassen. Zudecken und für 12–24 Stunden im Kühlschrank durchziehen lassen.

◆ Leicht gekühlt oder mit Zimmertemperatur servieren.

Für 4 Personen

Le Centre

Crème de potiron au cerfeuil

Kürbissuppe mit Kerbel

Kerbel, eines der klassischen französischen Küchenkräuter, verleiht dieser leichten, samtenen Suppe ein delikates, an Lakritze erinnerndes Aroma. Gewöhnlich verwendet man für dieses Rezept einen Gartenkürbis. Doch auch die fleischigen Butternuss- und Eichelkürbisse, die sich steigender Beliebtheit erfreuen, sind bestens geeignet.

1 Butternuss-Kürbis von etwa 1 kg
1½ TL Butter
1 mittelgroße Zwiebel, in feine Würfel geschnitten
250 ml Hühnerbrühe
150 ml Wasser
3 EL gehackter frischer Kerbel
Salz
Frisch gemahlener Pfeffer
350 ml Milch

◆ Den Ofen auf 180 °C vorheizen. Den Kürbis längs in zwei Hälften schneiden und Kerne sowie das faserige Gehäuse sorgfältig herausschaben. Die Aushöhlungen mit einem Teelöffel Butter ausstreichen. Die Kürbishälften in Sicheln zerschneiden und auf ein mit Backpapier ausgelegtes Blech legen.

◆ Im Ofen 45–50 Minuten backen, bis das Kürbisfleisch weich ist. Aus dem Ofen nehmen und kurz abkühlen lassen. Dann das Fruchtfleisch herauskratzen und in einer Schüssel auffangen. In einem Kochtopf 1 EL Butter aufschäumen, die Zwiebeln hinzufügen und in 4–5 Minuten glasig schwitzen. Mit der Hühnerbrühe und dem Wasser auffüllen, 2 EL des Kerbels hinzufügen und mit Salz sowie Pfeffer würzen. Unbedeckt etwa 15 Minuten köcheln lassen, bis sich die Aromen gut vermischt haben. Das Kürbisfleisch dazugeben, gut verrühren und weitere 5 Minuten köcheln lassen.

◆ Von der Kochstelle nehmen und einige Minuten abkühlen lassen. Mit dem Pürierstab oder im Mixer pürieren und bei laufendem Gerät nach und nach die Milch hinzugießen. Sobald die Suppe sämig-glatt ist, erneut auf den Herd stellen und auf niedriger Stufe unter ständigem Rühren erwärmen, jedoch nicht mehr kochen. Mit Salz und Pfeffer abschmecken.

◆ In vorgewärmte Suppenteller füllen, mit dem übrigen Kerbel bestreuen und servieren.

Für 4 Personen

Champagne et le Nord

Salade de champignons, céleris et fromage de chèvre sec

Champignons-Sellerie-Salat mit Ziegenkäse

Dieser erfrischende und leicht zuzubereitende Salat kommt in Frankreich häufig auf den Tisch. Er vereint hauchdünn geschnittene Champignons entweder mit Bleichsellerie im Norden oder mit Fenchel im Süden. Wichtig ist, dass die Champignonköpfe fest geschlossen sind. Haben sich bereits Lamellen geöffnet, so sind die Pilze nicht frisch und fest genug, um roh für einen Salat verwendet zu werden. Harter, alter Ziegenkäse hat ein strenges, pfefferartiges Aroma. Wenn Sie ein milderen Geschmack bevorzugen, können Sie den Käse auch reiben, statt ihn zu hobeln, oder ihn durch einen anderen Hartkäse wie beispielsweise Parmesan ersetzen.

60 ml (4 EL) natives Olivenöl extra
3 EL frisch gepresster Zitronensaft
Salz
Frisch gemahlener Pfeffer
4 EL gehackte glatte Petersilie
375 g frische, feste Champignons, geputzt
4 Stangen Bleichsellerie, geputzt
30–60 g alter Ziegenhartkäse

◆ In einer großen Schüssel das Olivenöl, den Zitronensaft, jeweils eine Prise Salz und Pfeffer sowie 2 EL Petersilie zu einer Vinaigrette verrühren. Beiseite stellen.

◆ Die Champignons mit einem sehr scharfen Messer oder einem Küchenhobel in hauchdünne Scheiben schneiden. Mit dem Sellerie ebenso verfahren. Den Ziegenkäse mit einem Gemüseschäler in hauchdünne Scheiben oder Kringel schneiden.

◆ Champignons, Sellerie und die Hälfte des Käses in die Schüssel mit der Vinaigrette geben und sorgfältig durchschwenken.

◆ Den Salat auf Tellern anrichten, mit der übrigen Petersilie und dem restlichen Käse garnieren und sogleich servieren.

Für 4 Personen

Provence

Ratatouille

Ratatouille ist mit ihrem würzigen Aroma von Olivenöl, wildem Thymian und Knoblauch ein typisch provenzalisches Sommergericht, das immer wieder auf den Tisch kommt, sobald Paprika, Auberginen und Zucchini in den Gemüsegärten reif sind und in bunter Vielfalt die Marktstände füllen.

Traditionell werden die verschiedenen Gemüse getrennt geschmort und erst am Ende mit den Tomaten vereint. Obwohl ich es selbst schon ein paar Mal auf diese Weise probiert habe, wurde mir selten, wenn ich eingeladen war, eine derart zubereitete Ratatouille serviert. Meine französischen Freunde schmoren die Gemüse, die sich im Überfluss in ihren Gärten befinden, ausnahmslos zusammen, wobei das Verhältnis der verschiedenen Sorten vom persönlichen Geschmack abhängt und davon, was gerade erntereif ist. Die typisch provenzalischen Kräuter, mit denen die Ratatouille gewürzt wird, sind jedoch stets die gleichen: Thymian, Rosmarin, Salbei und Bohnenkraut. Menge und Verhältnis bestimmen Gaumen und Gespür des Kochs. Thymian ist aber in jedem Fall dabei. Für mich gibt er der Ratatouille erst das unverwechselbare Aroma.

3 EL natives Olivenöl extra

2 kleine Zwiebeln, fein gewürfelt

2 Auberginen, in 2–3 cm große Würfel geschnitten

4 Knoblauchzehen, gehackt

2 Zucchini, in 2–3 cm große Würfel geschnitten

2 große Paprika (rot, gelb oder grün), Samen und Scheidewände entfernt und in 2–3 cm große Stücke geschnitten

8–10 reife Tomaten, enthäutet, entkernt und grob gehackt

3 frische Zweige Thymian

1 frischer Zweig Rosmarin

1 Lorbeerblatt

Salz

Frisch gemahlener Pfeffer

Einige frische Basilikumblätter, gehackt

◆ In einer großen Pfanne oder einem Kochtopf das Olivenöl langsam erhitzen. Die Hitze reduzieren, Zwiebeln hinzufügen und in etwa 2 Minuten glasig werden lassen. Dann den Knoblauch und die Auberginen dazugeben und unter ständigem Rühren weitere 3–4 Minuten anschwitzen, bis die Auberginenwürfel etwas weich geworden sind.

◆ Zucchini und Paprika hinzufügen und nochmals 4–5 Minuten unter Rühren angehen lassen, bis auch sie weich zu werden beginnen. Schließlich Tomaten, Thymian, Rosmarin und Lorbeer dazugeben, mit Salz und Pfeffer würzen und weitere 2–3 Minuten umrühren.

◆ Den Topf mit einem Deckel verschließen, die Temperatur auf niedrige Stufe herunterstellen und unter gelegentlichem Rühren etwa 40 Minuten schmoren, bis sämtliche Gemüse weich und etwas eingedickt sind.

◆ Das Basilikum unterrühren und von der Kochstelle nehmen. In eine Schüssel umfüllen und heiß oder lauwarm servieren.

Für 10 Personen

Les Pyrénées et Gascogne

Brochettes de pruneaux au romarin

Pflaumenspieße mit Speck und Rosmarin

Rosmarin wächst im Süden Frankreichs überall wild. Abgezupft bis auf die obersten Nadeln werden seine harten Zweige häufig als Spieße verwendet. Bei dieser Vorspeise verbinden sich Pflaumen (zum Beispiel aus Agen in der Touraine) und Speck mit dem Duft von Rosmarin und dem wundervollen Rauchgeschmack des Holzkohlefeuers, den ein Elektrogrill natürlich nicht bieten kann. Anstelle von Pflaumen kann man auch getrocknete Feigen nehmen.

16 Pflaumen, entsteint

8 Scheiben durchwachsener Speck, quer in Hälften geschnitten

4 kräftige Rosmarinzweige, bis auf die obersten Nadeln abgezupft und etwas angespitzt

◆ In einem Grill ein Holzkohlefeuer entfachen (ersatzweise einen Elektrogrill vorheizen).

◆ Jede Pflaume mit einer halben Scheibe Speck umwickeln und an den Enden mit einem Zahnstocher befestigen. Jeweils 4 umwickelte Pflaumen auf einen Rosmarinzweig aufspießen. Nicht zu dicht aneinander schieben, sonst kann der Speck nicht braun und knusprig werden.

◆ Sobald die Glut heiß genug ist, die Holzkohle an den Rand der Grillpfanne schieben und eine Abtropfschale auf den Grillboden setzen. Die vorbereiteten Spieße auf den Rost legen und unbedeckt etwa 2–3 Minuten grillen, bis die eine Seite des Specks goldbraun ist. Die Spieße wenden und die andere Seite ebenfalls in 2–3 Minuten goldbraun werden lassen.

◆ Den Grill zudecken, die Luftzufuhr schließen und weitere 2–3 Minuten grillen. Den Deckel wieder abnehmen und zum Prüfen die Spieße nochmals wenden. Der Speck sollte schön kross und knusprig sein.

◆ Wird ein Elektrogrill verwendet, die Spieße ebenfalls auf beiden Seiten goldbraun und knusprig braten.

◆ Die Pflaumenspieße auf Tellern anrichten und heiß oder lauwarm servieren.

Für 4 Personen

Bretagne

Moules à la marinière

Muscheln in Weißwein

Muscheln spielen auf dem französischen Speisezettel eine wichtige Rolle, am Mittelmeer genauso wie am Atlantik. Es gibt zahllose Zubereitungsarten und Variationen, doch ganz besonders gern esse ich »moules à la marinière«, die ich zum ersten Mal in einem winzigen, teilweise in Fels gehauenen Restaurant auf dem Mont-Saint-Michel probiert habe. Nachdem wir das tausend Jahre alte Kloster auf dem Gipfel der einstigen Insel besucht hatten, konnten meine Begleitung und ich der verlockenden Speisekarte am Eingang nicht widerstehen. Man servierte uns sogleich zwei riesige Schüsseln voll Muscheln in einem dampfend heißen Sud. Schwer zu sagen, was besser schmeckte, das zarte Muschelfleisch, das wir aus den blauschwarzen Schalen lösten, oder der Sud aus Muscadet, Butter und Knoblauch, den wir bis auf den letzten Tropfen mit unserem Brot auftunkten.

1 EL Butter

1 EL natives Olivenöl extra

1 kleine Zwiebel, in feine Würfel geschnitten

1 Knoblauchzehe, gehackt

Frisch gemahlener Pfeffer

2–2½ kg Miesmuscheln, gebürstet und entbartet

500 ml Muscadet oder ein anderer trockener Weißwein

1 EL gehackte glatte Petersilie

◆ In einem Topf, der groß genug ist, um alle Muscheln aufzunehmen, die Butter und das Olivenöl erhitzen. Sobald die Butter aufschäumt, die Zwiebeln hinzufügen und in etwa 2–3 Minuten glasig werden lassen. Dann den Knoblauch, den Pfeffer und die Muscheln dazugeben (geöffnete Muscheln, die sich bei Berührung nicht schließen, wegwerfen). Den Wein hinzugießen und die Petersilie darüber streuen.

◆ Den Topf mit einem Deckel verschließen und die Muscheln auf niedriger Stufe etwa 10–12 Minuten dämpfen, bis sie sich geöffnet haben. Den Deckel abnehmen und die Muscheln in dem Sud wenden.

◆ Mit einer Schaumkelle die Muscheln in Schüsseln füllen. Ungeöffnete Muscheln aussortieren und wegwerfen. Den Sud gleichmäßig über die Muscheln verteilen und sofort servieren.

Für 4 Personen

La crêperie

In jeder französischen Stadt, ganz gleich wie groß sie ist, gibt es mindestens eine Crêperie. Das kann ein ausgewachsenes Restaurant sein oder aber ein Straßenverkauf, der gerade genügend Platz für die große, heiße Platte zum Ausbacken der hauchdünnen Pfannkuchen und für eine bescheidene Auslage verschiedener Füllungen bietet.

Chartres, mit seiner berühmten Kathedrale, wird mir nicht zuletzt wegen seiner »lebensrettenden« Crêperies ewig in guter Erinnerung bleiben. Mein Mann und ich erreichten die Stadt eines Abends im Dezember nach einem langen Flug von Kalifornien nach Paris und einer Taxifahrt vom Flughafen Orly. Wir waren völlig ausgehungert, aber viel zu müde, um uns über ein raffiniertes Menü Gedanken zu machen. Also entschieden wir uns für eine Crêperie nahe der wunderschön beleuchteten Kathedrale. Wir aßen jeder dreierlei Crêpes. Die erste war mit Tomaten, Frisée und Speck gefüllt und erinnerte eher an einen Salat. Als zweite nahm ich eine Crêpe mit Schinken und mein Mann eine mit Würstchen, und die dritte war eine einfache *crêpe sucrée* mit Butter und Zucker. Eine Karaffe Weißwein begleitete das Mahl, und anschließend verbrachten wir satt und zufrieden unsere erste Nacht in Frankreich.

Bourgogne et le Lyonnais

Salade de foies de volailles

Endiviensalat mit gebratener Hühnerleber

Ich bin nicht sicher, ob dies ein typisches Gericht aus dem Burgund ist, doch meine erste Begegnung mit diesem Salat hatte ich in Mâcon. Mein Mann und ich waren damals auf dem Weg von Paris in den Süden und wollten über Nacht bei Freunden in Mâcon Halt machen. Viel später als geplant, todmüde und hungrig kamen wir endlich an. Unsere Freunde führten uns in ein wunderschönes Bistro, wo wir Salat mit gebratener Hühnerleber bestellten. Die perfekt gebratenen Hühnerlebern auf einem zartgrünen Bett aus Endiviensalat, überzogen mit einer warmen Vinaigrette, ließen uns die Strapazen der langen Fahrt im Nu vergessen.

1 Kopf glatte Endivie (Eskariol), (nur die inneren, hellgrünen Blätter verwenden), in mundgerechte Stücke zerteilt

½ Bund glatte Petersilie, gehackt

30 g sehr junge, kleine Raukeblätter (Rucola), ganz oder halbiert

12 Hühnerlebern, gesäubert und in zwei Hälften geschnitten

½ TL Salz

Frisch gemahlener Pfeffer

2 EL Butter

2½ EL Rotweinessig

½ TL Dijon-Senf

125 ml natives Olivenöl extra

◆ Zunächst in einer Schüssel die Salatherzen, Petersilie und Raukeblätter miteinander vermengen; dann gleichmäßig auf Teller verteilen.

◆ Die Hühnerlebern salzen und pfeffern. In einer Pfanne die Butter bei mäßiger Hitze aufschäumen lassen. Die Hühnerlebern von beiden Seiten jeweils 1–2 Minuten braten. Sie sollten außen schön braun, innen aber noch zartrosa und saftig sein. Die Lebern auf die Salatteller verteilen. Den Bratensatz mit dem Essig ablöschen und mit einem Holzlöffel vom Pfannenboden lösen. Dann den Senf und das Olivenöl einrühren.

◆ Die Salate mit der warmen Vinaigrette überziehen und servieren.

Für 4 Personen

Île-de-France

Soupe à l'oignon gratinée

Überbackene Zwiebelsuppe

Ich hatte Glück, dass ich noch in Les Halles, den alten Pariser Markthallen im Zentrum der Stadt, gegessen habe, bevor sie geschlossen wurden und an den Stadtrand zogen. Damals gab es nur wenige Restaurants in diesem Viertel, das schon in den frühen Morgenstunden vor Leben pulsierte, wenn die Lastwagen aus ganz Frankreich heranrollten, um »le ventre de Paris« (den Bauch von Paris) zu versorgen, wie Zola das Quartier so treffend nannte. Eines der beliebtesten Gerichte war Zwiebelsuppe, die mit Brot bedeckt und mit Käse bestreut goldbraun überbacken wurde. Leute aus allen Schichten kamen nach ihrem nächtlichen Streifzug durch die Stadt und mischten sich unter die Marktarbeiter, um sich bei einer deftigen, heißen Zwiebelsuppe zu stärken.

Die einzige Schwierigkeit bei dieser Suppe besteht darin, die Zwiebeln in sehr feine Scheiben zu schneiden. Dicke Scheiben oder Würfel erzielen einfach nicht das gleiche Ergebnis.

100 g Butter

1 EL natives Olivenöl extra

1 kg Zwiebeln, in sehr dünne Scheiben geschnitten

½ TL Zucker

½ TL Salz

1½ EL Mehl

2 l Rinderbrühe

500 ml Wasser

250 ml trockener Weißwein

Reichlich frisch gemahlener Pfeffer

ZUM ÜBERBACKEN

12–16 Scheiben Stangenweißbrot, etwa 12 mm dick

2 Knoblauchzehen, halbiert

3 EL natives Olivenöl extra

250 g geriebener Gruyère (Greyerzer) oder Emmentaler

2 EL Butter, in kleine Würfel geschnitten

◆ In einem großen Topf mit schwerem Boden Butter und Olivenöl auf mittlerer Stufe erhitzen. Sobald die Butter aufschäumt, die Zwiebeln hinzufügen und unter Rühren 4–5 Minuten glasig schwitzen. Zugedeckt bei schwacher Hitze 15 Minuten weitergaren, gelegentlich umrühren. Zucker und Salz einstreuen und die Temperatur wieder auf mittlere Stufe hochstellen. Unbedeckt und unter häufigem Umrühren 30–40 Minuten garen, bis die Zwiebeln goldbraun sind.

◆ Die Zwiebeln mit dem Mehl abstäuben und unter Rühren 2–3 Minuten braun werden lassen. Nach und nach mit Brühe und Wasser auffüllen und weiterrühren. Bei großer Hitze zum Kochen bringen. Den Wein hinzufügen und mit Pfeffer würzen. Die Hitze wieder auf niedrige Stufe stellen, zudecken und 45 Minuten köcheln lassen, bis sich die Zwiebeln aufzulösen beginnen.

◆ Während die Suppe kocht, die Brotscheiben vorbereiten. Den Grill des Backofens vorheizen. Die Brotscheiben auf ein Blech oder einen Gitterrost legen und in etwa 10–15 cm Abstand vom Grill in den Ofen schieben. Von beiden Seiten 3–4 Minuten trocken, aber nicht braun werden lassen. Aus dem Ofen nehmen und die Brotscheiben beidseitig zunächst mit den Knoblauchzehen, dann mit dem Olivenöl einreiben. Dann für weitere 2–3 Minuten auf jeder Seite unter den Grill schieben, bis sie eine leicht goldene Farbe angenommen haben. Beiseite stellen.

◆ Den Ofen auf 230 °C vorheizen.

◆ Sechs bis acht ofenfeste Suppenschalen auf ein mit Backpapier ausgelegtes Blech stellen. Die heiße Suppe einfüllen und mit je zwei Scheiben des gerösteten Brotes belegen. Dann den Käse und die Butterstückchen gleichmäßig darüber verteilen. Im Ofen etwa 15 Minuten backen, bis sich eine goldgelbe Kruste gebildet hat und die Suppe an den Rändern Blasen schlägt.

◆ Die Zwiebelsuppe heiß servieren.

Für 6–8 Personen

Bourgogne et le Lyonnais

Jambon persillé

Schinkensülze mit Petersilie

Dies ist ein traditionelles Gericht aus dem Burgund, das aber inzwischen in ganz Frankreich verbreitet ist und sich hervorragend als Vorspeise eignet. Mit dem leuchtenden Grün der Petersilie und dem tiefen Rot des Schinkens, das in mit Wein veredeltem Aspik schimmert, ist es ein Genuss für Gaumen und Auge. Dazu passen Senf, Cornichons und ein gut gekühlter Weißwein.

»Jambon cru«, roher Schinken, ist gesalzener Schinken. Er ist in ganz Frankreich sehr beliebt, und jede Region schwört auf ihre speziellen Zucht- und Herstellungsverfahren. Bayonne in den Pyrenäen ist besonders berühmt für seine Schinken.

1 roher Schinken (etwa 1 kg) ohne Knochen

3 Gewürznelken

5 Zwiebeln

2 Schalotten

250 g Kalbshachse

1 Kalbsfuß (¾–1 kg)

2 frische Zweige Kerbel

2 frische Zweige Estragon

2 frische Zweige Thymian

1 Knoblauchzehe

1 l Wasser

1 Flasche (750 ml) Weißwein

60 ml (4 EL) plus 75 ml (5 EL) Cognac

2 EL Gelatinepulver

2 EL Weißweinessig

Frisch gemahlener Pfeffer

1 Bund glatte Petersilie, gehackt

◆ Den Schinken in einen großen Topf legen und mit Wasser bedecken. Je nach Salzgehalt einige Stunden oder über Nacht stehen lassen, um einen Teil des Salzes zu entfernen.

◆ Am folgenden Tag das Salzwasser abgießen und mit frischem Wasser auffüllen. Bei mäßiger Hitze zum Kochen bringen. Hitze auf niedrige Stufe reduzieren und unbedeckt 1 Stunde kochen lassen.

◆ Die Kochflüssigkeit wegschütten und den Schinken mit kaltem Wasser abspülen. Den Topf auswaschen und den Schinken wieder hineinlegen. Eine Zwiebel mit 3 Nelken spicken und alle 5 Zwiebeln, Schalotten, Kalbshachse und Kalbsfuß, Kerbel, Estragon, Thymian, Knoblauch sowie Wasser, Wein und 60 ml Cognac hinzufügen.

◆ Bei mäßiger Hitze zum Kochen bringen und regelmäßig den sich an der Oberfläche bildenden Schaum abschöpfen. Die Hitze auf niedrige Stufe herunterstellen, zudecken und ca. 1 Stunde köcheln lassen, bis sich der Schinken leicht mit einer Gabel zerteilen lässt. Zwischendurch immer wieder abschäumen.

◆ Den Schinken und das andere Fleisch aus dem Topf nehmen und beiseite stellen. Die Garflüssigkeit durch ein feinmaschiges Sieb in eine Schüssel abseihen und die ausgekochten Gemüse- und Kräuterreste wegwerfen. Dann das Sieb mit mehreren Lagen Gaze oder einem Passiertuch auslegen, auf einen sauberen Topf setzen und die Brühe ein zweites Mal abseihen. Beiseite stellen.

◆ Mit einer Gabel den Schinken einschließlich des Fettes in grobe Stücke zerteilen. Die Kalbshachse vom Knochen lösen und in kleine Stücke zerlegen. Das Fett abschöpfen. Die Hälfte des Schinkens und des Kalbsfleischs in eine 2-l-Glas- oder Keramikschüssel füllen.

◆ Die passierte Brühe bei mäßiger Hitze kurz aufkochen und ein Viertel davon in eine weitere Schüssel schöpfen. Die Gelatine hinzufügen und umrühren, bis sie sich vollständig aufgelöst hat. Dann zu der im Topf verbliebenen Brühe zurückgießen und den Topf vom Herd nehmen.

◆ Den Schinken mit 1 EL Essig und 2 EL Cognac beträufeln und mit frisch gemahlenem Pfeffer würzen. Die Hälfte der Brühe angießen und mit etwa der Hälfte der Petersilie bestreuen. Dann das restliche Fleisch darüber verteilen. Mit dem übrigen Essig, Cognac und Pfeffer würzen und die restliche Petersilie darüber streuen. Mit der verbliebenen Flüssigkeit auffüllen. Der Schinken wird möglicherweise zunächst an die Oberfläche steigen, setzt sich aber später wieder am Schüsselboden ab.

◆ Die Schüssel zudecken und die Schinkensülze über Nacht im Kühlschrank fest werden lassen. Gekühlt hält sie sich bis zu zwei Wochen. Zum Servieren mit einem sehr scharfen Messer in 1–1½ cm dicke Scheiben schneiden und vorsichtig auf Tellern anrichten.

Für 15 Personen

Der Auftakt zu einem Essen kann so schlicht und einfach sein wie ein gekochtes Gemüse mit Kräutern und Vinaigrette oder ein Teller mit Tomaten oder einige Scheiben Schinken.

Le Sud-Ouest

Salade verte au confit de gésiers

Grüner Salat mit Geflügelconfit

Bei diesem klassischen Confit werden Enten-, Puten- oder Hühnermägen langsam gegart, bis sie ganz zart und butterweich sind. In dünne Scheiben geschnitten und leicht erwärmt, krönen sie so manchen Salat und scheinen besonders entlang der Dordogne im Périgord bei kaum einem Menü zu fehlen. Dort verwendet man die besonders großen und zarten Mägen der Stopfenten, die auch die Foie gras liefern, doch das Gericht gelingt genauso gut mit herkömmlichen Geflügelmägen.

FÜR DAS CONFIT

1 kg Hühner-, Enten- oder Putenmägen

60 g Butter

2 Schalotten, in feine Würfel geschnitten

2 Wacholderbeeren, zerdrückt

1 TL frisch gerebelter Thymian

1 TL frisches Bohnenkraut

1 TL Salz

Frisch gemahlener Pfeffer

FÜR DEN SALAT

60 ml Walnussöl

2–3 EL Rotweinessig

Frisch gemahlener Pfeffer

1 Kopfsalat

30 g Walnusskerne, grob gehackt und geröstet

◆ Für das Confit mit einem scharfen Messer Sehnen und die zähe Außenhaut der Mägen abtrennen und wegwerfen. In einer Sauteuse die Butter bei mäßiger Hitze aufschäumen lassen, die Schalotten und Geflügelmägen hineingeben und kurz anschwitzen. Bei schwacher Hitze unter gelegentlichem Wenden in 15 Minuten von allen Seiten schön braun braten. Gewürze und Kräuter hinzufügen und mit so viel Wasser auffüllen, dass die Mägen zu zwei Dritteln bedeckt sind. Zudecken und auf niedrigster Stufe 2½–3 Stunden köcheln lassen, bis die Geflügelmägen ganz zart sind und sich mühelos zerschneiden lassen.

◆ Von der Kochstelle nehmen und etwas abkühlen lassen. Dann die Mägen mitsamt ihrem Fett und dem Sud in ein verschließbares Gefäß umfüllen. Fest verschließen und im Kühlschrank lagern. Wenn die Mägen vollständig von ihrem Fett bedeckt sind, hält sich das Confit mehrere Wochen; ansonsten 3–4 Tage.

◆ Für den Salat ein paar Geflügelmägen in dünne Scheiben schneiden und in einer kleinen Pfanne in ihrem eigenen Fett bei mäßiger Hitze langsam erwärmen. In einer Salatschüssel Walnussöl, Essig, Salz und Pfeffer mit einer Gabel sorgfältig verrühren. Den Salat in mundgerechte Stücke zupfen, in die Schüssel geben und in der Vinaigrette wenden.

◆ Den Salat zu gleichen Teilen auf Tellern anrichten und die Geflügelmägen darauf drapieren. Mit den gerösteten Walnüssen garnieren und sogleich servieren.

Für 4 Personen

Provence

Bourride

Fischsuppe mit Aïoli

Dies ist eines der kleinen Küchenwunder der provenzalischen Küste, bei dem ein einfacher Fischeintopf durch Hinzufügen von Aïoli, einer hausgemachten Knoblauchmayonnaise, eine köstliche Veredlung erfährt. Traditionell wird die Bourride mit dem fleischigen Seeteufel zubereitet, doch es kann auch jeder andere weiß- und festfleischige Fisch verwendet werden. Obwohl die Zubereitung der Suppe ganz einfach ist, gilt es eines unbedingt zu beachten: Die Suppe darf auf keinen Fall mehr kochen, sobald das Eigelb untergerührt ist, denn es würde sofort und unwiderruflich gerinnen.

750 g Fischabschnitte (Köpfe, Schwänze, Gräten) von mageren Fischsorten

2 Karotten, geviertelt

1 Zwiebel, geviertelt

1 Fenchelknolle, geviertelt plus Fenchelkraut

3 Knoblauchzehen

1 Stange Bleichsellerie, geviertelt

4 Stengel glatte Petersilie

3 frische Zweige Thymian

1 TL Salz

1 Lorbeerblatt

1 Stückchen getrocknete Orangenschale

2 l Wasser

500 ml trockener Weißwein

1 kg Seeteufel oder eine andere weiß- und festfleischige Fischsorte, küchenfertig und in 2,5 cm große Stücke geschnitten

6 Scheiben altbackenes Weißbrot (2,5 cm dick)

250 ml Aïoli (siehe Le Grand Aïoli, Seite 111)

4 Eigelb

◆ In einem großen Kochtopf das Wasser mit den Fischresten, Karotten, Zwiebeln, dem Fenchel, Knoblauch und Sellerie sowie Petersilie, Thymian, Salz, Lorbeer und Orangenschale aufsetzen und bei mäßiger Hitze zum Kochen bringen. Den sich an der Oberfläche bildenden Schaum abschöpfen. Auf kleiner Stufe unbedeckt 15 Minuten köcheln lassen. Zwischendurch immer wieder abschäumen. Dann den Wein hinzufügen und alles bei großer Hitze aufkochen. Die Temperatur reduzieren und den Fischfond weitere 15 Minuten ziehen lassen. Mit einer Schaumkelle Gemüse und Fischkarkassen herausnehmen und wegwerfen. Ein Sieb mit einem Passiertuch oder mehreren Schichten Gaze auslegen und den Fond über einem sauberen Topf abseihen. Das sollte etwa 1,5 l Fischfond ergeben.

◆ Den Fond bei mäßiger Temperatur erneut erhitzen. Die Fischstücke hineingeben und unbedeckt gerade so lange ziehen lassen, bis der Fisch eine undurchsichtige weiße Farbe angenommen hat (etwa 5 Minuten). Den Fisch herausheben und auf einer Platte, mit Alufolie bedeckt, warm halten.

◆ Jeweils eine Scheibe Brot in die Suppenteller legen und mit gerade so viel Fond beträufeln, dass es gänzlich durchtränkt wird.

◆ Die Hälfte der Aïoli in eine große Schüssel geben und das Eigelb kräftig unterrühren. Dann die Mischung langsam und kontinuierlich in die Suppe einrühren. Den Topf zurück auf den Herd stellen und auf geringster Stufe langsam erwärmen. Dabei vorsichtig und beständig umrühren, bis die Suppe in etwa 6–7 Minuten eine leicht sämige Konsistenz bekommen hat. Auf keinen Fall mehr aufkochen.

◆ Den Fisch gleichmäßig auf die Suppenteller verteilen und die cremige Suppe darüber schöpfen. Die restliche Aïoli separat in einer Schüssel dazu servieren und nach Belieben in die Suppe löffeln.

Für 6 Personen

Franche-Comté et les Alpes

Escargots au bleu de Bresse

Schnecken mit Bleu de Bresse

Schnecken sind in Frankreich seit je besonders beliebt. Man sammelt sie auf Wiesen und Feldern und füttert sie zwei Wochen lang mit Kräutern, Gras und Maismehl, um den Darm zu reinigen, bevor man sie kocht. Auf einigen Märkten in Frankreich werden sie lebend, gereinigt und bereits küchenfertig verkauft. Auch in Dosen gibt es küchenfertige Schnecken im Handel.

Bei diesem Gericht, das mit Bleu de Bresse, Bleu d'Auvergne oder einem anderen weichen Blauschimmelkäse zubereitet wird, dienen die Schnecken hauptsächlich als kleine, leckere Happen, die man aus einer warmen, üppigen Sauce fischt. Dazu passt ein leichter Rotwein von der Rhône und knusprig gebackenes Weißbrot.

2 EL Butter

48 Weinbergschnecken aus der Dose, abgetropft

60 ml Crème fraîche

180 g Bleu de Bresse (oder ein anderer weicher Blauschimmelkäse), in Stücke geschnitten

Reichlich frisch gemahlener Pfeffer

2 EL frische Semmelbrösel (siehe Seite 250)

◆ Den Grill des Backofens vorheizen. In einer Pfanne die Butter bei mäßiger Hitze aufschäumen lassen, Schnecken hinzufügen und etwa 2 Minuten darin schwenken, bis sie warm sind und leicht glänzen. Dann die Crème fraîche, die Hälfte des Käses und den Pfeffer dazugeben. Unter Rühren den Käse zum Schmelzen bringen.

◆ Die Schnecken mit der Käsecreme gleichmäßig auf kleine feuerfeste Förmchen verteilen. Die Semmelbrösel sowie den restlichen Käse darüber streuen.

◆ Die Förmchen auf ein Blech oder einen Gitterrost setzen und unter dem Backofengrill etwa 2–3 Minuten gratinieren, bis der Käse geschmolzen ist und die Semmelbrösel leicht gebräunt sind. Sofort servieren.

Für 4 Personen

Languedoc

Salade de pissenlit aux œufs pochés

Löwenzahnsalat mit pochierten Eiern

Überall in Frankreich, von den Alpen bis in die Pyrenäen, von der Normandie bis ins Elsass, gelten Wiesenkräuter und Wildgemüse als Vorboten des Frühlings und sind ein traditioneller Bestandteil der ländlichen Küche. Löwenzahn gehört zu den am weitesten verbreiteten unter ihnen und wird sowohl für Suppen als auch für Salate verwendet. Damit die Blätter noch zart sind und ihr Aroma dezent bleibt, sollte man sie pflücken, bevor sich die Blüten gebildet haben. Sie sind ohnehin etwas bitter, was für den französischen Gaumen ihren Reiz ausmacht, doch zu reifer Löwenzahn bekommt harte Blätter und einen strengen Geschmack. Das zerlaufene Eigelb erwärmt die Vinaigrette, die hier nach Art des Languedoc mit »Vinaigre de Banyuls« (Banyuls-Essig) zubereitet wird. Wie bei diesem Rezept kann man den Löwenzahn auch mit anderen Salatsorten mischen.

60 ml natives Olivenöl

3 EL Banyuls-Essig (oder ein anderer milder Rotweinessig)

½ Schalotte, gehackt

Salz

Frisch gemahlener Pfeffer

75 g junge Löwenzahnblätter (etwa 7–10 cm lang)

100 g krause Endivie (nur die hellgrünen Innenblätter verwenden), in mundgerechte Stücke zerteilt

4 Eier

◆ In einer großen Schüssel Olivenöl, Essig, Schalotten, Salz und Pfeffer zu einer Vinaigrette verrühren. Löwenzahn und krause Endivie hinzufügen und in der Vinaigrette wenden. Gleichmäßig auf vier Tellern anrichten.

◆ In einer Pfanne etwa 3 cm hoch Wasser einfüllen und bei mäßiger Hitze bis knapp unter den Siedepunkt erhitzen. Nacheinander vorsichtig die Eier über der Pfanne aufschlagen und in das heiße Wasser gleiten lassen. Während des Pochierens die Eier mit einem Löffel mit dem fast siedenden Wasser überziehen. Etwa 2–3 Minuten ziehen lassen, bis das Eiweiß gestockt und das Eigelb glasiert ist. Die pochierten Eier mit einer Schaumkelle herausnehmen und kurz auf einem sauberen Küchenhandtuch abtropfen lassen. Jeweils ein Ei auf den Salat setzen und sofort servieren.

Für 4 Personen

Apéritifs

L'apéritif ist in Frankreich nicht bloß ein Getränk, sondern vielmehr eine Form der Kommunikation quer durch alle gesellschaftlichen Schichten. Zweimal täglich verbindet die Menschen in Cafés, Restaurants und zu Hause das Ritual eines gemeinsamen Glases bei ein paar Nüssen, Oliven oder ein, zwei Bissen Käse, bevor sie sich zum Mittag- oder Abendessen zu Tisch begeben. Der Aperitif ist in der Regel nicht hochprozentig – das würde den Appetit eher dämpfen –, sondern meist ein weinhaltiges Getränk wie beispielsweise süßer Wermut oder etwa ein Campari mit Wasser.

Auch bei den Aperitifs gibt es regionale Spezialitäten. Im Süden trinkt man den Pastis, einen bitteren Anisschnaps, der mit Eiswasser serviert wird und für so manchen Gaumen etwas gewöhnungsbedürftig ist. Suze, Avèze und Salers haben ihr Aroma von der bitteren Enzianwurzel und sind Spezialitäten der Auvergne. Kir, ursprünglich aus Dijon stammend und nach einem früheren Bürgermeister der Stadt benannt, ist eine Mischung aus Crème de Cassis und Weißwein und heute in ganz Frankreich weithin beliebt. Doch es gibt auch Abwandlungen. Der Kir Bretagne wird zum Beispiel mit Cidre zubereitet, während man in den Cevennen den mit Rotwein aufgefüllten *camisard* trinkt.

Weinhaltige *vins maison* aus regionalen Früchten und Nüssen sind meist hausgemacht und werden stolz zur Aperitifzeit serviert. Ich liebe den fruchtig-erfrischenden *vin d'oranges* aus Weißwein und Bitterorangen und den dunklen, würzigen *vin de noix*, dessen Farbe und Geschmack von grünen Walnüssen stammt. Champagner ist natürlich überall *der* Aperitif für festliche Anlässe, und die *vins doux*, wie der süße Banyuls oder der Rivesaltes, werden besonders im Südwesten geschätzt.

Languedoc

Moules farcies

Überbackene Miesmuscheln

In den Küstenregionen am Atlantik und Mittelmeer nahe der spanischen Grenze werden Miesmuscheln häufig mit einer pikanten Füllung zubereitet, die man über die zuvor gekochten Schalentiere streicht.

48 große Miesmuscheln, gebürstet und entbartet

200 g frische Semmelbrösel (siehe Seite 250)

3 EL gehackte glatte Petersilie

2 EL Thymian

Salz

Frisch gemahlener Pfeffer

4 Knoblauchzehen, gehackt

2 kleine Tomaten, enthäutet, entkernt, gehackt und abgetropft

2 EL natives Olivenöl extra

◆ Den Ofen auf 250 °C vorheizen. Die Muscheln nebeneinander auf ein Backblech legen. Offene Muscheln, die sich bei Berührung nicht schließen, wegwerfen. Die Muscheln für 8–10 Minuten in den Ofen schieben, bis sie sich geöffnet haben.

◆ Aus dem Ofen nehmen und 15 Minuten abkühlen lassen. Ungeöffnete Muscheln wegwerfen. Den Sud aufbewahren. Die Muschelschalen auseinander brechen, dabei den Saft auffangen. Mit einem Messer das Muschelfleisch von den Schalen lösen. Das Fleisch in der einen Schale lassen, die andere Schale wegwerfen. Die Ofenhitze auf 225 °C reduzieren.

◆ Semmelbrösel, aufgefangenen Muschelsud sowie Petersilie, Thymian, Salz, Pfeffer und Knoblauch vermengen. Die Tomaten und so viel Olivenöl hinzugeben, dass die Masse zusammenhält. Jeweils etwa 1 EL der Mischung in die Muschelhälften füllen, fest andrücken und zu einem flachen Hügel formen. Die gefüllten Muscheln auf ein Backblech legen.

◆ Die Muscheln im Ofen in 12–14 Minuten goldbraun backen. Falls sie noch zu hell sind, für 1–2 Minuten unter den Grill geben. Heiß oder warm servieren.

Für 8 Personen als »amuse gueule« (Appetithäppchen), für 4 Personen als Vorspeise

Franche-Comté et les Alpes

Salade de Tomme de Savoie aux noisettes

Salat mit gebratenem Tomme de Savoie und Haselnüssen

Haselnüsse wachsen wild an den Berghängen und in den Tälern Savoyens und werden im Herbst von den Einheimischen gesammelt, um als Wintervorrat die Speisekammern zu bereichern. Regionale Produkte spielen in dieser Gegend nach wie vor eine wichtige Rolle, besonders die heimischen Käse wie die milden, runden und festen Tommes, die aus Kuhmilch hergestellt werden.

75 g Haselnusskerne, grob gehackt

60 ml Haselnussöl oder natives Olivenöl extra

1 TL Dijon-Senf

3 EL Rotweinessig

Salz

Frisch gemahlener Pfeffer

200 g Kopf- oder Eichblattsalat oder eine Mischung aus beiden Sorten, geputzt und in mundgerechte Stücke zerteilt

75 g Mehl

200 g Tomme de Savoie oder anderer geschmeidiger Hartkäse, entrindet und in 4 Scheiben (je ½ cm dick) geschnitten

Pflanzenöl (z. B. Sonnenblumenöl) zum Braten

◆ Den Ofen auf 180 °C vorheizen. Haselnusskerne im Ofen in etwa 25 Minuten goldbraun rösten.

◆ In einer großen Schüssel das Haselnuss- oder Olivenöl mit dem Senf vermischen. Essig, Salz und Pfeffer hinzufügen und zu einer Vinaigrette verrühren. Beiseite stellen.

◆ Den vorbereiteten Salat in der Vinaigrette anmachen und die Hälfte der Haselnusskerne unterheben. Zu gleichen Teilen auf 4 Tellern anrichten.

◆ Das Mehl auf einen Teller geben und die Käsescheiben von beiden Seiten sorgfältig darin wenden. In einer Pfanne so viel Öl erhitzen, dass der Boden gerade bedeckt ist. Die Käsescheiben mit etwas Abstand voneinander bei mäßiger Hitze 2–4 Minuten auf beiden Seiten braten, bis sie goldgelb sind.

◆ Jeweils ein Stück Käse auf jedem Salat anrichten und mit den restlichen Haselnüssen bestreuen.

Für 4 Personen

Normandie

Pâté de campagne à l'Armagnac

Leberpastete nach Bauernart mit Armagnac

Dies ist meine Version einer Pastete, die ich einmal auf einem Markt in Rouen entdeckte. Es war schon gegen 12 Uhr Mittag, und die Stände waren gerade dabei zu schließen, als mir eine Pastete von enormer Größe ins Auge stach. Sie war mindestens einen halben Meter lang und fast 30 cm breit. Sie nannte sich »Pâté nach Großmutters Art« und war mit Armagnac aromatisiert. Ich musste einfach eine Scheibe mitnehmen. Auf frisches Baguette gestrichen war sie wenig später eine köstliche Vorspeise zu einem einfachen Mittagessen.

Diese bescheidenere Version von Großmutters Pastete lässt sich auch in einer modernen Küche herstellen. Cornichons sind der klassische Begleiter nicht nur zu dieser Pâté.

1 kg Schweineleber

1 kg schieres Schweinefleisch (aus der Schulter)

250 g fetter Speck

60 ml Armagnac

1 kleine Knoblauchknolle, abgezogen und gehackt

60 g Salz

2 EL grob gemahlener Pfeffer

2 EL Wacholderbeeren, in der Gewürzmühle zerkleinert

1 Schweinenetz (25 × 30 cm groß, beim Metzger vorbestellen), ersatzweise die gleiche Menge fetter Speck (in großflächige, dünne Scheiben geschnitten)

2 EL Mehl

1 EL Wasser

◆ Den Ofen auf 165 °C vorheizen.

◆ Wenn Sie eine etwas gröbere Konsistenz der Pâté bevorzugen, die Leber, das Schweinefleisch und den Speck getrennt voneinander fein hacken und beiseite stellen. Für eine feinere und homogenere Konsistenz das Fleisch in Stücke schneiden und durch die grobe Lochscheibe (1 cm) des Fleischwolfs drehen. Beiseite stellen.

◆ In einer kleinen Sauteuse den Armagnac bei mäßiger Hitze nicht ganz zum Sieden bringen. Mit einem Streichholz sofort flambieren und den Alkohol verbrennen lassen, bis die Flamme erlischt. Auskühlen lassen.

◆ In einer großen Schüssel das gehackte oder durchgedrehte Fleisch, Knoblauch, Salz, Pfeffer, gemahlene Wacholderbeeren und Armagnac gründlich mit den Händen vermischen. Zum Abschmecken der Farce einen kleinen Probekloß formen und in einer Pfanne kurz braten. Bedenken Sie beim Nachwürzen, dass das Aroma der Pâté mit der Zeit intensiver wird.

◆ Eine Terrinenform oder verschließbare Brotbackform von 24 × 8 × 8 cm Größe mit dem Schweinenetz auslegen, so dass die Ränder über die Form hinaushängen. Wenn Sie schieren Speck verwenden, die Form in etwas überlappenden Lagen mit den Speckscheiben auskleiden. Achten Sie darauf, dass Sie ausreichend Speck zum Bedecken der Farce zurückbehalten. Dann die Fleischfarce einfüllen und mit den überhängenden Schweinenetzlappen oder den verbliebenen Speckscheiben bedecken. In einer Tasse das Mehl mit dem Wasser zu einer Paste verrühren. Die Ränder der Form, dort wo der Deckel aufsitzt, damit bestreichen. Den Deckel aufsetzen und fest andrücken, um die Form während des Garens zu versiegeln. Die Terrine in eine größere Backform oder einen Bräter stellen und bis zur Hälfte mit heißem Wasser angießen.

◆ Im Ofen etwa 2½ Stunden im Wasserbad garen, bis der beim Einstechen der Pâté heraustretende Saft klar ist. Die Terrine aus dem Wasserbad nehmen und den Deckel entfernen. Ein Stück Alufolie, das etwas größer ist als die Oberfläche der Terrine, auf die Pâté legen und sorgfältig andrücken, so dass es an Rändern und Ecken gut abschließt. Einen Ziegelstein oder ein anderes Gewicht in Alufolie einwickeln und die Pâté direkt damit beschweren. Dieser Schritt ist wichtig, damit die Pâté fest und kompakt wird. Auf Zimmertemperatur abkühlen lassen.

◆ Überschüssigen Saft abgießen und die Pâté mitsamt dem Gewicht für mindestens 12, besser noch 24 Stunden in den Kühlschrank stellen. Gewicht entfernen. Mit einem Deckel oder Frischhaltefolie verschlossen hält sich die Pâté bis zu zehn Tage.

◆ Zum Servieren die Pâté in etwa 1 cm dicke Scheiben schneiden.

Ergibt 1½–2 kg Pâté

Bretagne

Soupe aux huîtres trois herbes

Austernsuppe mit dreierlei Kräutern

Wann immer ich diese einfache und dennoch erstaunlich elegante Suppe serviere, fühle ich mich unweigerlich in ein feines Restaurant in der Bretagne versetzt. Je nachdem, welchen Wein Sie bei der Zubereitung verwenden, hat die Suppe einen etwas anderen Geschmack. Sie gelingt ganz vorzüglich mit einem Meursault aus dem Burgund. Auch wenn sie hier unter den Vorspeisen erscheint, eignet sich die Suppe genauso gut als Hauptgang bei einem Brunch oder Abendessen.

12 Austern

2 EL Butter

1 Schalotte, gehackt

200 ml guter, trockener Weißwein (z. B. Burgunder, Riesling oder Muscadet)

1 TL Salz, aufgelöst in 125 ml Wasser

200 g Crème fraîche

1 TL Schnittlauchröllchen

1 TL gehackter frischer Kerbel

1 TL gehackter frischer Estragon

Frisch gemahlener Pfeffer

◆ Zuerst die Austern aus den Schalen lösen. Dazu die Auster mit der flachen Seite nach oben fest greifen. Die Spitze eines Austernmessers seitlich vom Scharnier zwischen Ober- und Unterschale einführen und mit einer kräftigen Drehbewegung aufhebeln. Mit der Klinge an der oberen Schale entlangfahren, um den Schließmuskel vom Rand zu lösen. Dann die Deckelschale abnehmen und wegwerfen. Nun die Auster mit dem Messer aus dem unteren Schalenteil lösen und mitsamt der Flüssigkeit in eine Schüssel geben.

◆ In einem Topf bei mäßiger Hitze die Butter aufschäumen lassen, die Schalotte hinzufügen und etwa 1–2 Minuten glasig schwitzen. Den Wein und die Austern inklusive ihrer Flüssigkeit hinzugeben; mit dem Salzwasser auffüllen. Sobald sich am Rand kleine Bläschen zu bilden beginnen, die Crème fraîche unterrühren und den Schnittlauch, Kerbel, Estragon sowie Pfeffer dazugeben. Eine weitere Minute köcheln lassen, bis sämtliche Zutaten heiß sind.

◆ Die Suppe in vorgewärmte Suppenteller schöpfen und sofort servieren.

Für 4 Personen

Franche-Comté et les Alpes

Salade de Savoie

Salat mit Beaufort und Walnüssen

Die zwei bedeutendsten »produits du terroir« Savoyens sind seine Käse und Walnüsse. Beides findet häufig in Salaten Verwendung. Beaufort ist der ganze Stolz Savoyens und einer der exquisitesten Käse in ganz Frankreich. Er wird aus Rohmilch hergestellt, reift mindestens sechs Monate bis zu zwei Jahren und ist von fester Konsistenz und einem leicht nussigen Aroma. Der im Sommer hergestellte Beaufort hat einen höheren Fettgehalt als seine winterlichen Artgenossen. Anstelle von Endivie kann man auch den aromatischen Römersalat verwenden. Aber auch Frisée oder Chicorée eignen sich hervorragend. Für ein Hauptgericht können Sie noch gekochte und in Würfel geschnittene Kartoffeln hinzufügen.

125 g durchwachsener Speck, in ½ cm dicke Scheiben und 3 cm lange Streifen geschnitten

3 EL Walnussöl

2 EL Himbeeressig

Frisch gemahlener Pfeffer

Salz

2 Köpfe glatte Endivie (nur die hellgrünen Herzen verwenden), geputzt und in mundgerechte Stücke zerteilt

125 g Beaufort oder Gruyère (Greyerzer), in Würfel geschnitten

30 g Walnusskerne, grob gehackt

◆ In einer Pfanne die Speckstreifen bei mittlerer Hitze 7–8 Minuten goldbraun braten, bis sie das meiste Fett abgegeben haben. Mit einer Schaumkelle zum Abtropfen auf einen Teller mit Küchenkrepp legen.

◆ ½ TL des ausgetretenen Fettes in eine Salatschüssel geben. Walnussöl, Essig, Pfeffer und Salz hinzufügen und mit einer Gabel gründlich verrühren. Den vorbereiteten Salat darin anmachen. Käse, Walnusskerne und Speck bis auf einen kleinen Rest zur Dekoration dazugeben und nochmals gut durchschwenken.

◆ Mit dem restlichen Speck, Käse und den Walnusskernen garnieren und sogleich servieren.

Für 4 Personen

Languedoc

Anchois grillés au vinaigre de Banyuls

Gegrillte Sardellen in Banyuls-Essig

Gesalzene und in Öl eingelegte Sardellen sind überall in Frankreich ein wichtiger Posten auf dem Speisezettel. Als seine ureigene Spezialität jedoch betrachtet ein kleines Hafenstädtchen namens Collioure im Roussillon nahe der spanischen Grenze die würzigen kleinen Fische. Früher einmal beherbergte Collioure 27 Fischsalzereien. Heute ist ein Großteil der Fischindustrie ins benachbarte und modernere Port-Vendres umgezogen, doch der gute Ruf der Sardellen von Collioure ist geblieben.

Während der Saison von Mai bis Oktober kommen jeden Morgen in aller Frühe die Fischerboote zurück in den Hafen von Collioure, um einen Teil ihres Fangs an die Salzereien zu verkaufen, darunter das berühmte Haus Saint Roche Anchois, das man besichtigen kann. Der Rest wird auf dem Fischmarkt angeboten. Die Restaurants der Gegend bieten frische Sardellen gegrillt oder frittiert und häufig mit »vinaigre de Banyuls« beträufelt, einem Essig, der aus dem gleichnamigen süßen Wein der Region gemacht wird.

Pflanzenöl zum Bestreichen des Grillrostes

45–48 (1½ kg) frische Sardellen, küchenfertig

1 EL frischer Thymian

2 TL frisch gemahlener Pfeffer

1 TL Salz

125 ml Banyuls-Essig (ersatzweise Sherryessig oder 1 Zitrone, geviertelt)

◆ In einem Grill ein Holzkohlefeuer entfachen oder einen Elektrogrill vorheizen. Einen zweiteiligen, verschließbaren Grillrost großzügig mit Öl einstreichen. Sardellen in einer Lage und mit etwa 1–2 cm Abstand darauf legen, mit Thymian, Pfeffer und Salz bestreuen und den Rost verschließen.

◆ Über der heißen Glut oder unter dem Elektrogrill von beiden Seiten jeweils 2–3 Minuten grillen, bis sich das Fleisch leicht von der Mittelgräte lösen lässt. Fertige Sardellen auf eine vorgewärmte Platte legen.

◆ Mit Essig oder Zitronenvierteln zum Beträufeln servieren.

Für 4 Personen

Languedoc

Salade de calmars et riz au safran

Reissalat mit Kalmaren und Safran

Die Idee zu diesem Gericht kam mir, als ich einmal über einen Markt in Perpignan ging. Dort lagen überall kleine Kalmare aus, und in riesigen Pfannen wurde Paella zubereitet. Die Paella war reichlich bestückt mit Venusmuscheln, Miesmuscheln und Garnelen sowie mit jenen kleinen Kalmaren, die bestimmt auch, so dachte ich, zu einem Salat mit Chilis und Safranreis gut passen würden. Die Farben und Aromen vermischen sich zu einem feinen und festlichen Gericht, das sich sowohl als Vor- wie auch als leichte Hauptspeise eignet.

1kg kleine Kalmare

2 l Wasser

1 TL Salz

FÜR DEN SAFRANREIS

750 ml Wasser

1 TL Salz

¼ TL Safranfäden

350 g weißer Langkornreis

3 Tomaten, in feine Würfel geschnitten

1 grüne Paprika, Samen und Scheidewände entfernt und fein gewürfelt

2 Serrano-Chilis (nach Belieben), Samen und Scheidewände entfernt und fein gewürfelt

½ rote Zwiebel, geschält und fein gewürfelt

½ Bund glatte Petersilie, gehackt

3 EL gehacktes frisches Koriandergrün

3–4 TL frisch gepresster Zitronensaft

2–3 EL Olivenöl

Salz

Frisch gemahlener Pfeffer

◆ Zum Säubern der Kalmare zunächst mit einem Messer die Fangarme knapp oberhalb der Augen abschneiden. Mit den Fingern die Fangarme an der Wurzel greifen und die Kauwerkzeuge herausdrücken und wegwerfen. Die zwei langen Fäden zwischen den Tentakeln abschneiden und ebenfalls wegwerfen. Dann die Körper längsseits aufschneiden und mit einem Messer oder einem Löffel die Innereien herausschaben und den durchsichtigen Schulp entfernen. Körpermäntel und Fangarme unter fließendem Wasser abspülen und die violett gefleckte Haut abziehen. Mäntel und Fangarme längs in zwei Hälften und die Mäntel in 1 cm breite Streifen schneiden.

◆ In einem großen Kochtopf das Wasser zum Kochen bringen. Die Tintenfische hineingeben und kurz aufkochen (etwa 45 Sekunden), bis sie ihre milchig-durchsichtige Farbe verlieren und sich zu kräuseln beginnen. Nicht zu lange kochen, da sie sonst zäh werden. Über einem Sieb abgießen, unter kaltem Wasser abspülen und zur Seite stellen.

◆ Für den Reis in einem Topf Wasser und Salz zum Kochen bringen. Safranfäden hinzufügen und unter Rühren auflösen. Dann den Reis hinzufügen, nochmals aufkochen und anschließend die Hitze auf niedrige Stufe herunterstellen. Zugedeckt etwa 20 Minuten ziehen lassen, bis der Reis weich ist und sämtliches Wasser absorbiert hat. Von der Kochstelle nehmen und in eine Schüssel umfüllen. 30 Minuten auf Zimmertemperatur abkühlen lassen.

◆ Tomaten, Paprika, Chilis nach Belieben, Zwiebeln, Petersilie und Koriandergrün zu dem Reis geben und mit einer Gabel sorgfältig vermischen. Dann den Tintenfisch unterheben. Zitronensaft und Olivenöl dazugeben, mit Salz und Pfeffer würzen und nochmals gründlich durchmischen. Zugedeckt im Kühlschrank bis zu 12, mindesten aber 3 Stunden durchkühlen lassen.

◆ Auf einer Platte anrichten und gekühlt servieren.

Für 8 Personen

CAFÉ
PARIS

Bretagne

Huîtres tièdes à la vinaigrette aux tomates

Warme Austern in Tomatenvinaigrette

Die Mehrzahl der französischen Austern stammt von den Austernbänken entlang den Küsten der Bretagne und der Normandie. In den küstennahen Ortschaften sieht man überall Wegweiser zu den Zuchtbänken, wo frisch geerntete Austern in allen Sorten und Größen angeboten werden. Für dieses Rezept sind die tiefschaligen Creuse oder eine ähnliche Sorte besser geeignet als die eher flachen Belon, da die tieferen Schalen die Sauce besser aufnehmen können. Die Austern werden auf einem heißen Bett aus Steinsalz gerade so lange gebacken, bis sie sich mühelos öffnen lassen. Sie sollten lauwarm, aber noch nicht völlig durchgegart sein.

Steinsalz
4 Tomaten, enthäutet, entkernt und fein gewürfelt
500 ml Champagner-Essig oder sehr milder Weißweinessig
2 Schalotten, geschält und fein gewürfelt
1 EL Schnittlauchröllchen
Frisch gemahlener Pfeffer
Salz
4 Dutzend frische Austern

◆ Den Ofen auf 250 °C vorheizen.

◆ Auf einem Backblech eine Schicht Steinsalz von 2,5 cm Dicke ausbreiten. In den Ofen schieben und etwa 15 Minuten erhitzen.

◆ In einer Schüssel Tomaten, Essig, Schalotten, Schnittlauch, Pfeffer und Salz zu einer Vinaigrette verrühren. Beiseite stellen.

◆ Das Blech aus dem Ofen nehmen und die Austern mit der gewölbten Seite nach unten auf das Steinsalz setzen. Im Ofen 7–8 Minuten backen, bis sich die Austern öffnen. Wieder aus dem Ofen nehmen und zur weiteren Verarbeitung 3–4 Minuten abkühlen lassen.

◆ Ungeöffnete Austern wegwerfen. Mit einem kleinen, scharfen Messer den Schließmuskel am Angelpunkt der Schalen durchtrennen. Darauf achten, dass dabei keine Muschelflüssigkeit verloren geht. Die oberen Schalen wegwerfen. Die unteren Hälften mit den Austern auf einer Platte oder 4 Tellern anrichten.

◆ Mit einem Löffel etwas Vinaigrette über jede Auster geben und sofort servieren.

Für 4 Personen

Huîtres

Entweder man mag Austern, oder man mag sie nicht – so scheint es jedenfalls. Früher waren meine Kinder regelmäßig entsetzt, wenn sie zusahen, wie andere diese rohen, fast noch zuckenden, fleischigen Bissen schlürften und dabei keinen Tropfen des salzigen Wassers in der Schale ließen. Doch das hat sich geändert seit jenen unvergesslichen Silvesterabenden bei alten Freunden in Frankreich, wo Platte auf Platte mit Austern in *sauce mignonette* aufgetragen wurde, um schließlich der Foie gras zu weichen. Jedes Jahr, ein paar Wochen vor Weihnachten, kaufe ich ein paar Dutzend Austern und lade zu einem Austernessen mit Champagner ein. Meine inzwischen erwachsenen Kinder sind immer gern dabei, was mich sehr freut, nicht nur ihrer Gesellschaft wegen, sondern auch, weil sie mittlerweile wahre Spezialisten im Öffnen dieser köstlichen Schalentiere sind.

Meeresfrüchte, »des fruits de mer«, sind ein besonders reizvoller Auftakt für ein Essen.

Le Sud-Ouest

Terrine de foie gras

Entenleberterrine

Dies ist die kulinarische Luxusklasse der französischen »charcuterie«, besonders wenn Trüffeln mit im Spiel sind. Die Schwierigkeit besteht dabei sowohl in der exakten Zubereitung als auch in der Beschaffung einer ganzen, frischen Enten- oder Gänsestopfleber – besonders in Deutschland, wo die »gavage«, das systematische Stopfen der Tiere, eine qualvolle Prozedur, verboten ist. Wegen ihres hohen Fettgehalts ist die Leber gekühlt recht hart und zunächst nicht ganz einfach zu verarbeiten. Die Leber wird mariniert und anschließend im Wasserbad bei sehr geringer Temperatur erwärmt, um einen Teil des Fettes auszuschwemmen. Eine zu große (über 500 g schwere) oder zu fette und daher gelbliche Leber schmilzt zu schnell.

Geschmack und Konsistenz sind einzigartig und verdienen einen wirklich festlichen Anlass. Serviert wird die Foie gras am besten auf Toast. Dazu passt ein Sauternes, Montbazillac oder Barsac.

1 frische Entenstopfleber von etwa 500 g, gekühlt

500 ml Wasser oder Milch, mit Zimmertemperatur

125 ml Cognac

1 TL Salz

Frisch gemahlener Pfeffer

½ TL Zucker

◆ Die Leber in eine Schüssel legen und mit dem Wasser oder der Milch bedecken. Etwa 5 Minuten einweichen lassen. Die Leber sollte formbar sein, aber noch nicht schmelzen.

◆ Die Leber aus der Schüssel nehmen und auf eine Arbeitsfläche legen. Mit den Fingern den großen und kleinen Leberlappen auseinander ziehen und voneinander trennen. An den Innenseiten der Lappen werden feine Nervenstränge und Blutgefäße sichtbar, die zu zwei Dritteln das Gewebe durchziehen und vorsichtig herausgezogen werden müssen. Nicht zu fest ziehen, da sie sonst reißen. Dann mit einem kleinen, scharfen Messer jeweils seitlich am oberen Ende der Lappen ansetzen und der Länge nach zu zwei Dritteln einschneiden. Mit den Fingern oder der Messerspitze die Leber von den restlichen Nervensträngen und Adern befreien.

◆ Die Leber in eine Schüssel geben und mit dem Cognac begießen. Salz, Pfeffer und Zucker darüber streuen und die Leber in der Marinade wenden. Die Schüssel zudecken und über Nacht in den Kühlschrank stellen.

◆ Den Ofen auf 150 °C vorheizen.

◆ Die Leber aus der Schüssel herausnehmen – der Cognac wird zum Großteil absorbiert sein – und in eine verschließbare Back- oder Auflaufform legen, die gerade genug Platz bietet. (Sie können auch extrastarke Alufolie verwenden.) Die Form mit dem Deckel verschließen und in ein größeres, ofenfestes Gefäß stellen. Zur Hälfte mit heißem Wasser auffüllen.

◆ Im Ofen etwa 35 Minuten im Wasserbad ziehen lassen, bis ein großer Teil des gelben Fettes ausgetreten ist und die Leber durch und durch warm ist. Das Fett in eine kleine Schüssel abgießen. Dann ein Sieb auf die Schüssel setzen und die Leber darin 10 Minuten abtropfen lassen.

◆ Die Leber aus dem Sieb nehmen und in eine gerade ausreichend große Terrine setzen. Dabei die Leber so weit wie möglich in ihre ursprüngliche Form zurückbringen. Mit dem aufgefangenen Fett bedecken. Vorsichtig ein Stück Alufolie darüber legen. Ein Stück Pappe auf die Größe der Terrine zurechtschneiden und auf die Alufolie legen. Mit einem Gewicht (500 g) gleichmäßig beschweren. Ich verwende dazu in eine Plastiktüte eingepacktes Salz oder Zucker.

◆ Die Terrine mitsamt dem Gewicht für mindestens 24 Stunden in den Kühlschrank stellen. Dann nach Belieben das Gewicht entfernen und vor dem Servieren bis zu 2 Wochen, wenigstens aber weitere 4 Tage im Kühlschrank lassen. Der Fettmantel versiegelt die Leber. Sobald er beschädigt ist, sollte die Foie gras innerhalb von 2–3 Tagen gegessen werden.

◆ Zum Servieren die äußere Fettschicht entfernen und die Foie Gras in 1–1½ cm dicke Scheiben schneiden.

Für 8 Personen

Die französische »charcuterie« bietet eine erstaunliche Vielfalt an Terrinen, Pasteten, »rillettes«, Würsten und Schinken aus Schweinefleisch, Ente, Wild oder Kaninchen, aber auch an Fisch, Gemüse und Meeresfrüchten.

Le Centre

Salade de lentilles et magret

Linsensalat mit gebratener Entenbrust

Feine Scheiben von zartrosa gebratener Entenbrust auf einem Bett aus Linsen, Frisée und Petersilie vereinen sich hier zu einer eleganten Vorspeise.

300 g kleine, grüne Linsen
1¼ l Wasser
1 Lorbeerblatt
1 TL Salz
1 Entenbrust (375 g)
½ TL getrockneter Thymian
½ TL gemahlene Wacholderbeeren
Frisch gemahlener Pfeffer
Salz
3 EL natives Olivenöl extra
1 EL frisch gepresster Zitronensaft
1 EL gehackte glatte Petersilie (plus 1 TL zum Dekorieren)
200 g Frisée (nur die hellen, inneren Blätter)

◆ Die Linsen verlesen. Steine und fehlerhafte Linsen aussortieren. In kaltem Wasser mit Lorbeer und Salz aufsetzen und zum Kochen bringen. Die Hitze auf niedrige Stufe herunterschalten und unbedeckt in etwa 20–30 Minuten weich kochen. Über einem Sieb abtropfen und auskühlen lassen.

◆ Den Ofen auf 225 °C vorheizen. Die Entenbrust von allen Seiten mit Thymian, Wacholderbeeren, Pfeffer und Salz einreiben. Mit der Hautseite nach oben auf ein Blech oder in eine feuerfeste Form legen. Im Ofen etwa 20–25 Minuten braten, bis die Haut knusprig, das Fleisch innen aber noch rosa ist. Die Entenbrust etwas abkühlen lassen; dann die Haut entfernen und das Fleisch in sehr feine Scheiben schneiden. Beiseite stellen.

◆ In einer Schüssel Olivenöl und Zitronensaft mit Salz und Pfeffer zu einer Vinaigrette verrühren. Linsen und gehackte Petersilie hinzugeben und alles gut vermengen. Abschmecken.

◆ Den vorbereiteten Frisée gleichmäßig auf Tellern anrichten. Den Linsensalat darauf verteilen und zu kleinen Hügeln aufschichten. Die gebratenen Entenbruststreifen darauf anrichten, mit der übrigen Petersilie dekorieren und sofort servieren.

Für 4 Personen

Le Sud-Ouest

Brouillade de truffes

Rührei mit Trüffeln

Dies ist das Trüffelgericht par excellence, das in den Trüffelregionen Frankreichs überall gegessen wird. Auf den Märkten werden Trüffeln meist küchenfertig geputzt angeboten. Wenn Sie selbst auf die Suche gehen oder direkt beim Trüffelsammler einkaufen, müssen Sie die schwarzen Knollen zunächst abspülen und mit einer kleinen, feinborstigen Bürste sanft, aber gründlich vom Sand befreien.

8 Eier

30 g frische, schwarze Trüffeln, geputzt und fein gewürfelt

125 g Butter in 2 cm große Würfel geschnitten

1 TL Salz

2 TL frisch gemahlener Pfeffer

◆ Die Eier in eine hitzebeständige Schüssel, besser noch in einen Schneekessel geben. Trüffelwürfel hinzufügen und schaumig schlagen. Die Schüssel auf einen Topf mit fast siedendem Wasser setzen. Die Butter hineingeben. Die Eiermasse unter ständigem Rühren langsam erhitzen, bis sie zu einem cremigen, lockeren Rührei gestockt ist (etwa 15 Minuten). Mit Salz und Pfeffer würzen und auf vorgewärmten Tellern sofort servieren.

Für 3–4 Personen

Truffes

Die Trüffel, *le diamant noir* (der schwarze Diamant), ist ein schwer aufzuspürender Pilz, da er sein gesamtes Leben unter der Erdoberfläche verbringt. Er entsteht aus den Trüffelsporen, die sich zu einem Fadengeflecht ausbreiten und an die Wurzeln von Eichen, Haselnusssträuchern, Pinien und Linden heften. Aus dieser unterirdischen Vereinigung bilden sich Mykorrhizen, die schließlich vom gesamten Wurzelwerk des Baumes Besitz ergreifen. Nach fünf bis zehn Jahren dieser Symbiose sind die schwarzen Knollen reif zur Ernte.

Während der Saison von Ende November bis Ende Februar werden die Trüffeln von speziell trainierten Hunden oder Schweinen mit außergewöhnlich feinem Geruchssinn aufgespürt. Ich war einmal mit einem Freund und zwei winzigen Hunden, von denen jeder nicht mehr als eineinhalb bis zwei Kilo wog, auf Trüffelsuche. Die Hunde waren so klein, dass wir sie im Dickicht des Waldbodens ständig aus den Augen verloren. Nur das wogende Gras verriet, wo sie gerade entlangtauchten. Doch sie erschnüffelten fast ihr eigenes Gewicht in Trüffeln.

Provence

Pan-bagnat

Tomaten-Thunfisch-Sandwich

Dieses Sandwich – im Grunde eine »salade niçoise« zwischen zwei Brötchenhälften – ist eine Spezialität aus Nizza. Der Belag kann von Mal zu Mal etwas unterschiedlich sein, doch Thunfisch, Tomaten und Oliven sind fast immer mit dabei. Es wird in Straßenverkäufen und an Sandwich-Ständen angeboten, aber auch bei manchem Traiteur und sogar in einigen einfachen Cafés im Zentrum der Stadt, weit weg von den schicken Lokalen entlang der Promenade des Anglais am Mittelmeerufer. Ich habe oft nahe dem Bahnhof ein »pan-bagnat« gekauft, als Reiseverpflegung für eine lange Zugfahrt oder als Imbiss auf dem Weg nach Italien durch die Schlucht der Roya.

4 große, runde und weiche Brötchen
60 ml (4 EL) natives Olivenöl extra
2 EL Rotweinessig
125 g Thunfisch (wahlweise in Öl oder im eigenen Aufguss)
1 grüne Paprika, Samen und Scheidewände entfernt und in feine Streifen geschnitten
2 Tomaten, in dünne Scheiben geschnitten
2 hart gekochte Eier, geschält und in Scheiben geschnitten
12 Sardellenfilets
4–6 Salatblätter (Kopf-, Batavia- oder Endiviensalat)

◆ Die Sandwichbrötchen längs aufschneiden. Beide Hälften gleichmäßig mit Olivenöl und Essig beträufeln.

◆ Den Thunfisch abgießen, in eine Schüssel geben und mit einer Gabel in kleine Stücke zerteilen. Gleichmäßig auf die unteren Brötchenhälften verteilen. Dann mit den Paprikastreifen, den Tomaten- und Eischeiben sowie den Sardellen belegen. Jeweils ein Salatblatt darüber legen, die obere Brötchenhälfte aufsetzen und servieren.

Für 4 Personen

Die »salade niçoise« mit ihrem Thunfisch, den Sardellen, Kartoffeln, Tomaten und grünen Bohnen, aromatisiert mit Olivenöl und Kräutern, verkörpert die mediterrane Provence.

Provence

Salade printanière

Frühlingssalat

Maurice, einer meiner Nachbarn in der Provence, lebte bis zu seinem zehnten Lebensjahr in Nizza. Obwohl es schon fast sechzig Jahre her ist, seit er die Stadt verließ, hat er noch immer eine große Schwäche für die Küche seiner Kindheit. Er hat einen großen, üppig wachsenden Gemüsegarten (»potager«), und jedes Jahr im Spätfrühling pflückt er ein paar junge, zarte Saubohnen, erntet ein oder zwei violette Artischocken und eine frische Zwiebel, fügt noch einige Tomaten aus seinem Gewächshaus hinzu und baut alles vor sich auf dem Küchentisch auf. Dann stellt er Olivenöl, Salz und Essig dazu und beginnt mit der Zubereitung dieses Salates.

60 ml (4 EL) natives Olivenöl extra
Salz
Frisch gemahlener Pfeffer
2 Artischocken
1 Zitrone, halbiert
500 g Saubohnen (Dicke Bohnen)
1 kleine Zwiebel, fein gewürfelt, oder 6 Frühlingszwiebeln (nur die unteren, weißen Enden verwenden)
2 Tomaten, in Würfel geschnitten
2 EL Rotweinessig

◆ In einer Salatschüssel Olivenöl, Salz und Pfeffer mit einer Gabel verrühren.

◆ Die Stiele der Artischocken abschneiden. Die äußere Schicht Blätter abzupfen und das obere Drittel der Artischocke wegschneiden. Die Schnittfläche mit Zitrone einreiben. Dann Schicht für Schicht weitere Blätter entfernen, bis die inneren, zartgelben Blätter zum Vorschein kommen. Erneut die Spitze des Blütenkopfes und etwaige Blattspitzen abschneiden. Die Schnittfläche nochmals mit Zitrone einreiben. Mit einem Löffel das Heu im Innern der Artischocke ausschaben. Die Artischocken in ½ cm große Würfel schneiden und zu dem Olivenöl in die Salatschüssel geben.

◆ Junge zarte Bohnen müssen nicht geschält werden. Bohnen mit harter Schale für 20 Sekunden in kochendes Wasser geben. Abtropfen und ein wenig abkühlen lassen. Die Schale lässt sich nun leicht entfernen. Sobald die Bohnen abgekühlt sind, zu den Artischocken geben.

◆ Die Zwiebeln und Tomaten untermischen. Den Essig dazugeben, alles gut vermengen und servieren.

Für 4 Personen

Foie gras

Obwohl die meisten Menschen an Gänse denken, wenn sie Foie gras hören, sind Enten nicht minder feine Lieferanten der fettreichen Stopfleber. Das ist natürlich eine kühne Behauptung, die geeignet ist, den anhaltenden Streit zwischen Gourmets zu nähren, ob nun die aromatischere Entenstopfleber vorzuziehen sei oder die feinwürzigere, mildere Fettleber der Gans.

In beiden Fällen wird die geschätzte und vergrößerte Leber durch die - in Deutschland, Österreich und der Schweiz verbotene - *gavage*, das systematische und übermäßige Stopfen der Tiere mit Futtermais, erzielt. Im Périgord Noir, wo Foie gras als Spezialität gilt, sind die Sommer sehr heiß. Viele *éleveurs* züchten daher Enten statt Gänse, da diese die Hitze besser vertragen. Entenstopflebern sind mit etwa 500 Gramm kleiner als Stopflebern von Gänsen, die bis zu 750 Gramm auf die Waage bringen - ein häufig bemühtes Argument der Gänseleber-Fraktion. Doch die Debatte hält an.

Le Sud-Ouest

Foie gras aux raisins

Gebratene Entenstopfleber mit Trauben

Frische, in Scheiben geschnittene und gebratene Foie gras ist ein Hochgenuss. Außen bildet sich eine dünne Kruste, während das Innere zart und cremig bleibt. Frischer Traubensaft und Armagnac oder Cognac verbinden sich mit dem Bratenfond zu einer leichten Sauce. Für die klassische Zubereitung dieser Spezialität aus Bordeaux werden die großen, süßen Trauben der Muskatellerrebe verwendet.

1 frische Entenstopfleber (ca. 500 g)
Salz
Frisch gemahlener Pfeffer
2–3 EL frisch gepresster Traubensaft, durch ein feinmaschiges Sieb passiert
2–3 EL Armagnac oder Cognac
200 g Muskatellertrauben oder eine andere süße Traubensorte, nach Belieben enthäutet und entkernt

◆ Mit einem scharfen Messer den großen und kleinen Lappen der Stopfleber voneinander trennen. Beide Lappen längs in Scheiben von etwa 12 mm Dicke schneiden. Die heraustretenden Nervenstränge und Adern mit den Fingern oder mit Hilfe der Messerspitze entfernen. Die Scheiben nebeneinander zwischen zwei Lagen Backpapier legen und etwa 1 Stunde im Kühlschrank fest werden lassen.

◆ Eine große Pfanne stark erhitzen. Die Foie-gras-Scheiben von beiden Seiten mit Salz und Pfeffer bestreuen. Sobald die Pfanne sehr heiß ist, die Scheiben hineinlegen und etwa 30–40 Sekunden braten, bis sich eine leichte Kruste gebildet hat. Die Leberscheiben wenden und auch die andere Seite in 30–40 Sekunden krustig braten. Die Pfanne muss sehr heiß sein, damit sich schnell eine Kruste bilden kann. Bei zu geringer Hitze oder zu langem Braten beginnt die Foie gras zu schmelzen. Die Leber auf eine vorgewärmte Platte legen und mit Alufolie bedecken.

◆ Das überschüssige Fett in der Pfanne abgießen. Die Pfanne erneut heiß werden lassen und mit dem Traubensaft und Armagnac oder Cognac ablöschen. Mit einem Holzlöffel den Bratensatz vom Pfannenboden loskratzen. Die Sauce bei großer Hitze und unter Rühren auf die Hälfte einkochen lassen. Dann die Trauben dazugeben und eine Minute erwärmen.

◆ Zum Servieren die Trauben um die Foie gras herum anrichten und mit der Sauce überziehen.

Für 3–4 Personen

Bretagne

Rillettes de poisson

Fischrillettes

In der Bretagne werden zum Aperitif häufiger »rillettes de poisson« gereicht als die sonst üblichen »rillettes de porc«. Normalerweise werden »rillettes« aus in eigenem Fett gegartem Schweine- oder Gänsefleisch zubereitet, das anschließend gewürzt und zu einer Paste verarbeitet wird. Doch im Küstenland Bretagne findet man in traditionellen französischen Gerichten vielfach Fisch anstelle von Fleisch. So auch bei diesem. Für diese Zubereitung wird Fisch zunächst fein geschnitzelt, dann mit Senf und Schnittlauch gewürzt und auf Cracker oder geröstetes Brot gestrichen serviert. Dazu passt ganz hervorragend ein Cidre brut oder ein Muscadet.

1 TL Salz
4 EL Cidre-Essig
500 g Makrelenfilet
500 g Merlan- oder Kabeljaufilet
500 ml Crème fraîche
125 ml trockener Weißwein
1 EL Dijon-Senf
1 Schalotte, fein gewürfelt
Frisch gemahlener Pfeffer
Saft einer Zitrone
1 Bund Schnittlauch, fein geschnitten
24 Scheiben Baguette

◈ In einem großen, flachen Kochtopf etwa 8 cm hoch Wasser einfüllen. 2 El Essig und ½ TL Salz hinzufügen und bei mäßiger Hitze bis fast zum Sieden bringen. Die Fischfilets hineingeben und etwa 3 Minuten behutsam blanchieren. Mit einer Schaumkelle aus dem Wasser nehmen, auf einen Teller legen und beiseite stellen. Das Kochwasser wegschütten.

◈ In einem weiteren Topf Crème fraîche, Wein, den restlichen Essig, Senf, Schalottenwürfel, das restliche Salz und Pfeffer verrühren und bei mittlerer Hitze zum Kochen bringen. Unter Rühren die Mischung in etwa 6–7 Minuten auf die Hälfte reduzieren. Die Fischfilets hineingeben und bei schwacher Hitze weitere 5 Minuten köcheln lassen, bis sich der Fisch mühelos mit einer Gabel zerteilen lässt. Den Zitronensaft hinzufügen und vom Herd nehmen. Mit Hilfe von 2 Gabeln den Fisch in kleine Stücke zerteilen. Dann die Mischung gründlich durchrühren, bis sich eine dicke Paste bildet. Den Schnittlauch bis auf einen Esslöffel sorgfältig unterrühren. In eine Terrine oder Schüssel füllen und zugedeckt für 24 Stunden in den Kühlschrank stellen, damit sich die Aromen verbinden.

◆ Den Grill des Backofens vorheizen. Baguettescheiben auf ein mit Backpapier ausgelegtes Blech legen und in etwa 3 Minuten von beiden Seiten im Ofen rösten.

◆ Die *rillettes* mit dem verbliebenen Schnittlauch garnieren und kalt mit dem gerösteten Baguette servieren.

Für 6–8 Personen

Provence

Soupe au pistou

Gemüsesuppe mit Pesto

Pistou (Pesto) ist eine Paste aus Olivenöl, Knoblauch, Basilikum und Parmesan, die mit getrocknetem Brot und Pinienkernen oder Mandeln eingedickt wird. Sie zeigt den Einfluss Italiens auf die Küche im Südosten Frankreichs, besonders in Nizza. Frisch zubereiteter Pistou hat einen intensiven Geschmack, der hervorragend mit den anderen Zutaten der Suppe harmoniert. Doch lässt man ihn zu lange stehen, kann er fade, ja sogar bitter werden. Die Suppe gibt es in vielen Variationen, von der eher einfachen Version mit getrockneten Bohnen und Nudeln bis zu aufwendigeren Varianten, etwa mit frischen Flageolet- oder Lima-Bohnen.

60 ml (4 EL) Olivenöl

2 Zwiebeln, fein gewürfelt

6 Knoblauchzehen

8 Kartoffeln (1½ kg) einer fest kochenden Sorte (z. B. Bintje), gewürfelt

250 g grüne Bohnen, geputzt und in 3 cm lange Stücke geschnitten

500 g frische Bohnenkerne (Flageolet- oder Lima-Bohnen – entspricht 1 kg ungeschälter Bohnen)

3 Tomaten, enthäutet und gehackt (mit ihrem Saft)

3 l Gemüsebrühe

2 EL frisch gerebelter Thymian

2 TL Salz

2 TL frisch gemahlener Pfeffer

1 TL gehackter frischer Majoran

100 g Spaghetti (in Stücke zerbrochen) oder Fadennudeln

FÜR DAS PISTOU

20 ganze Knoblauchzehen, geschält

125 g frisches Basilikum, grob gehackt

180 g Parmesankäse, gerieben

75 g Pinienkerne

250–300 ml natives Olivenöl extra

1 TL Salz

60 g geriebener Parmesankäse zum Bestreuen

◆ In einem großen Kochtopf das Olivenöl bei mittlerer Hitze erwärmen. Zwiebeln und Knoblauch hinzufügen und 2 Minuten glasig werden lassen. Die Kartoffeln, grünen Bohnen und Bohnenkerne dazugeben und unter ständigem Rühren mit einem Holzlöffel weitere 5–6 Minuten anschwitzen, bis die Gemüse leicht glänzen.

◆ Die Tomaten mit ihrem Saft hinzufügen. Mit der Gemüsebrühe auffüllen und mit Thymian, Salz, Pfeffer sowie Majoran würzen. Bei schwacher Hitze zugedeckt unter gelegentlichem Rühren etwa 40 Minuten köcheln lassen, bis die Bohnen und Kartoffeln weich sind. Die Spaghetti oder Fadennudeln hinzufügen und weitere 10 Minuten garen.

◆ Inzwischen den Pistou zubereiten. Dazu Knoblauch, Basilikum, Käse, Pinienkerne und 3 EL des Olivenöls in der Küchenmaschine zu einer Paste pürieren. Bei laufendem Gerät nach und nach so viel Olivenöl hinzugeben, bis die Paste zu einer dicken Sauce emulgiert ist. Salz hinzufügen und nochmals kurz durchmischen. Sie können auch einen Mörser verwenden: Knoblauch, Käse, Basilikum und Pinienkerne mit dem Stößel zu einer dicken Paste zerreiben. Dann nach und nach das Olivenöl unterarbeiten, bis sich eine dickflüssige Sauce gebildet hat. Mit Salz abschmecken.

◆ Die fertige Suppe in vorgewärmte Teller schöpfen und jeweils 1 EL Pistou unterrühren. Mit etwas Parmesankäse bestreuen und servieren. Den restlichen Pistou sowie den geriebenen Parmesankäse separat dazu reichen.

Für 12–15 Personen

Appellation d'Origine Contrôlée

Die Bezeichnung *appellation d'origine contrôlée (AOC)* erscheint auf zahlreichen französischen Produkten. Schwarze Oliven aus Nîmes, Linsen aus Le Puy, Walnüsse aus Grenoble, Geflügel aus der Bresse, mehr als 30 verschiedene Käsesorten, darunter Camembert, Roquefort und Saint-Nectaire, aber auch Weine und Spirituosen. Sie alle sind Träger des AOC-Gütesiegels. Es garantiert, dass das jeweilige Produkt eine bestimmte Qualität hat, aus kontrollierter Herkunft stammt und unter genau festgelegten Bedingungen hergestellt wurde.

Um diesen begehrten Status zu erlangen, müssen die Produzenten detaillierte Berichte vorlegen, die die Einzigartigkeit ihrer Erzeugnisse aufgrund ihrer Herkunft aus einem bestimmten *terroir* nachweisen. Dabei geht es nicht nur um sehr strenge und spezifische Vorschriften bei der Herstellung von der Ernte bis zur Verpackung, sondern auch um die Herkunft aus einer präzise festgelegten Region. Diese Kriterien garantieren dem Verbraucher einen bestimmten Qualitätsstandard. Belon-Austern, Banon-Käse und Foie gras aus dem Périgord sind die jüngsten Bewerber um das Gütesiegel und werden derzeit von der französischen Regierung geprüft.

Le Sud-Ouest

Terrine de lapin

Kaninchenterrine

Kaninchenterrinen gehören zu den Besonderheiten unter den zahlreichen Terrinen der französischen Küche. Aufgeschnitten enthüllen sie ein Mosaik aus zartem, weißem Fleisch und Streifen von dunklem Schweinebrät. Bei diesem Rezept machen das Grün der Pistazien und die Leber das Muster noch mannigfaltiger.

Lassen Sie die Kaninchen von ihrem Schlachter auslösen, wobei die Fleischstücke möglichst ganz bleiben sollten. Lassen Sie sich auch Knochen und Lebern mitgeben.

Die Terrine, begleitet von einem gut gekühlten Rosé aus Bandol, ist die vollkommene Vorspeise für einen lauen Sommerabend.

FÜR DIE MARINADE
60 ml Cognac
6 Wacholderbeeren, zerdrückt
4 Zweige frischer Thymian
1 Lorbeerblatt
Salz
Frisch gemahlener Pfeffer

2 Kaninchen (von jeweils 1 kg), entbeint
2 Kaninchenlebern
150 g fetter Speck, etwa ½ cm dick, in 9 schmale Streifen geschnitten
500 g Schweinebrät
1 Ei
6 Wacholderbeeren, zermahlen
3 TL Cognac
60 g geschälte Pistazien

◆ Für die Marinade in einer Schüssel Cognac, zerdrückte Wacholderbeeren, Thymian, Lorbeer, Salz und Pfeffer miteinander vermengen.

◆ Die Kaninchenteile und die Speckstreifen in die Marinade legen, mehrmals darin wenden und zugedeckt im Kühlschrank über Nacht durchziehen lassen.

◆ Den Ofen auf 180 °C vorheizen.

◆ Für die Terrine das Fleisch und den Speck aus der Marinade nehmen. Die Marinade wegschütten. In einer Schüssel das Schweinebrät mit dem Ei vermischen. Eine verschließbare Terrinenform mit etwa 1½ Liter Volumen mit einem Drittel der Brät-

mischung füllen. (Sie können auch eine schwere Backform der gleichen Größe und Alufolie zum Verschließen verwenden.) Ein Viertel des Kaninchenfleischs gleichmäßig auf der Brätschicht verteilen. Drei Speckstreifen der Länge nach darauf legen. Mit ein wenig zermahlenem Wacholder bestreuen und mit 1 TL Cognac beträufeln. Dann einen Teil der Pistazien in zwei langen Reihen darauf arrangieren und die Lebern in die Mitte legen. Auf die gleiche Weise zwei weitere Lagen ohne Leber aufschichten. Die oberste Schicht mit Kaninchenfleisch abschließen. Einige Kaninchenknochen darauf legen (die kleinen Vorderläufe eignen sich besonders gut). Die Knochen fördern das Gelieren der Terrine.

◆ Den Deckel auf die Form setzen und fest verschließen. In ein größeres, ofenfestes Gefäß setzen und bis zur halben Höhe der Terrine heißes Wasser angießen.

◆ Im Wasserbad im Ofen etwa 1½–2 Stunden garen, bis das Kaninchenfleisch fest und völlig durchgegart ist.

◆ Aus dem Ofen nehmen und die Knochen entfernen, solange die Terrine noch heiß ist. Ein Stück Alufolie auf etwa die Größe der Terrinenoberfläche zurechtschneiden. Auf die Terrine legen und zum besseren Verschließen in den Ecken leicht andrücken. Einen Ziegelstein oder ein vergleichbares Gewicht mit Alufolie umwickeln und die Terrine damit beschweren. Mitsamt dem Gewicht für 24 Stunden in den Kühlschrank stellen.

◆ Das Gewicht entfernen. Die Schneide eines Messers unter heißem Wasser erwärmen. Trockenreiben und mit der heißen Klinge seitlich an der Terrine entlangfahren, um sie von der Form zu lösen. Nach Möglichkeit mit einer biegsamen Palette auch die Unterseite der Terrine vom Boden der Form lösen. (Sie können zum Lösen der Terrine die Form auch 5 Minuten in sehr heißes Wasser stellen.) Eine Platte verkehrt herum auf die Terrine setzen und beide zusammen stürzen. Dann die Terrinenform vorsichtig anheben. Falls sich die Terrine nicht problemlos aus der Form lösen lässt, den gesamten Vorgang wiederholen.

◆ Die Terrine in Scheiben von etwa 2 cm Dicke schneiden und servieren.

Für 8–10 Personen

LES PLATS

Der Hauptgang zeigt die wahre Kunst und die Vielseitigkeit französischer Köche sowie ihre Achtung vor regionalen Produkten.

Ich bin immer wieder beeindruckt von dem Reichtum kulinarischer Traditionen in Frankreich, den die Hauptgerichte offenbaren. Ihre grundlegenden Bestandteile sind in vielerlei Hinsicht von Region zu Region dieselben. Geflügel, Fisch, Lamm, Rind, Schwein, alle möglichen Fleischsorten, Gemüse, Käse, Sahne, Wein, Cidre, Bier, Spirituosen, Kräuter sowie Butter und Olivenöl sind überall wiederkehrende Zutaten. Sie werden zu Eintöpfen verarbeitet, geschmort, gebraten, gegrillt oder sautiert. Doch da hören die Gemeinsamkeiten auch schon auf. Denn jeder Winkel in Frankreich hat seine landeseigenen *produits du terroir,* die je nach Saison jeder Grundzubereitung ihre unverwechselbare Note verleihen.

Eine der größten Reisefreuden in diesem Land ist für mich die unglaubliche Vielfalt an Lebensmitteln, ihre Qualität und Frische sowie die Achtung und Sorgfalt, mit der sie präsentiert werden. Ich werde nicht müde, an Marktständen und in Schaufensterauslagen nach immer neuen und mir noch unbekannten Produkten Ausschau zu halten. Wohnt man in einem Hotel, hat man natürlich keine Möglichkeit, etwas zuzubereiten. Das fand ich einmal besonders bedauerlich, als ich eines Frühlingstages mit meinem Mann auf einem Markt in Dijon im Burgund war. Es war ein milder, sonniger Tag, und der Markt war einer der schönsten, den ich je gesehen hatte. Die Händler hatten ihre Ware aufs Liebevollste arrangiert, und die Qualität der Produkte war hervorragend: Da lagen die berühmten Bresse-Hühner, fein säuberlich gestapelt, ihre langen Hälse und Köpfe unter die Brust gesteckt; Kaninchen, dicht an dicht aufgereiht, ihre Lebern, Nieren und Herzen noch in der Bauchhöhle und in einträchtiger Nachbarschaft mit fleischigen Perlhühnern; Schweine- und Rinderbraten, zusammengerollt, gespickt und kunstvoll verschnürt sowie dicke Scheiben Kalbshachse strotzend vor saftigem Mark – all das ließ mir den Kopf schwindeln mit Visionen von Coq au vin, gebratenem Huhn, Kaninchen auf dutzenderlei Art und Kalbshachse, die in einer dicken Sauce schmort. Dazu würde der Spargel passen, der zwei Reihen weiter angeboten wurde und ein Kartoffelgratin aus den frisch geernteten Kartoffeln direkt

vor mir und der einheimischen Sahne, in kleinen Gläsern, die am Stand daneben auf einem Tisch aufgereiht waren. Zu dem Huhn stellte ich mir einen Salat vor – den Feldsalat vielleicht, den eine alte Frau nahe dem oberen Ende des Marktes verkaufte, gemischt mit dem knackig frischen Endiviensalat, den ich an mehreren Ständen sah, und dazu würde ich eine Himbeer-Vinaigrette mit einem der angebotenen Essige machen. Mir war sofort klar, dass ich eines Tages für ein, zwei Wochen ein Ferienhaus im Burgund mieten würde, um nach Herzenslust einzukaufen und so richtig zu kochen. An jenem Tag aber kaufte ich lediglich ein paar, wenigstens noch halbwegs verwertbare Dinge, darunter der Himbeeressig, eine Flasche des von dort stammenden Crème de Cassis, eine Scheibe *jambon persillé* (Schinkensülze mit Petersilie, siehe Seite 52), Brot, verschiedene Ziegenfrischkäse und einen Strauß wilder Narzissen, die ein kleines Mädchen zusammen mit seiner Mutter verkaufte. Wir aßen den Schinken und Käse zum Mittag und tranken eine Flasche Wein dazu. Die Narzissen verströmten einen himmlischen Duft im Auto, und als wir durch die Weinfelder südwärts fuhren, erinnerten sie mich an diesen wunderbaren Markt in Dijon.

Wenn Sie sich nicht aufs Picknicken beschränken müssen, probieren Sie die für die französische Küche besonders typischen Schmor- und Eintopfgerichte. Es gibt sie in allen erdenklichen Formen. Als mir ein Freund einmal beim Kochen half, fragte er mich: »Kochen die Franzosen immer mit so viel Wein?« Ich überlegte einen Moment und sagte dann ja, denn Wein ist eine der Zutaten, die sie stets zur Hand haben. Er hat von der Gärung bis zum Öffnen der Flasche viele Entwicklungsstadien durchlaufen und daher einen

Vorhergehende Doppelseite: Die Dordogne schlängelt sich durch saftige Wiesen, auf denen Schafe nahe einem Sonnenblumenfeld weiden. **Links:** Die Einwohner des kleinen Hafenstädtchens Cancale in der Bretagne haben sich ganz der Austernzucht verschrieben. Austern aus Cancale gehören zu den meist geschätzten in Frankreich. **Rechts oben:** Es gibt widerstreitende Auffassungen, was in eine authentische Bouillabaisse gehört, welche Fischsorten und Gewürze in jedem Fall hineinmüssen. Doch wenn Krustentiere dabei sind, sind *langoustines* (Kaisergranat) fast immer mit von der Partie. **Rechts Mitte:** Seit den Zeiten Roms wird die Rhône als Handelsweg zwischen Nord und Süd genutzt, auf dem importierte Waren wie Gewürze bis nach Lyon und noch weiter reisen konnten. **Rechts unten:** Fisch hat keine geringe Stellung in der französischen Menüfolge, sei es in Bouillabaisse oder *soupe de poisson* oder im Ofen gegart als *cabillaud à la bordelaise* (Kabeljau mit Tomaten und Zwiebeln) oder gebraten als *loup flambé au fenouil* (Flambierter Wolfsbarsch mit Fenchel und Pernod).

Oben: Klagende Gestalten zieren das Grab Philips des Kühnen im Musée des Beaux-Arts in Dijon. **Oben Mitte:** Wie ein verzaubertes Königreich erhebt sich der Mont-Saint-Michel aus dem Meer. **Darunter:** Die hügelige Landschaft von Poitou und Dauphiné ist die Heimat zahlreicher Ziegen. **Rechts:** Blick vom Château de Roumégouse auf eine bukolische Landschaft.

vielschichtigen Geschmack, wie Ihnen jeder Weintrinker versichern wird.

Weinverkoster haben in der Tat einen reichhaltigen Wortschatz zur Beschreibung des Bouquets, das sie mal an Pfirsich, mal an Kiefer erinnert oder an wilde Kräuter, Pflaumen oder Beeren. Dieser Reichtum an Nuancen wirkt auch im Kochtopf. Er entfaltet sich in der Alchimie der Zutaten und prägt und verfeinert das endgültige Aroma. Ein in Wasser geschmorter Braten unterscheidet sich ganz erheblich von einem in Wein gegarten. Und je nachdem, welcher Wein verwendet wird, ändert sich auch der Geschmack des Gerichtes. In der Provence gibt es Restaurants, die den Wein, den sie für ihre Daube verwenden, ausdrücklich in der Karte verzeichnen, und ob Profi oder Amateur, jeder Koch schwört auf einen ganz bestimmten Tropfen, mit dem man angeblich das beste Ergebnis erzielt.

Doch ist nicht allein der Wein das bestimmende Merkmal für Schmor- und Eintopfgerichte. Je nach Region und Saison gibt es sie in zahllosen Varianten, die dazu beitragen, dass Essen in Frankreich niemals langweilig wird. In der Provence werden viele Schmorgerichte, ganz gleich ob Kaninchen, Huhn, Rind oder Fisch, mit Oliven und Knoblauch zubereitet. In der Normandie sind Äpfel und Sahne häufige Zutaten, während im Elsass besonders Kartoffeln und Kohl sehr beliebt sind. Eventuell wird das Fleisch

Oben: In der Gegend um Charolles im Burgund werden die berühmten Charollais-Rinder gezüchtet. Sie werden erst im Alter von sechs Jahren geschlachtet statt bereits nach fünf, wie viele ihrer Artgenossen. Man glaubt, das Extrajahr verleihe ihnen Extrageschmack.

vorher mariniert, in der Provence in Rotwein und *eau de vie,* in der Normandie in Cidre mit einem Schuss Calvados und im Elsass in Weißwein oder Bier. Auch Waldpilze sind in manchen Regionen verbreitete Zutaten, so in der Provence, im Languedoc, im Périgord, im Berry und in den Alpen. Im Norden und im Pas-de-Calais trifft man hingegen eher auf Chicorée. Fischeintöpfe werden häufig mit einem Fond zubereitet, der einen lokalen Rot- oder Weißwein zur Basis hat.

In der Normandie und der Bretagne wird zum Schmoren meist Cidre und Sahne verwendet, in Savoyen und im Elsass ist es hingegen Weißwein, manchmal sogar eine der dort entstandenen honigsüßen Spätlesen. *Choucroute,* das Markenzeichen der Elsässer Küche, wird einer langen Weißweinbehandlung unterzogen, und auch die Savoyer Würstchen kocht man in einer Sauce auf Weißweinbasis. Im Burgund wird der regionale Rotwein für Bœuf bourguignon und Coq au vin verwendet, während ein Rindfleischtopf auf Korsika mit einem kernigen Inselwein gemacht wird. Im Süden geben außerdem Tomaten und Oliven den Ton an.

Gegrilltes, kurz gebratenes oder pochiertes Fleisch ist leicht zuzubereiten und nach wie vor überall beliebt. Ob im Restaurant oder am heimischen Herd, Gegrilltes und kurz Gebratenes gehören immer zur engeren Wahl, Fisch in Küsten- oder Flussnähe, Steak, Lamm- und Schweinekoteletts praktisch im ganzen Land – zubereitet und gewürzt mit regionalen Zutaten, versteht sich. Dabei ist die einfachste Zubereitung häufig auch die beste. Beim Braten in der Pfanne lösche ich den Bratensatz natürlich immer ab – mit Wein oder Essig, je nachdem was ich brate. Ich begann damit bereits sehr früh, als ich nach Frankreich kam. Meine Tochter Ethel war damals drei und verbrachte einige Tage bei meiner Nachbarin Françoise, während ich im Krankenhaus lag und ihren Bruder zur Welt brachte. Wie zu erwarten, verwöhnte sie Françoise und briet ihr mehr als einmal ein Steak. Später wollte Ethel immer »Saft« zu ihrem Steak, wie bei Françoise. Eines Tages, als ich meiner Nachbarin beim Kochen zusah, beobachtete ich, wie sie das gebratene Fleisch aus der Pfanne nahm, dann einen Schuss Wein hineingab, den Bratensatz losrührte, alles aufkochte und schließlich über die Steaks goss. Ethel hatte Recht. So war es viel besser, und seither mache ich es immer so, mit Weißwein bei Fisch und Rotwein bei Steaks und Koteletts.

Fisch spielt unter den Hauptgerichten eine große Rolle, was nicht verwunderlich ist angesichts der langen Küsten und vielen Flüsse Frankreichs. Und da jede Region die unverwechselbaren Zutaten ihres *terroir* beisteuert, gibt es eine Vielzahl verschiedener Zubereitungsweisen. In der Normandie trifft man auf Lachs mit Sahne, während man ihn an der Loire mit einem Schuss Weißwein gart. In Savoyen gibt es frische Forellen mit Walnüssen, in der Haute Provence mit Mandeln. Der fleischige Seeteufel, der in Geschmack und Konsistenz an Hummer erinnert, ist im ganzen Land beliebt und wird im Ganzen oder in dicke Medaillons geschnitten, gebraten und mit Kräutern oder Gemüsen garniert. Auch Fischeintöpfe sind verbreitet, unter ihnen die berühmte Bouillabaisse aus der Provence und die *cotriade* aus der Bretagne. Beide werden Sie kaum zweimal auf dieselbe Weise zubereitet finden, da es so viele Varianten wie Köche zu geben scheint.

Die Kreativität der französischen Köche zeigt sich auch bei Bratengerichten, zu denen Gemüse der jewei-

Unten: Ein Bauer am Rande seines Feldes im Argoat, wie die Gallier das einst dichte Waldgebiet im Innern der Bretagne nannten, das heute einem Schachbrett aus Feldern, Wald und Mooren gleicht. **Ganz unten:** Der elegante Cours Mirabeau in Aix-en-Provence wird gesäumt von Gebäuden aus dem 17. und 18. Jahrhundert auf der einen Seite und schicken Cafés auf der anderen.

Ganz oben: Fischerboote ruhen bei Ebbe vor der bretonischen Küste. **Unten:** Ein Restaurant wirbt auf handbeschriebenen Schiefertafeln für sein Tagesmenü. **Rechts:** Im 17. Jahrhundert war Saint-Malo eine bedeutende und reiche Hafenstadt, in der es Seefahrer durch Handel und Piraterie zu großen Vermögen brachten. Die einst zum Schutz errichteten Stadtmauern bieten heute einen herrlichen Blick auf das Meer.

ligen Region serviert werden, die es stets im Überfluss gibt. Ein Schweinebraten aus der provenzalischen Küche wird mit den typischen Kräutern der Provence gewürzt und anschließend mit ganzen Knoblauchknollen umlegt. Gebratene Ente wird häufig dick mit Lavendelhonig bestrichen, eine Kombination, die in zahlreichen Restaurants in der Provence verbreitet ist. In der Auvergne hingegen würzt man Ente schlicht mit Salz und Pfeffer und unter Umständen mit einer nelkengespickten Zwiebel, die in die Bauchhöhle geschoben wird. Dann wird sie mit weißen Rüben umlegt, die im Bratensaft der Ente schmoren. Im Elsass aromatisiert man Schweine- oder Entenbraten mit Wacholder und fügt dicke Streifen Kohl hinzu. Bei vielen Bratengerichten spielen auch Nüsse eine Rolle, hauptsächlich Walnüsse und Maronen. Geflügel wie Huhn, Perlhuhn, Fasan und Truthahn werden vor dem Braten häufig mit einer Füllung versehen, je nachdem was gerade zur Hand ist: Brotkrumen vermischt mit Pflaumen und Walnüssen in der Gascogne, getrocknete Aprikosen im Süden und Trüffeln im Périgord und in der Provence.

Egal, woraus das Hauptgericht besteht, es zeigt die Kreativität der französischen Köche und ihren Respekt vor regionalen Produkten. Das Geheimnis liegt darin, für einfache Gerichte erstklassige Zutaten zu verwenden.

Provence

Canard au miel de lavande

Ente mit Lavendelhonig

Lavendelhonig ruft unmittelbar Bilder der Provence und der Drôme ins Gedächtnis, wo Lavendelfelder in schimmernden Wellen die Plateaus überziehen. Der Honig schmeckt zwar nicht ausgeprägt nach Lavendel, doch hat er ein besonderes und sehr feines Aroma. Kurz vor dem Ende der Bratzeit über das Geflügel gestrichen, verleiht er der Ente eine tief mahagonibraune und dem Huhn eine leuchtend goldene Farbe. Bei diesem Rezept wird die Leber in der Bauchhöhle der Ente mitgegart. Man isst sie auf geröstetem Brot zusammen mit dem tranchierten Vogel.

4 TL frische oder 2 TL getrocknete Lavendelblüten

2 TL frischer gerebelter oder ½ TL getrockneter Thymian

2 TL frisches oder ½ TL getrocknetes Winter-Bohnenkraut

12 Pfefferkörner

2 TL Salz

1 Ente (von etwa 3 kg), mit Innereien

100 g Lavendel- oder Thymianhonig (oder eine andere aromatische Sorte)

50 ml Rotwein

◆ Den Ofen auf 180 °C vorheizen.

◆ In einem Mörser oder in der Gewürzmühle die Hälfte der frischen oder getrockneten Lavendelblüten sowie Thymian, Bohnenkraut, Pfefferkörner und Salz miteinander zermahlen.

◆ Fett und Innereien aus der Bauchhöhle der Ente herauslösen. Den Vogel unter fließendem Wasser abspülen und anschließend trockentupfen. Mit einem scharfen Messer das Fett der Brust – nicht aber das Fleisch – kreuzweise einschneiden. Die Ente von innen und außen mit der Gewürzmischung einreiben. Leber, Herz und Magen zurück in die Bauchhöhle stecken. Der Hals wird nicht verwendet. Die Ente mit der Brustseite nach oben in einen Bräter legen.

◆ Die Ente im Backofen 2 Stunden braten. Aus dem Ofen nehmen und das ausgetretene Fett bis auf 1 EL abgießen. Die Entenbrust mit 2 EL des Honigs einstreichen und den Vogel für weitere 10 Minuten in den Ofen schieben. Erneut aus dem Ofen nehmen und mit einem großen Löffel den honigvermischten Bratensaft gleichmäßig über die Ente schöpfen. Nach weiteren 10 Minuten Bratzeit die Brust mit dem restlichen Honig bestreichen und 1 TL der verbliebenen frischen Lavendelblüten (bzw. ½ TL der getrockneten Blüten) darüber streuen. Nochmals für 10 Minuten in den Ofen schieben und anschließend erneut mit dem Bratensaft übergießen. Nach weiteren 5 Minuten aus dem Ofen nehmen. Wenn beim Einstechen mit einer Messerspitze an der dicksten Stelle der Brust klarer, rosafarbener Saft austritt oder ein Fleischthermometer an gleicher Stelle 75 °C Innentemperatur anzeigt, ist die Ente gar. Die Haut sollte schön braun und knusprig sein.

◆ Die Ente auf eine Platte legen, locker mit Alufolie bedecken und 10 Minuten ruhen lassen. Inzwischen die Sauce zubereiten. Dazu das Fett aus dem Bräter abgießen. Es sollten etwa 3 EL Bratensaft zurückbleiben. Den Bräter bei mittlerer Hitze auf den Herd stellen und die restlichen Lavendelblüten hinzufügen. Mit dem Rotwein ablöschen und mit einem Holzlöffel den Bratensatz vom Boden des Bräters losschaben. Etwa 3–4 Minuten kochen, bis sich alle Aromen gut vermischt haben und die Sauce leicht reduziert ist. Warm stellen.

◆ Die Innereien aus der Bauchhöhle der Ente nehmen. Dann die Ente tranchieren. Dazu Flügel, Keulen und Schenkel abtrennen und das Brustfleisch aufschneiden. Die Fleischstücke und die Innereien auf einer vorgewärmten Platte anrichten, mit der Sauce übergießen und sofort servieren.

Für 2–4 Personen

Bei der Zubereitung eines Bratens zeigen sich die vielfältigen Möglichkeiten der französischen Küche: In der Provence wird gebratene Ente mit Lavendelhonig bestrichen, in der Auvergne mit Rüben umlegt und im Elsass mit Wacholder gewürzt.

Provence

Côtelettes d'agneau grillées

Gegrillte Lammkoteletts mit frischem Thymian

Eines der hervorstechendsten Merkmale der provenzalischen Küche ist die Verwendung wilder Kräuter. Manchmal entfalten sie ihr Aroma in einer Mischung, den so genannten Herbes de Provence, doch sie werden auch einzeln verwendet. Im Frühling, wenn der blühende Thymian wie ein violetter Teppich die Landschaft überzieht und die Lammsaison beginnt, gibt es wenigstens einmal, meist an einem Sonntagmittag und möglichst im Freien, gegrillte Lammkoteletts mit frischem Thymian. Zuvor wird möglicherweise eine Platte mit Spargel gereicht, üppig mit Estragonbutter übergossen, gefolgt von den Koteletts mit neuen Kartoffeln oder gebratenen Morcheln.

Das beste Lammfleisch der Region stammt aus Sisteron im Departement Alpes-de-Haute-Provence. Sisteron gilt als Tor zur Provence. Die dort gezüchteten Lämmer ernähren sich von Thymian, Rosmarin und anderen wilden Kräutern und Sträuchern, die überall an den Hängen wachsen. Sisteron-Lämmer werden in Restaurants und Metzgereien ausdrücklich gekennzeichnet und sind ihren hohen Preis wirklich wert.

8 große Lammkoteletts (etwa 12 mm dick), ohne Knochen

4 TL frischer Thymian und Thymianblüten, möglichst fein gerebelt, sowie ganze Blüten und Zweige zum Dekorieren

Salz

Frisch gemahlener Pfeffer

◆ In einem Grill ein Feuer entfachen oder einen Elektrogrill vorheizen.

◆ Die Lammkoteletts mit je ½ TL Thymian einreiben. Den Thymian fest andrücken.

◆ Die Koteletts auf den Grillrost legen und von beiden Seiten 4–5 Minuten grillen, bis das Fleisch schön braun ist. Es sollte auf Fingerdruck in die ursprüngliche Form zurückspringen, damit es innen noch rosa ist.

◆ Die Koteletts auf einer vorgewärmten Platte anrichten, mit Salz und Pfeffer würzen und mit den Thymianblüten und -zweigen dekorieren.

Für 2–4 Personen

Provence

Bœuf aux carottes

Rindfleisch mit Karotten

Ein Vertreter für Käsereiartikel und -einrichtungen lud meine Familie und mich einmal zum Essen in unsere örtliche »bar-tabac« ein. In einem entlegenen Winkel der Haute Provence Amerikaner zu treffen, die Ziegenkäse herstellen, hatte offenbar seine Neugier geweckt, und so wollte er mehr über uns wissen. Die Besitzerin der »bar-tabac« bietet auf Anfrage einen »plat du jour« (Tagesgericht) mit einer einfachen Vorspeise aus »charcuterie«, »crudités« oder Tomaten und zum Dessert Eis oder ein Stück hausgemachten Obstkuchen. An jenem Tag gab es bei Mme Serre »bœuf aux carottes«. Sie servierte das Rindfleisch nach Familienart in einer große Schüssel, die Salzkartoffeln extra. Die holzigen Thymianzweige waren noch in der Schüssel, und die Karotten waren frisch, wie ich wusste, denn ich hatte gesehen, wie Mme Serre sie zu früher Stunde in ihrem Garten erntete. Nach dem Essen fragte ich sie nach dem Rezept, das hier wiedergegeben ist.

Im Restaurant wird »bœuf aux carottes« meist ohne Beilage serviert, doch zu Hause gibt es häufig eine Schüssel selbst gemachter Eiernudeln dazu. Die Sauce wird über die Nudeln geschöpft, und zum Bestreuen reicht man geriebenen Gruyère, von dem sich jeder reihum bedienen kann. Dazu passt ein roter Côtes du Rhône oder ein Côtes de Provence.

2 EL natives Olivenöl extra

1 große Zwiebel, in feine Würfel geschnitten

3 Knoblauchzehen, gehackt

1,5 kg Hohe Rippe oder eine Mischung aus Halsfleisch und Unterschale, ohne Knochen und in 5 cm große Würfel geschnitten

500 ml trockener Rotwein

4 frische Zweige Thymian

1 Lorbeerblatt

2 TL Salz

1 TL frisch gemahlener Pfeffer

1 kg Karotten, geschält und in 3 cm lange Stücke geschnitten

◆ In einem Schmortopf das Olivenöl auf mittlerer Stufe erhitzen. Zwiebeln und Knoblauch hinzufügen und in 2–3 Minuten leicht glasig werden lassen. Mit einem Schaumlöffel wieder herausnehmen und auf einen großen Teller legen. Die Hitze auf große Stufe stellen und das Fleisch nach und nach von allen Seiten gleichmäßig braun anbraten (etwa 5 Minuten). Angebratenes Fleisch zu Zwiebeln und Knoblauch auf den Teller legen.

◆ Sobald sämtliches Fleisch angebraten ist, den Bratensatz mit der Hälfte des Weines ablöschen und die Bratrückstände am Topfboden sorgfältig losrühren. Thymian, Lorbeerblatt, Salz und Pfeffer hinzufügen und mit dem restlichen Wein auffüllen.

◆ Rindfleisch, Zwiebeln, Knoblauch und ausgetretenen Fleischsaft zurück in den Topf füllen. Die Hitze auf niedrige Stufe herunterstellen. Den Topf fest mit einem Deckel verschließen und das Fleisch unter gelegentlichem Umrühren 1 Stunde schmoren. Dann die Karotten hinzufügen und zugedeckt weitere 1½–2 Stunden garen, bis sich das Fleisch problemlos mit einer Gabel zerteilen lässt und die Sauce eingedickt ist. Von Zeit zu Zeit umrühren. Abschmecken.

◆ Thymianzweige und Lorbeerblatt entfernen und wegwerfen. In einer vorgewärmten Schüssel oder direkt im Topf servieren.

Für 6 Personen

Franche-Comté et les Alpes

Fondue

Einige der köstlichsten Käsesorten Frankreichs stammen aus Savoyen. Sie werden aus der würzigen Milch der Almkühe hergestellt, die in dieser alpinen Region weiden. Der heimische Käse spielt beim Fondue, einer klassischen Spezialität Savoyens, eine wichtige Rolle. Meine Freunde aus der Tarentaise, nahe dem großen Skigebiet von Courchevel, schwören auf ihren Beaufort, Reblochon und Tomme de Savoie. Das Wichtigste beim Fondue, betonen sie, ist die Wahl der richtigen Käsesorten, die beim Zerlaufen zart und cremig werden müssen, um die eingetunkten Brotwürfel in delikate Häppchen zu verwandeln. Die Traditionen sind von Ort zu Ort verschieden, doch es heißt, wer immer sein Brot im Fondue-Topf verliert, muss für die nächste Flasche Wein sorgen. Und da Fondue ein sehr geselliges Essen ist, kann die Zahl der Flaschen durchaus astronomisch und die Nacht lang werden.

Wenn sich der Käsevorrat im Topf dem Ende zuneigt, fügt man eine Hand voll Brotwürfel und zwei Eier hinzu. Die Mischung verschmilzt zu einem würfeligen Finish und wird begierig und bis auf den letzten Bissen ausgelöffelt. Anschließend gibt es grünen Salat. Dazu passt ein Wein der Region wie Roussette de Seyssel oder ein Chardonnay.

4–5 Knoblauchzehen

1 Flasche (750 ml) trockener Weißwein (z. B. Apremont oder Sauvignon Blanc)

½ TL Salz

750 g Beaufort oder Gruyère, gerieben oder in dünne Scheiben geschnitten

250 g Comté oder Emmentaler, gerieben oder in dünne Scheiben geschnitten

Muskatnuss, gerieben

60 ml Kirschwasser

½–1 TL frisch gemahlener Pfeffer

1 EL Butter

1½ (375 g) Baguettes vom Vortag, in 2,5 cm große Würfel geschnitten

2 Eier

◆ Den Knoblauch durch die Koblauchpresse in einen Fondue-Topf pressen. Die Rückstände in der Presse nicht verwenden. Wein und Salz hinzufügen und bei mittlerer Hitze gerade so lange erhitzen, bis sich am Topfrand Blasen zu bilden beginnen.

◆ Mit einem Holzlöffel den Käse einrühren. Während der Käse schmilzt, beständig weiterrühren. Nach 10 Minuten ist der Käse fast vollständig geschmolzen und von einem wundervollen Gelb, als hätte jemand Butter in Milch aufgelöst. Mit Muskatnuss würzen, die Hitze auf niedrige Stufe stellen und unter Rühren das Kirschwasser hinzufügen. Pfeffer und Butter dazugeben und weiterrühren, bis der Käse gänzlich geschmolzen ist.

◆ Den Fondue-Brenner anzünden und auf den Esstisch stellen. Den heißen Fondue-Topf darauf stellen. Die Brotwürfel in eine Schüssel oder einen Brotkorb füllen und ebenfalls auf den Tisch stellen. Jeder kann sich nun selbst bedienen. Die Brotwürfel mit der Kruste nach oben aufspießen – so halten sie besser – und dann in den Käse eintauchen. Sobald nur noch ein bisschen Käse im Topf ist, die zwei Eier hineinschlagen und unter Rühren stocken lassen. Dann fischt jeder mit einer Gabel einen Teil des Restes heraus.

Für 6 Personen

Die Traditionen sind von Ort zu Ort verschieden, doch es heißt, wer sein Brot im Fondue-Topf verliert, muss für die nächste Flasche Wein sorgen.

Languedoc

Lotte de mer aux olives et artichauts

Seeteufel mit Oliven und Artischocken

Im Frühling verwendet man Artischocken für dieses einfache Schmorgericht, das besonders entlang der Mittelmeerküste beliebt ist, doch im Sommer und Herbst greift man eher zu roten Paprika, Tomaten oder Auberginen.

2 Zitronen, halbiert

16 kleine Artischocken

3 EL natives Olivenöl extra

1 Knoblauchzehe, gehackt

750 g Seeteufel-Filet, in 2–3 cm dicke Scheiben geschnitten

1 TL frischer Thymian

1 TL gehackte glatte Petersilie

Frisch gemahlener Pfeffer

75 ml Geflügelbrühe

4 EL Weißwein

50 g kleine schwarze Oliven

◆ Den Ofen auf 200 °C vorheizen.

◆ Eine große Schüssel mit Wasser und dem Saft einer Zitrone vorbereiten. Nacheinander die Stiele der Artischocken unterhalb der Böden abschneiden. Die äußerste Schicht Blätter abzupfen und das obere Drittel des Blütenkopfes wegschneiden. Die Schnittfläche mit einer Zitronenhälfte einreiben. Dann Schicht für Schicht weitere Blätter entfernen, bis die inneren, zartgelben Blätter zum Vorschein kommen. Weitere harte Blattspitzen abschneiden. Nochmals mit Zitrone einreiben. Sollte sich im Blätterkelch bereits stacheliges Heu entwickelt haben, dieses mit einem Löffel ausschaben. Die Artischocken längs in 4 bis 6 Stücke zerschneiden und in das Zitronenwasser geben. Erst kurz vor der weiteren Zubereitung abgießen und trockentupfen.

◆ In einer feuerfesten Form das Olivenöl auf mittlerer Stufe erhitzen. Knoblauch und Artischocken hinzugeben und etwa 5–6 Minuten sautieren, bis die Artischocken goldgelb und weich zu werden beginnen. Vorsichtig Fisch, Thymian, Petersilie, Pfeffer, Geflügelbrühe, Wein und Oliven hinzufügen. Mit einem Deckel verschließen und 15–20 Minuten im Ofen garen, bis sich die Artischockenböden problemlos einstechen lassen und der Fisch völlig durchgegart ist.

Huile d'olive

Sobald man die ersten Olivenbäume erblickt, hat man den Süden Frankreichs erreicht. Die bläulich-silbrigen Olivenhaine markieren sichtbar die Grenze zwischen Norden und Süden und liefern das köstliche grüne Öl, *huile d'olive,* das das Aroma des Südens schlechthin verkörpert. In den früh erntenden Regionen um Arles und Avignon beginnen die Olivenmühlen ihre Arbeit im November. Die Saison endet im Februar, wenn die letzte Mühle in Entrevaux in der unteren Haute Provence ihren Betrieb wieder einstellt. Doch in jedem Fall liefert nur die erste Kaltpressung wirklich hochwertiges Olivenöl.

Das Aroma der Öle unterscheidet sich je nach Reifegrad, Sorte und Behandlung der Oliven beträchtlich. Das zu Recht berühmte Olivenöl aus Nyons ist von goldgelber Farbe und sehr mild. Es wird zum Backen verwendet und über warmes Gemüse geträufelt. Aus der Mühle Jean-Marie Cornille in Maussane-les-Alpilles bei Les Beaux stammt das wohl feinste Olivenöl des gesamten Südens. Mit seiner süßlich-fruchtigen Note und der tiefgrünen Farbe liefert es eine köstliche Vinaigrette zu Salaten aller Art und ein feines, opulentes Aïoli.

◆ Mit einer Schaumkelle den Fisch auf einer vorgewärmten Platte anrichten und die Artischocken und Oliven ringsherum verteilen. Ein wenig von dem Sud darüber träufeln und servieren.

Für 4 Personen

Normandie

Boudin noir aux pommes

Blutwurst mit gebratenen Äpfeln

Ich war immer der Annahme, die provenzalische Version von »boudin noir« mit Kartoffelpüree und Apfelsauce sei ihre denkbar vollkommenste Zubereitung. Ich habe mich geirrt. Heute mache ich »boudin noir« nach Art der Normandie mit in Butter gebratenen Äpfeln, die zusammen mit der gebratenen Blutwurst mit Calvados flambiert werden. Wählen Sie eine süße und feste Apfelsorte, die während des Bratens nicht auseinander fällt. Ich nehme Golden Delicious, da er beim Braten eine feine braune Kruste bekommt.

4 EL (60 g) Butter

1 kg festfleischige Äpfel (z. B. Golden Delicious, Reinette oder Boskop), geschält, entkernt und in 2,5 cm dicke Scheiben geschnitten

Salz

Frisch gemahlener Pfeffer

½ TL gemahlener Zimt

¼ TL gemahlene Muskatnuss

8 (750 g) kleine Blutwürste

2 EL Calvados

◆ In einer großen Pfanne 3 EL der Butter bei mittlerer Hitze zerlaufen lassen. Sobald sie zu schäumen beginnt, die Äpfel hinzugeben. Die Temperatur auf niedrige Stufe reduzieren und die Äpfel in 10–12 Minuten unter häufigem Wenden goldbraun werden lassen, bis sie leicht karamellisieren, aber noch nicht ihre Form verlieren. Mit Salz, Pfeffer, Zimt und Muskat würzen. Von der Kochstelle nehmen und warm stellen.

◆ Die Blutwürste mit einer Gabel rundum einstechen. In einer Pfanne die restliche Butter bei mittlerer Hitze aufschäumen lassen. Die Würste hineingeben und 10–15 Minuten unter wiederholtem Wenden braten, bis sie außen schön braun und knusprig, innen aber noch fest sind.

◆ Die heißen Apfelstücke auf einer Platte anrichten. Die Blutwürste darüber legen und alles mit dem Calvados übergießen. Mit einem Streichholz den Calvados entzünden und die Flamme ausbrennen lassen. Sofort servieren.

Für 4 Personen

Franche-Comté et les Alpes

Crozets au beurre noir

Crozets mit brauner Butter und Gruyère

»Crozets« sind ein typisches Gericht aus Savoyen. Jeder Savoyard schwört natürlich auf seine eigene Zubereitungsart. Die kleinen Klößchen oder Quadrate werden aus Weizen- oder Buchweizenmehl, Kartoffelpüree, Eiern und Nussöl hergestellt. »Crozets« sind relativ geschmacksneutral, wenn sie lediglich mit Butter, Salz und Pfeffer zubereitet werden. Köstlich schmecken die Klößchen in brauner Butter und geriebenem Gruyère geschwenkt. Bei einer anderen Version kommen noch Speckscheiben hinzu, und bei wieder einer anderen wird die Butter durch Crème fraîche ersetzt. Für ein traditionelles Gericht am Weihnachtsabend werden die »crozets« mit zerbröckeltem Blauschimmelkäse und geriebenem Gruyère bestreut, mit heißem Schweineschmalz begossen und im Ofen gratiniert. »Crozets« eignen sich als Hauptgang zusammen mit einem grünen Salat, aber auch als Beilage zu Schweinefleisch oder Würsten.

500 g Crozets (aus Buchweizen- oder herkömmlichem Weizenmehl), ersatzweise Kartoffel-Gnocchi

1½ TL Salz

125 g Butter

1 TL frisch gemahlener Pfeffer

250 g Gruyère oder Comté, grob gerieben

◆ Einen großen Topf zu drei Vierteln mit Wasser füllen und auf mittlerer Stufe zum Kochen bringen. *Crozets* und Salz hineingeben, die Hitze reduzieren und die *crozets* unbedeckt unter gelegentlichem Umrühren ziehen lassen, bis sie an die Oberfläche steigen. Nach weiteren 2–3 Minuten abgießen und beiseite stellen. Falls Sie Gnocchi verwenden, ist die Zubereitung genauso. Lediglich die Garzeit für Gnocchi ist kürzer, da diese weicher sind.

◆ In einer Pfanne die Butter bei mittlerer Hitze in zwei Minuten braun werden lassen. Klößchen und Pfeffer in die Butter geben und sorgfältig durchschwenken, so dass die *crozets* gleichmäßig mit Butter überzogen werden. Den geriebenen Käse hinzufügen und weitere 2 Minuten rühren, bis der Käse zu schmelzen beginnt.

◆ *Crozets* in eine vorgewärmte Schüssel füllen oder auf Tellern anrichten und sofort servieren.

Für 4 Personen

Languedoc

Beignets de morue

Frittierte Stockfischbällchen

In den Auslagen der »traiteurs« (Feinkostläden) in Perpignan aber auch in vielen anderen Städten im Südwesten Frankreichs türmen sich Berge frisch frittierter Stockfischbällchen und warten auf ihre Käufer. Obwohl man die Bällchen auch mit ganzen Stücken des gesalzenen Fisches zubereiten kann, werden sie lockerer, wenn man den Fisch püriert, bevor man ihn unter den Backteig hebt.

250 g Stockfisch

1 Lorbeerblatt

1 EL und 1 TL natives Olivenöl extra

1 Knoblauchzehe

1 kleine, getrocknete Chilischote oder ¼ TL Cayennepfeffer

150 g Mehl

1 TL Backpulver

180 ml Wasser

1 Zwiebel, in feine Würfel geschnitten

1 EL gehackte glatte Petersilie

1 TL frisch gepresster Zitronensaft

Pflanzenöl zum Frittieren

2 Zitronen, geviertelt

◈ Stockfisch muss vor dem Kochen gewässert werden. Das kann je nach Salzgehalt von mindestens 3 bis zu 24 Stunden dauern. Zunächst den Stockfisch 10 Minuten unter fließendem, kaltem Wasser abspülen. Dann in eine Schüssel geben und mit Wasser bedecken. Den Fisch 3–4 Stunden stehen lassen. Ein kleines Stückchen Fisch abtrennen, in kochendem Wasser 3–4 Minuten garen und dann probieren. Ist der Salzgehalt noch zu hoch, den Stockfisch in frischem Wasser für weitere 3–4 Stunden weichen lassen. Anschließend die Geschmacksprobe wiederholen. Der Fisch sollte nicht fade, sondern noch ein bisschen salzig schmecken. Hat der Geschmack die richtige Intensität, das Einweichwasser abgießen.

◈ Zum Kochen des Stockfisches einen Topf halb mit Wasser füllen, das Lorbeerblatt hineingeben und das Wasser bis knapp unter den Siedepunkt erhitzen. Die Temperatur auf niedrige Stufe herunterstellen. Den Stockfisch in das Wasser geben und 10 Minuten köcheln lassen, bis sich das Fleisch mühelos mit einer Gabel zerteilen lässt.

◈ Mit einer Schaumkelle den Fisch aus dem Kochwasser nehmen und auf einen Teller legen. Das Kochwasser wegschütten. Sobald der Fisch etwas abgekühlt ist, etwaige Gräten und Hautreste entfernen. Den Fisch mit 1 TL Olivenöl im Mörser oder in der Küchenmaschine zu einem Püree verarbeiten.

◈ Im Mörser Knoblauch und Chilischote oder Cayennepfeffer zerdrücken. Diese Mischung zum pürierten Fisch geben und gut unterrühren.

◈ Mehl, Backpulver, Wasser und 1 EL Olivenöl in eine Schüssel geben und zu einem dickflüssigen Ausbackteig verrühren. Das Stockfischpüree sowie Zwiebeln, Petersilie und Zitronensaft unterheben und alles gut miteinander vermengen.

◈ Eine Fritteuse oder einen hohen Topf mit schwerem Boden etwa 10 cm hoch mit Pflanzenöl füllen. Das Öl auf 190 °C erhitzen. Es hat die richtige Temperatur, wenn eine Teigprobe beim Eintauchen zu brutzeln und zischen beginnt. Mit einem Esslöffel nach und nach aus der Teigmasse Bällchen abstechen und behutsam in das heiße Öl gleiten lassen. 3–4 Minuten ausbacken, bis die Bällchen eine goldgelbe Farbe angenommen haben. Die Stockfischbällchen mit einer Schaumkelle aus dem Fett nehmen und auf Küchenkrepp abtropfen lassen. Warm stellen. Auf diese Weise den gesamten Teig verarbeiten.

◈ Die Stockfischbällchen auf einer vorgewärmten Platte anrichten, mit Zitronenvierteln garnieren und sofort servieren.

Für 4 Personen; ergibt 24 Stück

Le Centre

Anguille grillée

Gegrillter Aal

Frankreich ist gesegnet mit Flüssen, die insgesamt Tausende von Kilometern das Land durchziehen. In ihnen tummelt sich artenreiches Leben, darunter Aale und Flusskrebse. In den Regionen der Loire, dem Berry, der Dordogne und Garonne, aber auch in den Mündungsgebieten nahe der Küste sind die kleinen Aale fester Bestandteil des Speisezettels. Je nach Region werden sie auf unterschiedliche Arten zubereitet – gegrillt oder pochiert, in einer Sauce oder mit Vinaigrette. Im Berry, wo Aale als besondere Delikatesse gelten, werden sie mit einer Walnuss-Vinaigrette serviert.

125 g grobes Meersalz

4 kleine Aale oder 1 großer Aal (insgesamt 1 kg), frisch gefangen, gesäubert und mit Haut

125 ml Walnussöl

2 EL Rotweinessig

1 TL Schnittlauch

1 TL gehackter frischer Estragon

1 TL gehackter frischer Kerbel

Salz

Frisch gemahlener Pfeffer

◆ In einem Grill ein Holzkohlefeuer entfachen. (Falls dies nicht möglich ist, einen Elektrogrill vorheizen. Das Aroma ist allerdings nicht vergleichbar.)

◆ Auf einem sauberen Küchenhandtuch das Meersalz verteilen und den Aal bzw. die Aale darauf legen. Das Handtuch um den Fisch schlagen und die Aalhaut kräftig mit dem Salz abreiben, bis sie zart wird. Dann den Fisch abspülen, trockentupfen und in 5 cm lange Stücke schneiden. Köpfe und Schwänze wegwerfen.

◆ Die Aalstücke in einem fest verschließbaren Grillkorb oder direkt auf dem Grillrost über die Holzkohleglut setzen. Von beiden Seiten jeweils 8–10 Minuten grillen, bis die Haut goldbraun und schön knusprig und das Fleisch vollkommen durchgegart ist.

◆ Inzwischen in einer Schüssel die restlichen Zutaten zu einer Vinaigrette verrühren. Den gegrillten Aal auf einer vorgewärmten Platte anrichten. Die Vinaigrette extra dazu reichen.

Für 4 Personen

Alsace-Lorraine

Choucroute garnie

Elsässer Sauerkraut

Das Elsass hat mit seinem spürbaren deutschen Einfluss eine besondere Vorliebe für Sauerkraut. Bei Sauerkraut denkt man gewöhnlich sofort an die traditionelle elsässische »choucroute garnie« mit frischem Speck, Würsten, verschiedenerlei Schweinefleisch und Kartoffeln. Doch es gibt ungezählte Abwandlungen, darunter auch einige fleischlose.

Sauerkraut ist vergorener Weißkohl. Der Kohl wird zunächst fein geraspelt, dann gesalzen und in eine schwache Lake eingelegt, die die Bildung unerwünschter Bakterien verhindert, das Wachstum erwünschter Bakterien jedoch fördert. Diese Bakterien produzieren die für die Entstehung des leicht säuerlichen Aromas notwendige Milchsäure. Die im Elsass für die Sauerkrautherstellung angebauten Kohlköpfe sind gewöhnlich sehr groß und kompakt und bringen ein erstaunliches Gewicht auf die Waage.

Nach Beendigung des Gärprozesses wird das Sauerkraut gekocht. Bei diesem klassischen Rezept wird es zusammen mit verschiedenen Fleischsorten langsam in Weißwein geschmort. Egal ob Sie Ihr Sauerkraut selbst herstellen oder frisch aus dem Fass kaufen, es wird in jedem Fall ein Gaumenschmaus, denn das Kraut verbindet während des Garens eine Vielzahl köstlicher Aromen. Sauerkraut wird sowohl gekocht als auch »cru«, »roh« angeboten. Ich verwende hier rohes Sauerkraut. Wenn Sie gekochtes nehmen, wird das Ergebnis etwas flüssiger.

Servieren Sie dazu einen gekühlten Elsässer Riesling oder Edelzwicker.

1,5 kg rohes oder gekochtes Sauerkraut
1 Knoblauchzehe, gehackt
10 Wacholderbeeren
1 Lorbeerblatt
2 ganze Nelken
6 Pfefferkörner
60 g Schweine- oder Gänseschmalz
1 große Zwiebel, gewürfelt
4 kleine geräucherte Schweinehachsen (insgesamt etwa 1 kg)
500 ml trockener Riesling, Edelzwicker (oder ein anderer trockener Weißwein)
250 ml Wasser
½–1 TL frisch gemahlener Pfeffer
125 g geräucherter Speck, im ganzen Stück
125 g durchwachsenes Bauchfleisch (nach Belieben)
8 Kartoffeln einer fest kochenden Sorte, geschält
6 Schweinswürste (z. B. Frankfurter)

◆ Den Ofen auf 180 °C vorheizen.

◆ Rohes Sauerkraut – falls es zu salzig ist – zunächst in kaltem Wasser einweichen und 15 Minuten wässern. Das Wasser abgießen. Das Kraut in ein sauberes Küchenhandtuch wickeln und das überschüssige Wasser auswringen. Gekochtes Sauerkraut muss nicht gewässert werden.

◆ Das rohe oder gekochte Sauerkraut in eine Schüssel füllen und mit einer Gabel etwas auflockern.

◆ Knoblauch, Wacholder, Lorbeerblatt, Nelken und Pfeffer auf ein Stück Mulltuch legen, die Ecken mit Küchengarn fest zusammenbinden.

◆ In einem großen, verschließbaren Topf mit schwerem Boden das Schweine- oder Gänseschmalz auf mittlerer Stufe erhitzen. Sobald es geschmolzen ist, die Zwiebelwürfel hinzugeben und behutsam etwa 5 Minuten glasig, aber nicht braun werden lassen. Wenn nötig, die Hitze reduzieren. Die Hälfte des Sauerkrauts, den Gewürzbeutel und die Hachsen hineingeben und mit dem restlichen Sauerkraut bedecken. Den Wein hinzugießen und mit Wasser auffüllen, bis alles fast bedeckt ist. Den frisch gemahlenen Pfeffer dazugeben und unbedeckt zum Kochen bringen.

◆ Dann zugedeckt im Ofen 1 Stunde garen. Das Sauerkraut umrühren und etwas an den Topfrand schieben. Den Speck und gegebenenfalls den Schweinebauch hinzufügen, den Topf wieder verschließen und für eine weitere Stunde in den Ofen schieben.

◆ Den Topf aus dem Ofen nehmen und das Sauerkraut erneut durchheben. Mit den Kartoffeln bedecken, wieder verschließen und nochmals 30 Minuten garen, bis die Kartoffeln weich sind.

◆ Kurz bevor das Sauerkraut gar ist, Wasser in einem Topf erhitzen und die Würste darin heiß werden lassen, ohne zu kochen. Die Würste abgießen und unter das Sauerkraut heben.

◆ Zum Servieren das Sauerkraut in eine flache, große Schüssel oder auf eine tiefe Platte füllen. Hachsen und Würstchen darauf verteilen. Den Speck und gegebenenfalls das Bauchfleisch in Scheiben schneiden und ebenfalls auf dem Sauerkraut anrichten. Die Kartoffeln um das Sauerkraut herum verteilen und die *choucroute* heiß servieren.

Für 6–8 Personen

Provence

Rôti de veau à l'ail

Kalbsbraten mit ganzem Knoblauch

Kalbfleisch wird in der französischen Küche häufig verwendet. Entsprechend vielfältig ist auch das Angebot.

1,75 kg Kalbsbraten (Kamm oder Rücken), ohne Knochen

3 EL natives Olivenöl extra

2 TL Salz

2 TL frisch gemahlener Pfeffer

2 Lorbeerblätter

4 frische Zweige Thymian

125 g fetter Speck, in ½ cm dicke Scheiben geschnitten

6 Knoblauchknollen

6 Knoblauchzehen

250 ml trockener Weißwein

125 ml Wasser

◆ Den Ofen auf 200 °C vorheizen.

◆ Den Braten mit 1 EL des Olivenöls und je ¾ TL Salz und Pfeffer einreiben. Thymianzweige und Lorbeerblätter auf der Oberfläche verteilen, fest andrücken und mit den Speckscheiben gleichmäßig belegen. Mit Küchengarn zu einem festen Paket verschnüren. Die Knoblauchknollen mit dem restlichen Olivenöl einreiben und mit dem restlichen Pfeffer und Salz bestreuen. Den Kalbsbraten mit der Speckseite nach oben in einen Bräter setzen und mit den Knoblauchknollen sowie den -zehen umlegen.

◆ Das Fleisch im Ofen etwa 1 Stunde braten. Dabei die Knoblauchknollen immer wieder mit dem Bratensaft übergießen. Das Fleisch ist fertig, wenn ein Fleischthermometer etwa 65 °C anzeigt. Den Braten und den Knoblauch auf eine vorgewärmte Platte legen und locker abgedeckt 10 Minuten ruhen lassen.

◆ Inzwischen den Bräter bei mittlerer Hitze auf den Herd setzen. Den Bratensatz mit dem Weißwein ablöschen und vom Boden des Bräters losrühren. Das Wasser hinzufügen und die Sauce unter Rühren etwa 1–2 Minuten reduzieren.

◆ Den Braten vom Küchengarn und Speck befreien und in etwa 1½ cm dicke Scheiben schneiden. Zusammen mit den Knoblauchknollen auf einer Platte anrichten und mit etwas Sauce überziehen. Die restliche Sauce gesondert servieren.

Für 6 Personen

Champignons sauvages

Die Franzosen sind besessen von einer Leidenschaft für Waldpilze, die zuweilen bis an den Rand der Hysterie gehen kann, und ich muss zugeben, ich teile ihre Begeisterung sowohl für den kulinarischen Genuss der geschätzten Leckerbissen als auch für die Pilzsuche selbst. Die Hauptsaison ist im Herbst, und wenn Sie von September bis zum ersten Frost am Straßenrand Hals über Kopf abgestellte Autos bemerken, können Sie darauf wetten, dass die Besitzer gerade irgendwo Pilze sammeln.

In meinem Dorf gibt es jedes Jahr einen heimlichen Wettstreit, wer wohl die ersten Pilze findet. Je näher die Pilzsaison rückt, desto häufiger kann man beobachten, wie es die Dorfbewohner scheinbar ganz zufällig und ohne Absicht nach dem Mittagessen oder am späten Nachmittag an die frische Luft drängt. Doch ein genauerer Blick verrät schnell die Plastiktüte, die in diskreter Erwartung des ersten Fundes verstohlen aus der Manteltasche lugt.

Nach erfolgreicher Suche sitzen die Frauen vor der Haustür und putzen für jedermann gut sichtbar ihre Ausbeute. Natürlich fragt niemand, wo sie die Pilze gefunden haben, denn das ist ihr Geheimnis.

Auf den Märkten, in Epicerien, aber auch in Supermärkten werden stolz *cèpes* (Steinpilze), *girolles* (Pfifferlinge), die *pieds de mouton* (Semmelpilze) und *trompettes de mort* (Totentrompeten) feilgeboten. In Restaurants wie am häuslichen Herd, allerorts wird mit Pilzomeletts, Gratins, Saucen und Gegrilltem dem *terroir* und der Pilzsaison gehuldigt. Es ist eine der besten Zeiten, um in Frankreich zu schlemmen.

Le Centre

Pintade aux choux et marrons

Perlhuhn mit Weißkohl und Maronen

Perlhuhn oder »pintade« und Fasan werden im maronenreichen Berry südlich von Paris gewöhnlich mit Weißkohl und Maronen zubereitet. Die Gegend ist auch bekannt für ihren Reichtum an Wild. Die durch die Wälder streunenden Wildschweine ernähren sich von herabfallenden Maronen. In früheren Zeiten nahmen die Bauern sogar ihre Hausschweine zur Futtersuche mit in die Kastanienwälder, ein Brauch, der heute kaum noch praktiziert wird.

Falls Sie keine Perlhühner oder Fasane finden, können Sie genauso gut Hühner oder Enten verwenden.

2 Perlhühner oder Fasane (jeweils 1 kg), küchenfertig
2 TL Salz
2 TL frisch gemahlener Pfeffer
4 Stangen Bleichsellerie, halbiert
2 Karotten, geschält und halbiert
4 Knoblauchzehen, gehackt
6 frische Zweige Thymian
8 Scheiben durchwachsener, geräucherter Speck
1 Flasche (750 ml) trockener Weißwein
1 kg frische Maronen
100 g Butter
500 g frische Pfifferlinge, geputzt und je nach Größe halbiert oder geviertelt
1 kleiner Kopf Weißkohl, Strunk entfernt und in schmale Streifen geschitten
125 ml Wasser

◆ Den Ofen auf 180 °C vorheizen.

◆ Perlhühner oder Fasane mit der Hälfte des Salzes und Pfeffers einreiben. Bleichsellerie, Karotten, Knoblauch und Thymian in einen Bräter geben. Perlhühner oder Fasane darauf setzen und mit den Speckscheiben belegen. Mit ½ Liter Wein angießen und den Bräter mit einem Deckel verschließen.

◆ Im Ofen etwa 1¼ bis 1½ Stunden braten, bis das Fleisch zart ist und beim Einstechen mit einem Messer an der dicksten Stelle der Brust klarer Saft austritt. Die Garzeit hängt vom Alter der Vögel ab und davon, ob es sich um wilde oder gezüchtete Tiere handelt. Ältere und wilde Vögel sind etwas zäher und brauchen daher länger. Zu langes Braten lässt sie aber in jedem Fall trocken werden.

◆ Inzwischen die Maronen zubereiten. Dazu zunächst jede Marone mit einem scharfen Messer an der gewölbten Seite kreuzweise einschneiden. Die vorbereiteten Maronen auf ein mit Backpapier ausgelegtes Blech legen und 30 Minuten im Ofen rösten, bis die eingekreuzte Schale zerspringt. Aus dem Ofen nehmen, etwas abkühlen lassen und anschließend schälen. Mit einem Messer auch die innere, leicht pelzige Haut der Maronen entfernen. Die geschälten Maronen in etwa 1 cm große Würfel schneiden und beiseite stellen.

◆ In einer Pfanne etwas mehr als die Hälfte der Butter auf mittlerer Stufe aufschäumen lassen. Die Pfifferlinge dazugeben und 6–7 Minuten sautieren, bis sie etwas Flüssigkeit abgegeben haben. Dann die Maronenwürfel und die restliche Butter hinzugeben und die Temperatur auf niedrige Stufe herunterstellen. Unter häufigem Rühren 3–4 Minuten garen, bis die Maronen weich sind. Mit Salz und Pfeffer würzen, von der Kochstelle nehmen und warm stellen.

◆ Kurz vor dem Servieren in einem Topf mit Dämpfeinsatz Wasser zum Sieden bringen, den in Streifen geschnittenen Kohl hineingeben, verschließen und etwa 5 Minuten dämpfen, bis er glasig wird. Von der Kochstelle nehmen, salzen und warm stellen.

◆ Perlhühner oder Fasane aus dem Bräter nehmen und warm stellen. Falls Sie sie vor dem Servieren tranchieren wollen, den Speck entfernen. Das Brustfleisch mit einem Messer vom Knochen lösen, Schenkel und Flügel abtrennen und warm stellen. Die Karkassen wegwerfen.

◆ Mit einer Schaumkelle das Gemüse aus dem Bräter entfernen und wegwerfen. Den Bräter auf den Herd stellen und den Bratensatz mit dem restlichen Wein und Wasser ablöschen. Bei großer Hitze zum Kochen bringen und den Bratensatz am Boden des Bräters losrühren. Die Sauce auf etwa ¼ Liter einkochen lassen.

◆ Auf einer vorgewärmten Platte ein Bett aus dem gedämpften Kohl ausbreiten. Die Maronen-Pfifferling-Mischung darüber verteilen und entweder das ausgelöste Fleisch oder die ganzen Vögel darauf anrichten. Alles mit der Sauce übergießen und sofort servieren. Zum Entbeinen der Vögel eine zweite Platte verwenden.

Für 4 Personen

Provence

Le grand aïoli

Gemüseplatte mit Stockfisch und Aïoli

»Un grand aïoli« hat in der Provence meist einen besonderen Anlass: ein Fest mit Freunden und Familie an einem sommerlichen Sonntagnachmittag, genossen im kühlenden Schatten eines Maulbeerbaumes. Oder ein Dorffest, bei dem vom Kaufmann an der Ecke über den Postboten bis zum letzten Schulkind alle vereint an langen, auf dem Dorfplatz errichteten Tischen Platz nehmen, um gemeinsam zu tafeln. In jedem Fall gibt es viel frisches Brot dazu, und es fließt reichlich Wein, meist Rotwein oder ein kühler Rosé.

12–14 Stücke Stockfisch (à 180 g)

FÜR DAS AÏOLI

6–10 Knoblauchzehen

Salz

6 Eigelb

Etwa 600 ml natives Olivenöl extra

Frisch gemahlener Pfeffer

24 mittelgroße Kartoffeln einer fest kochenden Sorte

6 TL Salz

36 Karotten

2,5–3 kg Prinzessbohnen, geputzt

36 Rote Beten

24 Eier

◆ Stockfisch muss vor dem Kochen gewässert werden. Das kann je nach Salzgehalt von mindestens 3 bis zu 24 Stunden dauern. Zunächst den Stockfisch 10 Minuten unter fließendem kaltem Wasser abspülen. Dann in eine Schüssel geben und mit Wasser bedecken. Den Fisch 3–4 Stunden stehen lassen. Ein kleines Stückchen Fisch abtrennen, in kochendem Wasser 3–4 Minuten garen und dann probieren. Ist der Salzgehalt noch zu hoch, den Stockfisch in frischem Wasser für weitere 3–4 Stunden weichen lassen. Anschließend die Geschmacksprobe wiederholen. Der Fisch sollte nicht fade, sondern noch ein bisschen salzig schmecken. Hat der Geschmack die richtige Intensität, das Einweichwasser abgießen.

◆ Den Stockfisch in einen flachen Topf geben und mit Wasser bedecken. Bei geringer Hitze zum Köcheln bringen und den Fisch 3–4 Minuten pochieren, bis er sich mit der Gabel zerteilen lässt. Mit einer Schaumkelle herausnehmen und auf eine Platte legen. Abkühlen lassen.

◆ Für das Aïoli Knoblauchzehen und Salz mit einem Stößel im Mörser zu einer feinen Paste zerreiben. Beiseite stellen. In einer großen Schüssel das Eigelb verschlagen. Tropfenweise und unter sorgfältigem Rühren etwas Olivenöl hinzugeben. Nach etwa 2 EL Öl sollte bereits eine dicke Emulsion entstanden sein. Das restliche Olivenöl nun esslöffelweise unter ständigem Rühren zugeben, bis es vollständig eingearbeitet ist. Dann die Knoblauch-Salz-Paste vorsichtig unterheben und die Knoblauchmayonnaise mit Pfeffer würzen. Zudecken und falls nötig in den Kühlschrank stellen.

◆ In einem Topf die Kartoffeln mit Wasser und 2 TL Salz bedecken und zum Kochen bringen. Die Temperatur herunterstellen und etwa 25 Minuten kochen, bis die Kartoffeln weich sind. Abgießen und beiseite stellen.

◆ Inzwischen die Karotten abbürsten oder schälen. Wie die Kartoffeln mit Wasser und 2 TL Salz zum Kochen bringen und in 20 Minuten garen. Abgießen und beiseite stellen. Auf gleiche Weise die Prinzessbohnen zubereiten. Ihre Garzeit beträgt etwa 10–15 Minuten. Ebenfalls abgießen und beiseite stellen. Die Roten Beten bis auf 1 cm von Blättern und Stielansätzen befreien. Wie das andere Gemüse gar kochen. Die Garzeit beträgt etwa 1 Stunde. Abgießen und getrennt von den anderen Gemüsen beiseite stellen. Man kann sie geschält oder ungeschält servieren.

◆ In einem großen Topf die Eier mit Wasser bedecken und zum Kochen bringen. Die Temperatur herunterstellen und 12 Minuten köcheln lassen. Das Kochwasser abgießen und durch kaltes Wasser ersetzen, um den Garprozess zu unterbrechen. Die Eier schälen und vierteln.

◆ Die gekochten Gemüse, Eier und den Stockfisch auf Platten anrichten und zusammen mit einigen Schüsseln Aïoli lauwarm servieren.

Für 12–14 Personen

Le grand aïoli ist eines der großen Sommerfeste der Provence. Doch inzwischen hat es auch den Rest Frankreichs erobert, und so ist aus einem einfachen Bauerngericht ein Teil des nationalen Küchenerbes geworden.

Bourgogne et le Lyonnais

Coq au vin

Huhn in Rotwein

Dies ist eine der großen Errungenschaften der französischen Landküche. Traditionell wurde für einen »coq au vin« ein richtiger Hahn geschlachtet und sein Blut zum Binden der Sauce aufgefangen. So ein Hahn war natürlich etwas betagter und zäher als die heute zumeist verwendeten Poularden, und so wurde er stundenlang gekocht, bis das Fleisch förmlich vom Knochen fiel. Noch heute wird dieses Gericht in einigen Restaurants mit einem Hahn oder Kapaun zubereitet, doch häufiger wird eine Poularde verwendet. Wenn Sie einen reiferen Vogel wählen, denken Sie daran, dass sich die Garzeit beträchtlich erhöht.

100 g durchwachsener Speck, in ½ cm dicke und 3 cm lange Streifen geschnitten

12 Perlzwiebeln

60 g Butter

1 Masthähnchen aus Freilandhaltung oder 1 Poularde (etwa 1,75 kg) küchenfertig, in mehrere Stücke zerteilt

1 EL Mehl

2 EL Weinbrand

1 Flasche (750 ml) Burgunder oder ein anderer kräftiger Rotwein

3 frische Zweige Thymian

3 Zweige glatte Petersilie

1 Lorbeerblatt

1–2 TL frisch gemahlener Pfeffer

Etwa 2 TL Salz

250 g weiße Champignons, geputzt

◆ Die Speckstreifen in einem Topf mit kaltem Wasser bedecken und zum Kochen bringen. Unbedeckt 10 Minuten köcheln lassen. Den Speck über einem Sieb abgießen, abspülen und trockentupfen.

◆ Die Perlzwiebeln mit Wasser aufsetzen und 10 Minuten blanchieren. Abgießen und abkühlen lassen. Wurzelenden abschneiden und die Haut abziehen.

◆ In einem großen, verschließbaren Schmortopf 3 EL der Butter zerlaufen lassen. Sobald sie aufschäumt, die Temperatur herunterstellen, Speck und Zwiebeln hinzugeben und unter Rühren etwa 10 Minuten leicht braun werden lassen. Mit einer Schaumkelle Speck und Zwiebeln aus dem Fett nehmen und auf einen Teller legen. Nun die Temperatur wieder erhöhen, die Hähnchen- oder Poulardenteile hineingeben und von allen Seiten gleichmäßig braun anbraten (etwa 10 Minuten). Mit dem Mehl abstäuben und weitere 5 Minuten bräunen. Den Weinbrand über die Geflügelstücke gießen und mit einem langen Streichholz entzünden, um den Alkohol zu verbrennen. Die Flamme ausbrennen lassen. Speck und Perlzwiebeln wieder zurück in den Topf geben. Mit einem Schuss Wein ablöschen und den Bratensatz vom Topfboden losrühren. Den restlichen Wein sowie Thymian, Petersilie, Lorbeerblatt, Salz und Pfeffer zugeben und mit einem Deckel verschließen. Unter gelegentlichem Umrühren etwa 45–60 Minuten köcheln lassen, bis das Huhn gar ist.

◆ Inzwischen in einer Pfanne die restliche Butter bei mittlerer Hitze aufschäumen lassen. Die Champignons hinzugeben und 3–4 Minuten sautieren, bis sie etwas Farbe angenommen haben. Von der Kochstelle nehmen und beiseite stellen. 15 Minuten bevor das Huhn gar ist, die Champignons dazugeben.

◆ Sobald das Huhn gar ist, mit einer Schaumkelle Fleischstücke, Zwiebeln, Speck, Champignons und Kräuterzweige in eine Schüssel umfüllen. Das Fett an der Oberfläche der Schmorflüssigkeit abschöpfen und weggießen. Die Sauce bei großer Hitze auf fast die Hälfte einkochen (etwa 5 Minuten). Hühnerstücke, Zwiebeln, Champignons und nach Belieben Speck zurück in den Topf geben und auf niedriger Stufe unter Rühren nochmals 3–4 Minuten erhitzen.

◆ Auf vorgewärmten Tellern oder direkt im Topf servieren.

Für 4–5 Personen

Corsica

Joue de bœuf

Geschmorte Rinderbacke in Rotwein

Für dieses Gericht verwendet man das Backenfleisch des Rindes, dessen Aroma und Zartheit sich erst nach langem, behutsamem Schmoren in einem kräftigen Rotwein, beispielsweise aus Korsika oder dem Languedoc-Roussillon, entfaltet.

1 Kalbsfuß, in mehrere Stücke zerteilt

1 kg Rinderbacke, in 2,5–3 cm große Würfel geschnitten

1 Flasche (750 ml) kräftiger Rotwein

3 EL natives Olivenöl extra

2 Zwiebeln, gewürfelt

3 Schalotten, gehackt

2 Stangen Bleichsellerie

2 EL gehackte glatte Petersilie

2 TL frischer Thymian

1–2 Streifen hauchdünn abgeschälte Orangenschale, von einer unbehandelten Frucht

1 TL gehackter frischer Majoran

1 TL Salz

1 TL frisch gemahlener Pfeffer

500 ml Wasser

◆ Den Kalbsfuß und die Rindfleischstücke in eine Schüssel geben. Mit dem Wein bedecken und zugedeckt 24 Stunden im Kühlschrank marinieren.

◆ In einem Schmortopf das Olivenöl auf mittlerer Stufe erhitzen. Zwiebeln und Schalotten in 2–3 Minuten glasig schwitzen. Das Fleisch aus der Marinade nehmen, trockentupfen und portionsweise von allen Seiten 3–4 Minuten anbraten, bis es leicht gebräunt ist. Anschließend auf einen Teller legen.

◆ Das Fleisch zurück in den Topf geben. Die restlichen Zutaten hinzufügen und mit der Marinade sowie dem Wasser auffüllen. Gut umrühren und zugedeckt 3–4 Stunden bei niedriger Hitze köcheln, bis sich das Fleisch mühelos mit einer Gabel zerteilen lässt.

◆ Sellerie und nach Belieben den Kalbsfuß wegwerfen. Zum Servieren in eine tiefe Schüssel füllen.

Für 4 Personen

Les Pyrénées et Gascogne

Daube de sanglier

Wildschweinragout

Wildschweine – »les sangliers« – leben in den Waldgebieten der Provence, der Alpen sowie in Zentral- und Südwestfrankreich in großer Zahl. Sie werden mit Begeisterung gejagt, entweder einzeln von einem Jäger auf der Pirsch oder in einer richtigen Treibjagd. Bei Letzterer verteilen sich die Jäger um ein vorher bestimmtes Gebiet und bewegen sich langsam in Richtung Zentrum aufeinander zu, wobei sie das eingekreiste Wild vor sich her treiben. In einigen Gegenden Frankreichs, besonders im Var, haben sich die Wildschweine so stark vermehrt, dass sie inzwischen zu einer regelrechten Plage geworden sind. Sie verlassen die Wälder und plündern Wein- und Getreidefelder.

In der Küche wird Wildschwein meist zu Schmorgerichten und Ragouts verarbeitet. Das Fleisch wird zunächst mariniert, dann zusammen mit geräuchertem Bauchspeck angebraten und stundenlang behutsam in Wein geschmort. Dazu passt Polenta und viel frisches Baguette zum Aufstippen der Sauce.

FÜR DIE MARINADE

2 EL natives Olivenöl extra

1 Zwiebel, in Scheiben geschnitten

6 Knoblauchzehen, gehackt

4 Karotten, geschält und in 3 cm lange Stücke geschnitten

1 l eines körperreichen Rotweines

1 l Wasser

125 ml Rotweinessig

2 frische Lorbeerblätter oder ein getrocknetes

2 TL Pfefferkörner

6 Wacholderbeeren

Salz

4 ganze Gewürznelken

1 Streifen Orangenzeste (etwa 10 × 1 cm groß), von einer unbehandelten Frucht

6 frische, große Zweige Thymian

3 frische Zweige Rosmarin

6 frische Zweige Winter-Bohnenkraut

1,75 kg Wildschwein (z. B. aus der Schulter), in 5 cm große Würfel geschnitten

3 EL natives Olivenöl extra

5 Scheiben geräucherter Bauchspeck, in 1½ cm breite Streifen geschnitten

1 Zwiebel, in grobe Würfel geschnitten

4 Knoblauchzehen, gehackt

2 EL Mehl

2 frische Lorbeerblätter oder 1 getrocknetes

1–2 Streifen Orangenzeste (etwa 10 cm lang), von einer unbehandelten Frucht

2 TL Salz

2 TL frisch gemahlener Pfeffer oder mehr

◆ Für die Marinade das Olivenöl in einem großen Topf bei mäßiger Hitze erwärmen. Zwiebeln und Knoblauch hinzufügen und in 2–3 Minuten glasig schwitzen. Die Karotten zugeben und in 1–2 Minuten etwas Farbe annehmen lassen. Dann die übrigen Zutaten für die Marinade hinzufügen. Die Mischung zum Kochen bringen und auf niedriger Stufe unbedeckt 30 Minuten köcheln lassen, damit sich die verschiedenen Aromen verbinden. Auf Zimmertemperatur abkühlen lassen. Das Fleisch in eine Schüssel füllen (kein Aluminiumgefäß verwenden) und mit der Marinade bedecken. Zugedeckt für 24 Stunden in den Kühlschrank stellen.

◆ Das Fleisch aus der Marinade nehmen, trockentupfen und beiseite stellen. Die Marinade in eine Schüssel abseihen. In einem Schmortopf das Olivenöl erhitzen. Die Speckstreifen darin 5–6 Minuten anschwitzen, bis sie einen Teil ihres Fettes abgegeben, aber noch keine Farbe angenommen haben. Mit einer Schaumkelle aus dem Topf nehmen und wegwerfen. Zwiebeln und Knoblauch ins Fett geben und in 3–4 Minuten glasig schwitzen. Die Temperatur auf große Stufe stellen und das Fleisch unter häufigem Wenden in 8–10 Minuten anbraten. Mit dem Mehl abstäuben und weitere 3–4 Minuten bräunen lassen. Mit der Marinade ablöschen und umrühren, um den Bratensatz vom Topfboden zu lösen. Lorbeer, Orangenzeste, Salz und Pfeffer hinzugeben. Zum Kochen bringen, dann zugedeckt bei niedriger Hitze je nach Alter des Tieres 2–4 Stunden köcheln lassen, bis das Fleisch ganz zart ist.

◆ Das fertige Fleisch in eine Schüssel füllen und warm stellen. Die Flüssigkeit im Topf auf etwa ½ Liter einkochen lassen. Das Fleisch nochmals kurz darin erwärmen. Zum Servieren das Fleisch mit einem Teil der Sauce auf einer tiefen Platte anrichten. Die übrige Sauce separat dazu reichen.

Für 6 Personen

Provence

Poisson aux olives et herbes de Provence

Fisch mit Oliven und Kräutern der Provence

Die typischen »produits du terroir« aus dem Süden Frankreichs erfordern keine aufwendige Zubereitung.

8 Kalmare (750 g)

750 g Wolfsbarschfilet, küchenfertig und ohne Haut, in 4 gleich große, etwa 2,5 cm dicke Scheiben geschnitten

2 EL natives Olivenöl extra

½ TL getrocknetes Winter-Bohnenkraut

½ TL getrockneter Rosmarin

½ TL getrockneter Thymian

1 TL frisch gemahlener Peffer

75 g schwarze Oliven

1 Tomate, enthäutet, entkernt und grob gehackt

4 frische Zweige Thymian

◆ Den Ofen auf 180 °C vorheizen.

◆ Zunächst die Kalmare säubern. Dazu die Tentakeln knapp oberhalb der Augen abtrennen. Dann die Fangarme an der Wurzel greifen und mit den Fingern das harte Kauwerkzeug herausdrücken. Die zwei langen Fäden zwischen den Tentakeln abschneiden und wegwerfen. Dann mit den Fingern den plastikartiken Schulp und die Innereien aus dem beutelartigen Körper ziehen. Körper und Tentakeln unter fließendem kaltem Wasser abspülen und die violett gefleckte Haut abziehen. Die Tentakeln längs in zwei Hälften und die Körper in etwa 1 cm dicke Ringe schneiden.

◆ Aus Alufolie vier Quadrate von jeweils 30 × 30 cm zuschneiden. In die Mitte der Quadrate je eine Scheibe Wolfsbarsch legen und mit Olivenöl bestreichen. Dann die Kalmare darauf verteilen. In einer Tasse Bohnenkraut, Thymian, Rosmarin und Pfeffer vermengen und darüber streuen. Zuletzt die Oliven, Tomatenwürfel und Thymianzweige auf die Fischpakete verteilen. Die Ränder der Folie übereinander schlagen und zum Verschließen sorgfältig ineinander falten. Auf ein Backblech legen.

◆ Den Fisch im Ofen 20–25 Minuten backen. Zur Feststellung des Gargrades ein Paket öffnen und den Fisch mit einer Gabel einstechen. Die verschlossenen Pakete auf Teller setzen und servieren.

Für 4 Personen

Herbes de Provence

Die wilden Kräuter, die auf den kargen, felsigen Hängen und Plateaus der Provence gedeihen, sind eines der charakteristischen Merkmale sowohl der einfachen, deftigen als auch der feinen Hochküche der Provence. Ihr Aroma verleiht Gemüse, Fleisch, Eiern, ja selbst Früchten und Desserts eine unvergleichliche Würze und jedem provenzalischen Gericht, ob *grillade*, Schmortopf oder Omelett, eine unverwechselbare Note. Die wild wachsenden Kräuter haben allgemein einen intensiveren Geschmack als ihre gezüchteten Varianten, da bei ihnen die für das Aroma verantwortlichen ätherischen Öle nicht durch Bewässern ausgeschwemmt werden.

Die wichtigsten dort wachsenden Küchenkräuter sind Thymian, Rosmarin, Lavendel, Winter-Bohnenkraut, Salbei, Lorbeer, Majoran und sein wilder Artgenosse Oregano – provenzalisch *origan*. Kräutermischungen werden meist getrocknet als *herbes de Provence* angeboten und sind entweder aus sämtlichen dieser Kräuter oder aber nur aus einigen von ihnen zusammengestellt. Bei manchen Mischungen sind die getrockneten Blätter zu einem Pulver zermahlen; in anderen sind sie ganz oder nur teilweise zerkleinert. Verwendet werden die Kräuter für Pizza, Gemüse, Schmorgerichte und kurz gebratenes Fleisch, und jeder erfahrene Koch hat in seiner Küche einen Topf mit *herbes de Provence* in Reichweite, für den Fall, dass eine Speise nach einem Aromaschub verlangt.

Champagne et le Nord

Sole meunière

Seezunge nach Müllerinart

Die Seezunge gilt allgemein als Inbegriff von feinem Fisch. Doch mancher Gourmet bevorzugt die Rotzunge, deren Filets zwar etwas weicher, dafür aber auch dicker sind. Ihr delikates Fleisch eignet sich ganz hervorragend für diese klassische Seezungen-Zubereitung.

75 g Mehl

4 kleine Seezungen oder Rotzungen, ausgenommen und gehäutet, oder 750 g–1 kg Seezungen- oder Rotzungenfilets

4 EL (75 g) Butter

2 TL Salz

2 TL frisch gemahlener Pfeffer

Saft einer Zitrone

2 EL gehackte glatte Petersilie

◆ Das Mehl auf eine Platte sieben und den Fisch von beiden Seiten darin wenden. Überschüssiges Mehl vorsichtig abklopfen.

◆ In einer großen Pfanne 3 El der Butter bei mäßiger Hitze zerlaufen lassen. Sobald die Butter aufschäumt, zwei See- oder Rotzungen hineingeben und mit Salz und Pfeffer würzen. Etwa 4 Minuten braten, bis die Unterseiten der Fische eine leicht goldene Farbe angenommen haben und sich das Fleisch von der Mittelgräte lösen lässt. Wenden und von der anderen Seite ebenfalls goldgelb braten. Den fertigen Fisch auf eine vorgewämte Platte legen und locker mit Alufolie abdecken. Mit den verbliebenen zwei See- oder Rotzungen auf die gleiche Weise verfahren. Zuvor einen weiteren EL Butter in die Pfanne geben. Werden Filets verwendet, verkürzt sich die Garzeit um etwa die Hälfte.

◆ Das Bratfett bis auf 1 EL abgießen und mit dem restlichen Esslöffel Butter und dem Zitronensaft ergänzen. Die Butter aufschäumen lassen und sofort über den Fisch geben. Mit der Petersilie bestreuen und heiß servieren.

Für 4 Personen

Franche-Comté et les Alpes

Salade de poulet rôti aux noix

Salat mit gebratenem Knoblauchhuhn und Walnüssen

Eines der Hauptanbaugebiete für Walnüsse in Frankreich ist die Gegend um Grenoble in der Dauphiné. Folglich finden sich Walnüsse und Walnussöl in vielen Spezialitäten der Region wieder – von der Vorspeise bis zum Dessert – und treten wie bei diesem Gericht häufig auch gemeinsam auf. Unter die Haut geschobener Knoblauch verleiht dem Hühnerfleisch ein delikates Aroma und verbindet sich mit den Walnüssen zu einer harmonischen Geschmackseinheit. Dieser reichhaltige Salat eignet sich bestens als Hauptspeise zum Mittag- oder Abendessen nach einem einfachen Auftakt mit Charcuterie oder Crudités.

1 Poularde (1,5 kg)
2 TL Salz
2 TL frisch gemahlener Pfeffer
4 Knoblauchzehen, längs in feine Scheiben geschnitten
125 ml Geflügelbrühe

FÜR DEN SALAT
100 g Walnusskerne, grob gehackt
3 EL Walnussöl
2 TL Weißweinessig
1 Schalotte, gehackt
½ TL Salz
½ TL frisch gemahlener Pfeffer
1 Kopf Blattsalat (Kopf-, Batavia- oder Endiviensalat oder eine Mischung aus mehreren Sorten)

◆ Den Ofen auf 180 °C vorheizen.

◆ Die Poularde gründlich abspülen und trockentupfen. Innen und außen mit Salz und Pfeffer einreiben. Mit den Fingern, an der Öffnung der Bauchhöhle beginnend, vorsichtig die Haut von der Brust lösen, so dass sich möglichst weit zum Hals und zu den Schenkeln hinein eine Tasche zwischen Haut und Brustfleisch bildet. Darauf Acht geben, dass die Haut nicht einreißt. Nun die Knoblauchscheiben zwischen Haut und Fleisch schieben und gleichmäßig verteilen. Die Poularde in einen Bräter setzen und mit dem Geflügelfond angießen.

◆ Im Ofen etwa 1¼ Stunden braten und dabei regelmäßig mit dem Bratensaft überziehen. Die Poularde ist gar, wenn beim Einstechen der Schenkel an der dicksten Stelle klarer Saft austritt oder ein Fleischthermometer an gleicher Stelle 80 °C misst. Die Poularde auf ein Tranchierbrett setzen und 10 Minuten ruhen lassen.

◆ Während die Poularde im Ofen gart, den Salat zubereiten. Dazu die Walnüsse in einer kleinen Pfanne auf niedriger Stufe unter häufigem Schwenken 10 Minuten rösten, bis sie eine goldbraune Farbe angenommen haben. Auf einen Teller füllen und beiseite stellen.

◆ In einer großen Schüssel Walnussöl, Weinessig, Schalotte, Salz und Pfeffer zu einer Vinaigrette verrühren. Den Salat in mundgerechte Stücke zerteilen und sorgfältig in der Vinaigrette wenden.

◆ Den Salat auf Tellern anrichten und mit der Hälfte der gerösteten Walnüsse bestreuen.

◆ Die fertige Poularde entbeinen. Das Brustfleisch in Streifen schneiden, Flügel ablösen und Ober- und Unterschenkel trennen. Die Fleischstücke nebst Knoblauch auf den Salaten anrichten, mit den restlichen Walnüssen bestreuen und warm servieren.

Für 4 Personen

Île-de-France

Couscous aux légumes

Vegetarischer Couscous

Couscous ist ein Vermächtnis der französischen Kolonialherrschaft in Nordafrika und mittlerweile vollständig in die französische Küche integriert. Besonders in Paris gibt es zahlreiche Couscous-Restaurants, doch man findet sie auch in vielen anderen Städten. Viele »traiteurs« (Feinkosthändler) bieten fertigen Couscous an, und an Markttagen sieht man nicht selten eigens errichtete Stände, an denen Couscous zubereitet und verkauft wird. Der Name bezeichnet sowohl den Hartweizengrieß, aus dem er bereitet wird, als auch das Gericht selbst. Nach dem Kochen oder Dämpfen wird er mit verschiedenen Gemüsen garniert und mit einem Teil ihrer würzigen Brühe übergossen. Dazu wird gewöhnlich Harissa serviert, eine scharfe Chilisauce. Wer sie nicht selbst bereiten will, kann sie auch fertig in Tuben oder Dosen kaufen. Aber auch Fleisch ist ein häufiger Begleiter. »Couscous royal« wird beispielsweise mit gegrillten Lamm- oder Hammelkoteletts, gebratenem Huhn und gegrillter »merguez«, einer pikanten Lammwurst aus dem Norden Afrikas, gekrönt.

FÜR DIE HARISSA

175 g kleine, getrocknete rote Chilis

4 Knoblauchzehen

2 El gemahlener Kreuzkümmel

1 TL Salz

300 ml natives Olivenöl extra

FÜR DAS GEMÜSE

2 EL Butter

2 EL natives Olivenöl extra

2 Zwiebeln, in feine Würfel geschnitten

2 Knoblauchzehen, gehackt

2 kleine getrocknete rote Chilis, zerrieben und ohne Samen

2 EL gemahlene Kurkuma (Gelbwurz)

1 TL gemahlener Kreuzkümmel

1 TL frischer Thymian

1 TL Salz

1 TL frisch gemahlener Pfeffer

Einige Safranfäden

8 kleine, neue Kartoffeln, ungeschält und halbiert

1 kleiner Blumenkohl, in kleine Röschen zerteilt

2 große Karotten, geschält und in 5 cm lange Stücke geschnitten

500 ml Geflügel- oder Gemüsebrühe

150 g frische Erbsen, geschält

FÜR DEN COUSCOUS

750 ml kochendes Wasser

375 g Couscous

1 EL Butter

1 TL Salz

10 g frische Minze, gehackt

10 g Schnittlauch

10 g frischer Estragon, gehackt

◆ Für die Harissa in einem Mörser oder im Mixer die Chilis samt Samen zermahlen. Den Knoblauch, Kreuzkümmel sowie Salz und 2 EL des Olivenöls hinzufügen und zu einer Paste verarbeiten. Das verbliebene Olivenöl nach und nach unterrühren, bis eine sämig-dicke Sauce entsteht. Beiseite stellen.

◆ Für das Gemüse in einer schweren, hochwandigen Pfanne Butter und Olivenöl erhitzen. Zwiebeln und Knoblauch in 2–3 Minuten glasig schwitzen. Die Gewürze einrühren. Kartoffeln, Blumenkohl und Karotten hinzugeben und behutsam im Fett wenden. Mit der Brühe auffüllen und 1–2 Minuten umrühren. Bei schwacher Hitze zugedeckt 15–20 Minuten sanft köcheln lassen, bis die Kartoffeln fast gar sind. Dann die Erbsen hinzufügen und zugedeckt weitere 5–7 Minuten garen, bis sämtliches Gemüse weich ist. Von der Kochstelle nehmen.

◆ Für den Couscous das kochende Wasser mit dem Couscousgrieß, der Butter und dem Salz in einer großen Schüssel vermengen. Etwa 10 Minuten stehen lassen, bis der Couscous das Wasser vollständig aufgenommen hat. Den Couscous in ein feinmaschiges Sieb geben und mit der Rückseite eines Holzlöffels überschüssiges Wasser vorsichtig herauspressen. In eine Schüssel füllen und mit einer Gabel etwas auflockern, um etwaige Klumpen aufzulösen.

◆ Kurz vor dem Servieren ein oder zwei Teelöffel der heißen Gemüsebrühe in die Harissa geben und verrühren. Harissa in eine Saucière füllen.

◆ Zum Servieren den fertigen Couscous auf eine Platte häufen und mit etwas Brühe übergießen. Einige der Gemüse darauf anrichten und mit einem Teil des Schnittlauchs, Estragons und der Minze garnieren. Die restlichen Gemüse, frischen Kräuter sowie Brühe und Harissa separat dazu reichen.

Für 4–6 Personen

Provence

Bouillabaisse

Traditionelle Gerichte wie Bouillabaisse, eine Fischsuppe, die besonders entlang der Mittelmeerküste in Restaurants wie auch zu Hause sehr beliebt ist, können in den unterschiedlichsten Varianten auftreten. Die Bouillabaisse hat ihren Ursprung in den Fischeintöpfen, die früher die Fischer direkt am Strand aus den Resten der Tagesausbeute zubereiteten, nachdem der Fang eingeholt und verkauft war. In Hyères, nahe Toulon, lud mich einmal die Enkelin eines Fischers zu solch einem Mahl ein. Der Fisch stammte an jenem Morgen zwar vom örtlichen Markt, doch der Rest der Zubereitung vollzog sich genauso, wie sie es von ihren Eltern und Großeltern gelernt hatte. Ein großer Kessel wurde hinunter ans Meer gebracht und zwischen den Felsen auf einen Steinhaufen gesetzt. Darunter wurde ein Feuer aus Treibholz und Weinreisig entfacht. In dem Kessel wurde dann die Bouillabaisse bereitet, die wir anschließend gemeinsam aßen und mit reichlich Rot- und Weißwein begossen.

FÜR DIE ROUILLE

2 getrocknete rote Chilis, die Samen entfernt

4 Knoblauchzehen

1 EL Semmelbrösel

2 Eigelb

½ TL Salz

125 ml natives Olivenöl extra

FÜR DIE SUPPE

60 ml (4 EL) natives Olivenöl extra

1 Zwiebel, in Würfel geschnitten

2 Stangen Lauch (nur den weißen Teil verwenden), in Ringe geschnitten

2 Tomaten, enthäutet und grob gehackt

2 Knoblauchzehen, durchgepresst

1 frisches Lorbeerblatt oder ½ getrocknetes

2 frische Zweige Thymian

1 Bund Fenchelgrün, gehackt

1 Streifen hauchdünn abgeschälte Orangenschale, von einer unbehandelten Frucht

Salz

Frisch gemahlener Pfeffer

500 ml trockener Weißwein

250 ml Wasser

750 g Kartoffeln, geschält und in 1 cm dicke Scheiben geschnitten

Einige Safranfäden

1 kg Fischsteaks oder -filets einer festfleischigen Sorte (z. B. Seeteufel, Heilbutt oder Kabeljau), in 4 cm große Stücke geschnitten

1 kg weichfleischiger Fisch (z. B. Roter Schnapper, Knurrhahn oder Drachenkopf), gesäubert und je nach Größe ganz, filetiert oder in 4 cm große Stücke zerteilt

Kochendes Wasser nach Bedarf

500 g Miesmuscheln, gebürstet und entbartet

500 g kleine Krebse oder Softshell Crabs (lebende Tiere müssen zuvor in sprudelnd kochendem Wasser getötet werden)

1 EL glatte Petersilie, gehackt

8 Scheiben Weißbrot (etwa 2,5 cm dick), geröstet und mit Knoblauch eingerieben

◆ Für die *rouille* in einem Mörser oder im Mixer Chilischoten und Knoblauch zu einer Paste zermahlen. Die Semmelbrösel untermischen. Mit Eigelb und Salz glatt rühren. Tropfenweise das Olivenöl einrühren, bis die Mischung dicker wird. Das verbliebene Öl unter ständigem Rühren in dünnem Strahl hinzufügen, bis eine mayonnaiseartige Sauce entstanden ist. Beiseite stellen.

◆ Für die Suppe in einem großen Topf mit schwerem Boden das Olivenöl auf mittlerer Stufe erhitzen. Zwiebeln und Lauch in 2–3 Minuten glasig schwitzen. Tomaten, Knoblauch, Lorbeer, Thymian, Fenchelgrün, Orangenschale, Salz und Pfeffer dazugeben und gut verrühren. Mit Wein und Wasser auffüllen, die Kartoffeln hinzufügen und zum Kochen bringen. Zugedeckt auf niedriger Stufe etwa 25 Minuten köcheln lassen, bis die Kartoffeln fast weich sind.

◆ Die Mischung erneut zum Kochen bringen und die Safranfäden einrühren. Dann den festfleischigen Fisch hineingeben und mit so viel kochendem Wasser auffüllen, dass der Fisch bedeckt ist. Zugedeckt etwa 7 Minuten kochen lassen, bis der Fisch halb gar ist. Nun den weichfleischigen Fisch, die Muscheln (geöffnete Muscheln, die sich bei Berührung nicht schließen, aussortieren) und die Krebse oder Softshell Crabs hinzufügen. Erneut mit kochendem Wasser bedecken und weitere 3–4 Minuten zugedeckt garen, bis sich der weichfleischige Fisch mühelos mit einer Gabel zerteilen lässt und die Muscheln geöffnet sind. Fisch, Muscheln, Krebse und Kartoffeln mit einer Schaumkelle auf eine vorgewärmte Platte legen – den festfleischigen Fisch auf die eine Seite, den weichfleischigen auf die andere. Ungeöffnete Muscheln wegwerfen. Einige Esslöffel von der Brühe darüber schöpfen und mit der Petersilie garnieren. 2–3 EL der Brühe in die *rouille* einrühren. Die restliche Suppe in eine Schüssel füllen.

◆ Zum Servieren in jeden Teller eine Scheibe Weißbrot legen und etwas Suppe darüber schöpfen. Fisch und Kartoffeln dazu reichen.

Für 8 Personen

Franche-Comté et les Alpes

Raclette

Raclette bezeichnet sowohl einen Käse aus Savoyen als auch ein traditionelles Gericht, bei dem er verwendet wird. Früher, als es noch keine elektrischen Raclette-Sets gab, schmolz man den Käse nahe der Glut der häuslichen Feuerstelle. Alle versammelten sich um ihn herum, bewaffnet mit Messer, Gabel und Teller und einer Schüssel mit gekochten Kartoffeln und einen guten »vin de Savoie« in Reichweite. Sobald die oberste Schicht des Käses schmolz, kratzte man sie begierig ab und bestrich damit eine Kartoffel, die man sogleich im Munde verschwinden ließ und mit einem kräftigen Schluck Wein hinunterspülte. Heute ist Raclette in ganz Frankreich beliebt, und elektrische Raclette-Sets mit acht oder mehr beschichteten Pfännchen haben mittlerweile in fast jeden Haushalt Einzug gehalten. Jeder erhält sein eigenes Pfännchen, in dem man scheibchenweise den Raclette zum Schmelzen bringt und anschließend über die gekochten Kartoffeln löffelt.

12 Kartoffeln einer fest kochenden Sorte, etwa Sieglinde oder Spunta

1 TL Salz

500–750 g Raclette-Käse, in vier gleich große Portionen zerteilt

Frisch gemahlener Pfeffer nach Belieben

◆ In einem großen Topf die Kartoffeln mit Wasser bedecken. Salzen und zum Kochen bringen. Bei mäßiger Hitze unbedeckt etwa 20–25 Minuten kochen, bis sich die Kartoffeln mit der Spitze eines scharfen Messers leicht einstechen lassen. Kartoffeln abgießen und zugedeckt warm stellen.

◆ Für jede Person jeweils ein Stück Käse auf einen hitzebeständigen Teller legen. Die Teller so an den Rand der Glut (Feuerstelle oder Holzkohlegrill) platzieren, dass die Schnittflächen des Käses der Hitze zugewandt sind. Für die Kartoffeln weitere Teller verteilen. Während der Käse langsam schmilzt, zerdrückt man einen Teil der Kartoffeln und würzt ihn mit Salz und Pfeffer. Sobald der Käse geschmolzen ist, schabt jeder die geschmolzene Portion herunter und verteilt sie auf der zerdrückten Kartoffel. Die Käserinde sollte unversehrt bleiben, damit sie den schmelzenden Käse zurückhält. Nachdem die geschmolzene Schicht abgetragen ist, wird der Raclette wieder der Glut ausgesetzt.

Für 4 Personen

Normandie

Rouelle de veau au cidre

Geschmorte Kalbshachse in Cidre

Kalbshachse ist in Frankreich ein sehr beliebtes und preiswertes Fleisch und eignet sich wegen des Marks, das beim Garen schmilzt und die Sauce eindickt, hervorragend zum Schmoren. Während des langsamen, sanften Schmorens verbinden sich die verschiedenen Aromen, und das Fleisch wird so zart, dass es förmlich vom Knochen fällt. Man kann Kalbshachse sehr gut mit Tomaten, Zwiebeln und ein, zwei Rüben zubereiten oder schlicht in Rotwein mit ein paar Gewürzen schmoren. Bei dieser einfachen, ländlichen Zubereitung aus der Normandie werden der für die Region typische Cidre und Sahne verwendet. Dazu passen Nudeln und ein grüner Salat sowie Cidre oder ein Rosé d'Anjou.

5 EL (75 g) Butter

1,5 kg Kalbshachse, in 4–5 cm dicke Scheiben geschnitten

2 TL Salz

1 TL frisch gemahlener Pfeffer

2 Zwiebeln, in feine Würfel geschnitten

400 ml trockener Cidre

1 TL frischer Thymian

250 g frische Champignons, geputzt und geviertelt

100 ml Crème fraîche

1 Eigelb

4 EL gehackte glatte Petersilie

◆ In einem großen, schweren Schmortopf 3 EL der Butter bei mäßiger Hitze zerlaufen lassen. Inzwischen die Kalbshachsenscheiben mit Salz und Pfeffer einreiben. Sobald die Butter aufschäumt, das Fleisch hineingeben und insgesamt 4–6 Minuten von beiden Seiten goldbraun anbraten. Dann die Scheiben hochkant stellen und drehen, um auch die Ränder ringsherum anzubraten (1–2 Minuten). Mit einer Schaumkelle aus dem Fett nehmen und auf eine Platte legen.

◆ Die Zwiebeln in die Butter geben und 2–3 Minuten unter Rühren glasig schwitzen. Mit dem Cidre ablöschen und den am Topfboden haftenden Bratensatz losrühren. Die Temperatur auf sehr niedrige Stufe herunterstellen und das Fleisch und etwaigen ausgetretenen Saft wieder in den Topf geben. Thymian hinzufügen und abgedeckt unter gelegentlichem Umrühren 1–1½ Stunden schmoren, bis das Fleisch ganz zart ist. Wenn das Fleisch anzusetzen droht, noch etwas Cidre hinzufügen.

◆ Inzwischen die Champignons vorbereiten. Dazu in einer Pfanne die verbliebene Butter bei mittlerer Hitze aufschäumen lassen. Die geviertelten Champignons hineingeben und 7–8 Minuten sautieren, bis sie goldgelb sind. Von der Kochstelle nehmen und beiseite stellen.

◆ In einer kleinen Schüssel Crème fraîche mit dem Eigelb und 2 EL der Petersilie sorgfältig vermischen. Beiseite stellen.

◆ Nachdem das Fleisch fertig gegart ist, die Champignons mitsamt ihrem Saft hinzufügen, sorgfältig unterrühren und nochmals 10 Minuten schmoren, damit sich die Aromen verbinden.

◆ Mit einer Schaumkelle die Kalbshachsenscheiben auf eine vorgewärmte Platte legen. Auf nach wie vor niedriger Stufe die Crème-fraîche-Mischung einrühren, bis sie sich vollständig mit der Sauce verbunden hat. Sie darf nicht mehr aufkochen.

◆ Die fertige Sauce über das Fleisch schöpfen, mit der restlichen Petersilie bestreuen und die Kalbshachse servieren.

Für 6 Personen

Crème

Die in Frankreich hergestellten Sahneprodukte gehören zu den feinsten und reichhaltigsten der Welt, und die Franzosen gehen beim Kochen nicht gerade geizig damit um. Saftige Wiesen mit weidenden Milchkühen sieht man praktisch überall in Frankreich, von der Provence einmal abgesehen, und die regionale Küche liefert reichlich Zeugnis von diesem Überfluss. Nirgendwo wird jedoch der Einfluss der Sahne deutlicher als in der Küche der Normandie, wo man von Suppen und Salat-Dressings bis zu Saucen, Tartes und Brot zu fast allem Sahne und Crème fraîche verwendet.

Besonders die dicke und leicht säuerliche Cème fraîche eignet sich vorzüglich zum Kochen. Sie gibt eine angenehme Konsistenz und ein feines Aroma, und da sie beim Kochen nicht gerinnt, ist sie besonders für reduzierte Saucen wie geschaffen. Man kann Crème fraîche auch selbst herstellen. Dazu vermengt man zwei Esslöffel vollfette Buttermilch mit 125 ml fetter Sahne (Crème Double) und lässt die Mischung abgedeckt bei Zimmertemperatur über Nacht dick werden. Falls Ihnen das zu lange dauert, können Sie für die Herstellung auch Cidre-Essig verwenden. Zwei Esslöffel auf 250 ml fette Sahne verkürzt die Wartezeit auf eine Stunde.

Pays de la Loire

Saumon à la crème au Muscadet

Lachs in Sahne und Muscadet

Muscadet, ein sehr trockener Weißwein, kommt aus einem relativ kleinen Anbaugebiet im äußersten Westen der Loire nahe der Stadt Nantes, wo der Fluss in den Atlantik mündet. Der Lachs stammt selbstverständlich aus dem Fluss.

4 Tomaten, enthäutet, entkernt und in Würfel geschnitten
2 Schalotten, in feine Würfel geschnitten
½ Flasche (375 ml) Muscadet oder ein anderer trockener Weißwein
Salz
Frisch gemahlener Pfeffer
3 EL Butter
6 Lachsfilets (750 g), ohne Haut (vorzugsweise aus dem Mittelstück)
150 ml Crème fraîche
1 TL gehackter frischer Kerbel
1 TL Schnittlauch
1 TL gehackter frischer Estragon

◆ In einem Topf Tomaten- und Schalottenwürfel sowie Wein und jeweils ½ TL Salz und Pfeffer bei mäßiger Hitze zum Kochen bringen. Unter gelegentlichem Rühren in etwa 10 Minuten auf ein Drittel einkochen. Von der Kochstelle nehmen und beiseite stellen.

◆ In einer großen Pfanne die Butter bei mäßiger Hitze aufschäumen lassen. Die Lachsfilets hineingeben und von beiden Seiten jeweils 2 Minuten braten, bis sie etwas Farbe angenommen haben und das Fleisch in der Mitte nicht mehr durchscheint. Die Filets mit Salz und Pfeffer würzen und auf vorgewärmten Tellern anrichten.

◆ Die Tomaten-Wein-Mischung durch ein feinmaschiges Sieb über einer Schüssel abseihen. Den Siebinhalt mit einer Kelle gut ausdrücken, damit sämtlicher Saft abfließen kann. Dann die Crème fraîche einrühren und mit Salz und Pfeffer abschmecken. Die Mischung zurück in den Topf füllen und zum Kochen bringen. Die Sauce unter Rühren 2–3 Minuten ein wenig eindicken lassen.

◆ Die Lachsfilets mit der Sauce überziehen, mit Kerbel, Schnittlauch und Estragon bestreuen und sofort servieren.

Für 6 Personen

Provence

Gigot d'agneau
à la boulangère

Lammkeule mit Kartoffeln und Zwiebeln

Das am meisten geschätzte Lammfleisch in Frankreich stammt von Lämmern, die entweder auf den küstennahen Salzmarschen gegrast haben (man nennt sie »présalé« – vorgesalzen), wie sie beispielsweise in der weiten Region Les Landes im Nordwesten von Bordeaux zu finden sind, oder von jenen, die auf Bergwiesen mit Wildkräuterbewuchs aufgewachsen sind wie die berühmten Kräuterlämmer aus Sisteron in der Region Basses-Alpes. Ihr würziges, vom »terroir« aromatisiertes Fleisch erzielt Spitzenpreise. Man serviert es entweder einfach im Ofen mit Kräutern gebraten oder mit verschiedenen Gemüsen zubereitet.

In der Provence bereiten die Köche Lammfleisch traditionell mit Kartoffeln und Zwiebeln zu. Als es in den Dörfern noch gemeinschaftliche Holzfeueröfen zum Brotbacken gab, wurde darin nach dem Brot auch das Lammfleisch gegart.

1 EL Butter

375 ml Rinderbrühe

1,25 kg große Kartoffeln, geschält und in sehr feine Scheiben geschnitten

1,25 kg große Zwiebeln, in sehr feine Scheiben geschnitten

1 Lammkeule mit Knochen (2,75–3 kg)

2 EL natives Olivenöl extra

3 TL Herbes de Provence (Kräuter der Provence)

Salz

Frisch gemahlener Pfeffer

4 Knoblauchzehen, fein gestiftelt

◆ Den Ofen auf 200 °C vorheizen. Eine Schmorpfanne oder ofenfeste Form, die groß genug ist, die Lammkeule mitsamt dem Gemüse aufzunehmen, mit der Butter ausstreichen. Beiseite stellen.

◆ In einem großen Topf die Rinderbrühe mit Kartoffeln und Zwiebeln zum Kochen bringen. Die Temperatur auf niedrige Stufe herunterstellen und die Brühe unbedeckt 10 Minuten köcheln lassen, bis die Kartoffeln weich sind.

◆ Mit einer Schaumkelle Kartoffeln und Zwiebeln in die vorbereitete Form heben und gleichmäßig ausbreiten. Das Gemüse mit der Brühe übergießen und 20 Minuten im Ofen backen.

◆ Inzwischen die Lammkeule vorbereiten. Dazu mit einem scharfen Messer das Fleisch über die gesamte Oberfläche verteilt mit 20–25 Einschnitten von etwa 2 cm Tiefe versehen. Die Keule mit Olivenöl, Herbes de Provence sowie Salz und Pfeffer einreiben. Die Einschnitte mit den Knoblauchstiften spicken.

◆ Das Gemüse nach 20 Minuten aus dem Ofen nehmen und die Lammkeule darauf setzen. Die Form wieder in den Ofen schieben und die Temperatur auf 190 °C reduzieren. Etwa 1 Stunde garen, bis das Fleischthermometer an der dicksten Stelle 52–54 °C anzeigt. Das Fleisch ist nun halb durch und hat noch einen blutigen Kern (medium rare). Soll es innen zartrosa sein (medium/à point), weitere 15 Minuten braten, bis das Thermometer 57–63 °C anzeigt. Das Fleisch aus dem Ofen nehmen, locker abdecken und 15–20 Minuten ruhen lassen.

◆ Das Fleisch auf einem Tranchierbrett in Scheiben schneiden. Die Kartoffeln und Zwiebeln auf einer vorgewärmten Platte anrichten und mit den Fleischscheiben belegen. Den verbliebenen Bratenfond darüber verteilen und sofort servieren.

Für 6–8 Personen

Lämmer, die auf Salzmarschen oder Kräuterwiesen das würzige Aroma ihres »terroir« aufgenommen haben, gehören zu den meist geschätzten in ganz Frankreich.

Pays de la Loire

Crabe à sa beurre aux algues

Krabbe in eigener »Butter« mit Algengemüse

Ich machte die Bekanntschaft diese Gerichts bei einem Mittagessen in einer Brasserie in Angers, nicht weit von dem Schloss, das die gesamte Stadt überragt. Die Krabbe wurde auf einem großen, ovalen Teller serviert und war mit Algen umlegt, die dufteten und aussahen, als kämen sie direkt aus dem Meer. Die Schale der Krabbe war aufgebrochen und enthüllte die süßlich-gelbe Krabbenbutter, doch die Scheren waren noch ganz, und es war meine Aufgabe, sie mit der Hummerzange aufzubrechen. Das Fleisch war auf den Punkt gegart, zart, etwas süßlich und ungemein saftig. Mit dem kühlen, kernigen Muscadet und dem warmen Baguette wurde daraus ein wahrer Gaumenschmaus.

50 g Salz

2 Zitronen, eine halbiert und eine geviertelt

1 Lorbeerblatt

2 lebende Krabben oder Taschenkrebse (je 1 kg)

Einige Hand voll frischer Meeralgen

◆ Einen großen Topf zu zwei Dritteln mit Wasser füllen. Salz, Zitronenhälften und Lorbeerblatt hinzufügen und bei großer Hitze zum Kochen bringen. Die Krabben ins kräftig sprudelnde Wasser geben und etwa 20 Minuten sprudelnd kochen lassen. Aus dem Kochwasser nehmen und auskühlen lassen.

◆ Zum Auslösen der Krabben zunächst die Scheren und Beine mit einer Drehbewegung vom Körper abbrechen. Die Krabbe mit der Bauchseite nach unten auf die Arbeitsfläche legen und den Panzer mit den Handballen an beiden Seiten nach unten drücken, bis das Mittelstück bricht. Die Schalenhälften seitlich abziehen und darauf Acht geben, dass nichts von dem köstlichen Saft verloren geht. Dann das Schwanzende vom Panzer losbrechen, nach hinten auseinander ziehen und den Körper aus der Schale heben. Die Kiemen entfernen. Das gelbliche, butterartige Fleisch zum späteren Auslöffeln unversehrt lassen. Das Kauwerkzeug herausziehen und wegwerfen. Scheren und Beine mit der Hummerzange aufbrechen.

◆ Die Krabben mit Scheren und Beinen in ihrer ursprünglichen Form auf einem Bett aus Meeresalgen anrichten. Mit Hummerbesteck und Zitronenvierteln servieren.

Für 2 Personen

Normandie

Demoiselles de Cherbourg à la crème

Hummer nach Art von Cherbourg

Dies ist ein luxuriöses Gericht, doch seine Zubereitung lohnt sich wirklich. Demoiselle, so sagte man mir, ist der traditionelle Name für einen kleinen Hummer. Hummerleber und Corail, sofern vorhanden, verbinden sich bei dieser Zubereitung zu einer reichhaltigen und delikaten Sauce, von der Sie bestimmt nicht eher lassen können, als bis der letzte Tropfen mit einem Stückchen Brot aufgestippt ist.

2 lebende Hummer (je 750–900 g)
1 TL Salz
1 TL frisch gemahlener schwarzer Pfeffer
3 EL Butter
3 EL Calvados
3 EL Lillet (halbtrockener Aperitif aus weißem Bordeaux, aromatisiert mit Früchten und Chinarinde), halbtrockener Wermut oder Sherry
500 ml Crème fraîche
3 Eigelb
2 TL gehackter frischer Estragon
1 Prise Cayennepfeffer
1 Prise Paprika, edelsüß

◆ Einen großen Topf zu drei Vierteln mit Wasser füllen und zum Kochen bringen. Wenn das Wasser kräftig sprudelt, die lebenden Hummer mit dem Kopf voran eintauchen, um sie möglichst schnell zu töten, und 2 Minuten kochen lassen. Mit einer Zange oder einer Schaumkelle aus dem Wasser nehmen und auf die Arbeitsfläche setzen. Zur weiteren Verarbeitung etwas abkühlen lassen. Mit einer Küchenschere die Hummer der Länge nach halbieren und die Hälften voneinander trennen. Den Magensack im Kopfteil sowie den Darm im mittleren Schwanzteil entfernen und wegwerfen. Mit einem kleinen Löffel die grünliche Hummerleber und das eventuell vorhandene rötliche Corail (Rogen) herauslösen und in einer Schüssel beiseite stellen. Mit dem Messerrücken oder einem Nussknacker vorsichtig die Scheren aufbrechen; dabei aber nicht das Fleisch zerdrücken.

◆ Die Hummerhälften mit Salz und Pfeffer würzen. In einer Pfanne die Butter bei mittlerer Hitze aufschäumen lassen. Die Hummerhälften mit der Schalenseite nach unten hineinlegen und 2 Minuten gleichmäßig in der Butter schwenken. Dann die Hälften wenden und mit der Fleischseite nach unten weitere 2 Minuten stetig in der Pfanne bewegen. Mit dem Calvados ablöschen und vorsichtig mit einem langen Streichholz flambieren. Die Flamme ausbrennen lassen, bis der Alkohol vollständig verbrannt ist. Dann den Lillet, Wermut oder Sherry hinzufügen und die Temperatur auf hohe Stufe stellen. Die Sauce in etwa 1 Minute auf die Hälfte einkochen lassen. Die Hitze wieder auf mittlere Stufe zurückstellen, die Crème fraîche hinzufügen und nochmals 2–3 Minuten kochen lassen, bis die Sauce leicht eingedickt ist und das Hummerfleisch sich mühelos mit einer Gabel aus der Schale lösen lässt.

◆ Inzwischen das Eigelb und den Estragon zu Leber und Corail geben und alles kräftig miteinander verschlagen.

◆ Mit einer Zange die Hummerhälften fassen und über der Pfanne kurz abtropfen lassen. Auf einer vorgewärmten Platte oder einzelnen Tellern anrichten.

◆ Die Hitze auf niedrige Stufe herunterstellen und die Eigelb-Mischung in die Sauce einrühren. Stetig umrühren, bis die Eigelbe abgebunden haben und die Sauce eine sämige Konsistenz hat. Darauf Acht geben, dass die Sauce nicht mehr kocht. Mit Cayennepfeffer und Paprika abschmecken.

◆ Die fertige Sauce gleichmäßig über die Hummerhälften verteilen und sogleich servieren.

Für 4 Personen

Les Pyrénées et Gascogne

Lapin aux pruneaux

Kaninchen mit Pflaumen

Stallkaninchen werden zusammen mit Huhn, Perlhuhn und anderem Kleingeflügel im »basse cour« (Kleintierhof beim Bauernhaus) gehalten und spielen überall in Frankreich in der einfachen ländlichen Küche eine große Rolle. Jahrelang züchtete ich meine eigenen Kaninchen und kaufe sie auch jetzt nur vom Züchter. Das magere, feste, weiße Fleisch eignet sich zu einer ganzen Reihe von Zubereitungen, die von Region zu Region entsprechend dem »terroir« variieren, so zum Beispiel mit Pflaumen in der Gascogne, mit Sahne in der Normandie, mit Senf im Burgund und mit Oliven in der Provence.

½ TL frischer Thymian
½ TL frischer Salbei, gehackt
½ TL frischer Rosmarin, gehackt
1 TL Salz
1 TL frisch gemahlener Pfeffer
1 junges Kaninchen (1,25 kg), in 8–10 Stücke zerteilt
8–10 Pflaumen, entsteint
8–10 Scheiben durchwachsener Speck

◆ Den Ofen auf 180 °C vorheizen.

◆ In einer kleinen Schüssel Thymian, Salbei, Rosmarin, Salz und Pfeffer gut miteinander vermengen. Die Kaninchenteile rundherum sorgfältig mit der Gewürzmischung einreiben. Auf jedes Fleischstück jeweils eine Pflaume legen, mit einer Speckscheibe umwickeln und mit einem Zahnstocher fixieren. Die umwickelten Kaninchenteile dicht aneinander in eine nicht zu große flache Bratenform legen.

◆ Im Ofen etwa 1–1¼ Stunden braten, bis die Kaninchenstücke ganz zart sind und das Fleisch sich mühelos vom Knochen löst. Während des Garens immer wieder mit dem Bratensaft überziehen. Die Kaninchenteile auf einer vorgewärmten Platte anrichten und sofort servieren.

Für 4 Personen

Île-de-France

Steak-frites

Steak mit Pommes frites

Steak-frites findet man überall in Frankreich, im einfachsten Dorfgasthof ebenso wie im exklusivsten Restaurant. Das beste Steak, das mir jemals in einem Restaurant serviert wurde, aß ich am Ende einer langen Autofahrt mit meinen beiden Kindern. Wir kamen aus Dover und hatten den Ärmelkanal nach Ostende in Belgien überquert. Als wir am Abend schließlich den Norden Frankreichs erreichten, waren wir alle sehr hungrig und müde. Doch die Dörfer, durch die wir kamen, schienen wie ausgestorben. Läden und Cafés waren bereits überall geschlossen, bis ich plötzlich eine kleine Bar mit einem Hotel-Schild im Fenster bemerkte. Man zeigte uns ein Zimmer über der Bar, doch die Küche, so sagte man uns, sei leider bereits geschlossen. Als der junge Mann daraufhin unsere enttäuschten Gesichter sah und meine Kleine, die sich niedergeschlagen an meinem Kleid festklammerte, führte er uns die Straße hinunter, um ein paar Ecken herum in eine Art Wohngebiet. Und dann sah ich das Restaurant. Überall davor waren Autos geparkt – teure Autos. Ich fürchtete, dieser Abend könnte unser bescheidenes Budget sprengen, doch ich rief erfreut: »Oh, das sieht aber nett aus!« Und so nahm ich beide Kinder an die Hand, und wir gingen hinein. Drinnen herrschte eine kultivierte und friedliche Stille. Wunderschöne Blumensträuße zierten die Tische, und dort, wo wir saßen, stand ganz in der Nähe ein offener Grill. Als Vorspeise hatten wir Schinken mit Cornichons. Anschließend wollte meine Tochter frische Forelle, eines ihrer Lieblingsgerichte. Mein Sohn und ich aber nahmen »steak-frites«. Und was für Steaks! Das Fleisch wurde zunächst mit Kräutern bestreut und dann vor unseren Augen auf einem Feuer aus Weinreisig gegrillt. Auf einer riesigen Platte kamen dazu die perfekt zubereiteten Pommes frites. Und zu unserer besonderen Freude servierte man uns ein Sorbet zwischen dem Hauptgang und der Crème brulée, die wir als Dessert hatten. Das Essen war dreimal so teuer wie das Hotelzimmer – und jeden Pfennig wert.

In Frankreich werden verschiedene Fleischstücke für Steakzubereitungen verwendet. Doch das beliebteste und saftigste Fleisch liefert das Entrecôte (Zwischenrippenstück). Pommes frites fallen überall etwas anders aus, doch sie sollten in jedem Fall außen schön knusprig, innen aber noch ein wenig locker sein. Angeblich haben die Belgier die beste Zubereitungsmethode erfunden, bei der die Kartoffelstäbchen zweimal frittiert werden, damit sie schön kross werden. Ich habe allerdings noch keinen Franzosen getroffen, der das bestätigt hätte.

4–5 große Kartoffeln
Pflanzenfett oder -öl zum Frittieren
Salz
4 Entrecôtes (Zwischenrippenstücke)
2 EL frischer Thymian
1 TL frisch gemahlener Pfeffer
80–125 ml Wasser

◆ Die Kartoffeln schälen und längs in ½ cm dünne Scheiben schneiden. Die Scheiben übereinander legen und wieder längs in ½ cm dicke Stäbchen schneiden. Die geschnittenen Stäbchen in eine Schüssel mit kaltem Wasser geben und 30–60 Minuten stehen lassen. Kurz vor dem Frittieren abgießen und sorgfältig trockentupfen.

◆ In einer Fritteuse oder einem schweren Schmortopf ausreichend Pflanzenfett auf 180 °C erhitzen. Zur Überprüfung der Temperatur ein Kartoffelstäbchen in das Fett geben. Wenn es zischt und Blasen schlägt, ist das Fett heiß genug.

◆ Sobald das Fett heiß genug ist, ein Viertel der Kartoffeln in einen Draht- oder Frittierkorb geben und etwa 2 Minuten blanchieren, bis sich außen eine helle Kruste gebildet hat. Auf Küchenkrepp abtropfen lassen. Nach und nach sämtliche Kartoffeln auf die gleiche Weise blanchieren. Sie können die Kartoffeln nun bis zum Fertiggaren bis zu 4 Stunden liegen lassen. Zwischen beiden Frittiergängen sollten aber mindestens 5 Minuten liegen. Beim zweiten Frittiervorgang die Kartoffeln, ebenfalls in mehreren Gängen arbeitend, 3 Minuten fertig frittieren, bis sie eine goldgelbe Kruste gebildet haben. Auf Küchenkrepp abtropfen lassen und mit Salz bestreuen.

◆ Während des Frittierens die Steaks zubereiten. Dazu das Fleisch zunächst mit Pfeffer und Thymian würzen. 2 TL Salz in eine große Pfanne geben und bei hoher Temperatur etwa 1–2 Minuten erhitzen. Die Steaks hineingeben und auf jeder Seite etwa 2 Minuten (rosa/medium/à point) braten. Die Steaks auf eine vorgewärmte Platte legen. Den Bratensatz in der Pfanne bei nach wie vor großer Hitze mit dem Wasser ablöschen und vom Pfannenboden losrühren.

◆ Den Bratensaft über die Steaks schöpfen und die Steaks zusammen mit den heißen Pommes frites sofort servieren.

Für 4 Personen

Cuisiner avec vins et eaux-de-vie

Frankreich ohne Wein, das wäre schlicht undenkbar. Die Menschen sind zutiefst stolz auf die Weine, die jede Region, jedes Dorf und jeder Weinberg hervorbringen. Und ganz gleich, ob rot oder weiß, süß oder trocken, Wein gehört genauso wie Salz, Pfeffer, Kräuter, Butter, Sahne und Olivenöl in die Speisekammer eines jeden Kochs. Dessen geübte Hand macht in großzügiger Weise von ihm Gebrauch. Welcher Wein jeweils in den Kochtopf kommt, bestimmt dabei das regionale Anbaugebiet. Bei der Zubereitung von Suppen, Schmorgerichten und Saucen spielt Wein eine wesentliche Rolle. Er wird zum Ablöschen verwendet, zum Pochieren von Früchten, aber auch für verschiedene Aperitifs und Digestifs. Branntweine und Spirituosen wie Cognac, Armagnac und Calvados werden mit der gleichen Gelassenheit eingesetzt, wenngleich auch in geringeren Dosen. Sie eignen sich wegen ihres hohen Alkoholgehaltes besonders zum Flambieren. Dabei verbrennt der Alkohol, während das feine und vielschichtige Aroma zurückbleibt.

Champagne et le Nord

Ris de veau aux champignons

Kalbsbries mit Champignons

Kalbsbries – die Thymusdrüsen junger Kälber – gilt als Delikatesse bei den Franzosen, die für »les abats«, Innereien, insgesamt eine Schwäche haben. Einige der meist geschätzten Gerichte der französischen Küche bestehen aus Nieren, Leber oder Bries. Die Sauce ist bei diesem Gericht besonders lecker und verlangt geradezu nach Reis, Nudeln oder geröstetem Brot.

1 kg Kalbsbries
50 ml Weinessig
3 EL Butter
2 Karotten, geschält und in Würfel geschnitten
2 Schalotten, in feine Würfel geschnitten
2 Stangen Bleichsellerie, in Würfel geschnitten
2 EL gehackte glatte Petersilie
1 TL frischer Thymian
1 Lorbeerblatt
Frisch gemahlener Pfeffer
125 ml trockener Weißwein
1 TL Salz
16 Perlzwiebeln (2,5–4 cm Durchmesser), geschält
250 g frische Champignons, geputzt und geviertelt

◆ In einer Schüssel das Kalbsbries mit kaltem Wasser bedecken. Die Schüssel zugedeckt für 2 Stunden in den Kühlschrank stellen und zwischendurch mehrmals das Wasser wechseln. Ein ganzes Bries muss zunächst gesäubert werden. Dazu die beiden Lappen des Bries im Wasser mit einem Messer voneinander trennen und das verbindende Röhrchen im Innern entfernen. Erneut das Wasser wechseln, den Essig hinzufügen und weitere 30 Minuten wässern lassen. Dann gerade so viel der sehnigen Partien und der Haut entfernen, dass das Bries noch zusammenhält.

◆ In einer Pfanne die Butter bei mäßiger Hitze aufschäumen lassen. Karotten, Schalotten, Sellerie, Petersilie, Thymian, Lorbeer und Pfeffer hineingeben. Die Hitze auf niedrige Stufe reduzieren und alles unter Rühren etwa 10 Minuten anbraten, ohne Farbe annehmen zu lassen. Mit dem Wein ablöschen und bei großer Hitze in 3–4 Minuten die Flüssigkeit auf die Hälfte einkochen lassen.

◆ Das Kalbsbries mit Salz und dem restlichen Pfeffer würzen und dicht aneinander auf das Gemüse in die Pfanne legen. Mit einem Teil des Gemüses und der Flüssigkeit überziehen und die Pfanne mit einem Deckel verschließen. Auf niedriger Stufe etwa 5 Minuten garen, bis das Bries seine durchscheinende Farbe verloren hat und Saft abzugeben beginnt. Das Bries wenden, nochmals mit Gemüse und Flüssigkeit überziehen und zugedeckt weitere 5 Minuten garen. Durch den austretenden Saft wird sich das Volumen des Bries erheblich verringern.

◆ Die Perlzwiebeln zu dem Bries geben. Ein Stück Pergamentpapier mit Butter einstreichen und, die gebutterte Seite nach unten, Bries und Zwiebeln damit bedecken. Die Pfanne verschließen und etwa 30 Minuten auf niedrigster Stufe garen, bis die Zwiebeln weich und fast durchsichtig sind. Das Pergamentpapier abnehmen, das Bries nochmals wenden und die Champignons hinzufügen. Wieder mit dem Papier bedecken, den Deckel aufsetzen und weitere 15 Minuten garen, bis das Bries beim Einstechen mit einer Messerspitze ganz zart ist.

◆ Bries und Gemüse mit der Schaumkelle auf eine Platte legen. Das Lorbeerblatt wegwerfen. Die in der Pfanne verbliebene Flüssigkeit in 2–3 Minuten bei großer Hitze auf die Hälfte reduzieren. Inzwischen das Bries in 1 cm dicke Scheiben schneiden. Die Briesscheiben mitsamt dem Gemüse zurück in die Pfanne geben und nochmals 1–2 Minuten erwärmen.

◆ Bries und Gemüse mit der Sauce auf einer vorgewärmten Platte oder in einer Schüssel anrichten und sofort servieren.

Für 4 Personen

Languedoc

Lapin grillé à la moutarde

Gegrilltes Kaninchen mit Senf

Kaninchen zählt zu meinen Lieblingsfleischsorten, und dies ist eine ganz besonders einfache und leckere Art, es zuzubereiten. Nachdem ich einmal gegrilltes Kaninchen in einer Rotisserie in Louviers gekauft hatte, beschloss ich, es auf meine eigene Weise zu probieren. Achten Sie unbedingt darauf, dass Leber, Herz und Nieren noch in der Bauchhöhle stecken, wo sie während des Garens schön saftig bleiben und das delikate Aroma von Kräutern und Senf annehmen. Dazu passen gekochte Karotten mit Dill (siehe Seite 171) und eine sahniges Kartoffelpüree.

1 Kaninchen (1,25 kg), möglichst frisch und mit Leber, Herz und Nieren

125 g Dijon-Senf

4 Knoblauchzehen, gehackt

1 EL natives Olivenöl extra

1 EL gehackter frischer Estragon

2 EL gehackte glatte Petersilie

Salz

Frisch gemahlener Pfeffer

◆ In einem verschließbaren Grill ein Holzkohlefeuer entfachen oder einen Elektrogrill vorheizen.

◆ Das Kaninchen mit Küchengarn und einer Dressiernadel an den Bauchlappen zunähen. In einer kleinen Schüssel die übrigen Zutaten sorgfältig zu einer Paste verrühren. Mit Hilfe eines Spatels das Kaninchen gleichmäßig mit der Paste einstreichen.

◆ Die glühende Holzkohle an den Rand des Grills schieben und in die Mitte eine Abtropfpfanne einsetzen oder eine Abtropfpfanne unter den Elektrogrill schieben. Den Grillrost mit Öl bestreichen und das Kaninchen direkt über der Abtropfpfanne darauf legen. Unbedeckt 15 Minuten grillen. Dann den Grill bei geöffneter Luftzufuhr mit dem Grillaufsatz verschließen und weitere 15 Minuten grillen. Das Kaninchen wenden und falls nötig Holzkohle nachlegen. Noch etwa 30 Minuten grillen, bis sich das Fleisch an der dicksten Stelle der Keulen problemlos vom Knochen lösen lässt. Im Elektrogrill benötigt das Kaninchen auf jeder Seite etwa 30–45 Minuten.

◆ Das fertige Kaninchen tranchieren, auf einer vorgewärmten Platte anrichten und heiß servieren.

Für 4 Personen

Île-de-France

Brochettes de rognons, foie et lardons

Gebratene Spieße mit Nieren, Leber und Speck

Bei französischen Straßenimbissen muss ich außer an Crêpes, »gaufres« (Waffeln) und neuerdings Frühlingsrollen auch stets an diese Spieße denken. Auf Straßenfesten und Jahrmärkten werden sie gegrillt und aus der Hand gegessen. Dazu kann man sich am Senftopf bedienen, doch ich mag sie lieber einfach so, gewürzt mit Speck und Thymian.

500 g Kalbsleber

6 Lammnieren

4 dicke Scheiben durchwachsener Speck, in 2,5 cm große Stücke geschnitten

1 TL Salz

1 TL frisch gemahlener Pfeffer

1 TL frischer Thymian

◆ In einem Grill ein Holzkohlefeuer entfachen oder den Elektrogrill vorheizen. 24 Holzspieße 15 Minuten in Wasser einweichen.

◆ Die Leber in 2,5 cm große Stücke schneiden. Ist der Nierentalg noch vorhanden, das Fett mit einem scharfen Messer abschneiden und wegwerfen. Die dünne Außenhaut der Nieren abziehen und ebenfalls wegwerfen. Die Nieren in ½ cm dicke Scheiben schneiden. Die Holzspieße aus dem Wasser nehmen. Leber-, Nieren- und Speckstücke jeweils abwechselnd auf die Spieße stecken. Mit Salz, Pfeffer und Thymian würzen.

◆ Die Spieße auf einem Rost auf den Grill setzen oder unter den Elektrogrill schieben und 2–3 Minuten von der einen Seite bräunen. Die Spieße wenden und weitere 1–2 Minuten grillen. Die Leber sollte innen noch leicht rosa und zart, die Nieren gerade durchgegart und der Speck an einigen Stellen etwas knusprig sein.

◆ Die Spieße auf einer vorgewärmten Platte anrichten und sofort servieren.

Für 8 Personen

Le Sud-Ouest

Bifteck marchand de vin

Steak mit Rotwein-Schalotten

An einem kalten Frühlingstag vor vielen Jahren in Paris traf ich um die Mittagszeit in der Metrostation La Muette eine gute Freundin. Sie nahm mich ein Stückchen die viel befahrene Straße mit hinab, in ein typisches Pariser Restaurant, wo man uns an einen der besten Tische führte. Wir begannen mit ein paar Austern und einem Glas Champagner, gefolgt von »bifteck marchand de vin« und einem edlen Bordeaux. Es war ein herrliches Mittagessen, ein wahrhaft genussvolles Erlebnis, das ich bis heute nicht vergessen habe.

2 Rindersteaks (Entrecôte), etwa 2 cm dick
Salz
Frisch gemahlener Pfeffer
2 TL frischer Thymian
2 EL Butter
50 g Schalotten, in feine Würfel geschnitten
80–125 ml trockener Rotwein
Glatte Petersilie zum Garnieren, gehackt

◆ Die Steaks von überschüssigem Fett befreien und trockentupfen. Mit Salz, Pfeffer und Thymian einreiben und fest andrücken. Eine schwere, beschichtete Pfanne auf mittlerer Stufe erhitzen. 1 TL der Butter hineingeben und kurz aufschäumen lassen. Die Steaks hineinlegen und von beiden Seiten 3–4 Minuten kurz braten (rosa/medium/à point). Die Garzeit hängt von der Dicke der Steaks und vom gewünschten Gargrad ab. Während des Bratens die Hitze auf hoher Stufe belassen, aber darauf Acht geben, dass das Fett nicht verbrennt. Zum Testen des Gargrades ein Steak mit dem Messer einschneiden. Hat es die gewünschte Farbe, die Steaks auf eine vorgewärmte Platte legen und locker mit Alufolie abdecken.

◆ Die Pfannenflüssigkeit bis auf 1 EL weggießen. Das verbliebene Fett auf mittlerer Stufe wieder erhitzen, die Schalotten hineingeben und 2–3 Minuten glasig schwitzen. Mit dem Wein ablöschen und den Bratensatz vom Pfannenboden losrühren. Den Wein 2–3 Minuten auf etwa die Hälfte einkochen lassen, bis die Sauce eine leicht sämige Konsistenz hat. Die restliche Butter einrühren.

◆ Die fertige Sauce über die Steaks geben, mit der Petersilie garnieren und sofort servieren.

Für 2 Personen

Bourgogne et le Lyonnais

Poulet demi-deuil

Huhn in »Halbtrauer«

Ich habe dieses einzigartige Gericht zum ersten Mal in einem kleinen Hotel in Valensole in der Haute Provence gegessen, doch ursprünglich kommt es aus Lyon. Der Name stammt von den Trüffelscheibchen, die zwischen Haut und Brustfleisch des Huhns geschoben werden und an der Oberfläche schwarz durchscheinen. Lange Zeit war es in Frankreich üblich, nach dem Tod eines Familienangehörigen Schwarz zu tragen, und vor fünfzig, ja selbst noch vor zwanzig Jahren sah man viele ältere Damen, die teilweise oder ganz in Schwarz gekleidet waren. So könnte man also behaupten, das Huhn trägt »Halbtrauer«, denn die schwarzen Trüffeln verhüllen wie ein Umhang einen Teil der Brust. Die Traditionen haben sich natürlich verändert, und heute halten sich nur noch wenige an diese Kleidervorschrift zum Zeichen der Trauer. Die klassische Zubereitung dieses Gerichts sieht eine Füllung aus Brot und Wurst vor, ich bekam es damals allerdings ohne Füllung serviert. Sie können das Huhn auch mit Pilzen zubereiten – Steinpilze sind dazu besonders gut geeignet –, aber der Geschmack ändert sich dadurch natürlich erheblich.

30 frische schwarze Trüffeln

1 große Poularde oder 1 Jungmasthähnchen (1,75 kg)

2 TL Salz

2 TL frisch gemahlener Pfeffer

5 Karotten, geschält

3 Stangen Lauch, etwas Grün stehen lassen

1 Zwiebel, gespickt mit 2 ganzen Gewürznelken

1 weiße Rübe, geschält

1 Stange Bleichsellerie

3 Zweige glatte Petersilie

3 Frische Zweige Thymian

1 EL Butter

1 EL Crème double

◆ Frische Trüffeln direkt vom Händler müssen unter Umständen zunächst gesäubert werden. Die Trüffeln unter fließendem kaltem Wasser abspülen und mit einer feinborstigen Bürste etwaigen Sand entfernen. Anschließend trockentupfen. Die Trüffeln in 3 mm dicke Scheibchen schneiden.

◆ Die Poularde oder das Hähnchen abspülen und trockentupfen. Mit den Fingern vorsichtig die Haut von der Brust lösen, so dass sich möglichst weit zum Hals und zu den Schenkeln hinein eine Tasche zwischen Haut und Brustfleisch bildet. Darauf Acht geben, dass die Haut nicht einreißt. Nun die Trüffelscheibchen unter die Haut stecken und so verteilen, dass ein hübsches Muster entsteht. Die Poularde von innen und außen mit jeweils 1 TL Salz und Pfeffer einreiben.

◆ Die Poularde in einen großen, schweren Schmortopf setzen und etwa 5 cm hoch mit Wasser angießen. Karotten, Lauch, Zwiebel, weiße Rübe, Sellerie, Petersilie, Thymian sowie restliches Salz und restlichen Pfeffer hinzufügen. Das Ganze auf mittlerer Stufe zum Kochen bringen. Dann die Hitze reduzieren und unbedeckt etwa 1¼ Stunden köcheln lassen, bis das Pulardenfleisch zart ist und klarer Saft austritt, wenn man die Keulen mit einem spitzen Messer einsticht.

◆ Mit zwei großen Holzlöffeln die Poularde aus dem Topf nehmen und beiseite stellen. Mit einer Schaumkelle das Gemüse aus der Brühe schöpfen. Nelken und Thymian wegwerfen. Das restliche Gemüse unter Zugabe der Butter und der Crème double in der Küchenmaschine pürieren, bis die Mischung glatt ist. Abschmecken.

◆ Zum Servieren das pürierte Gemüse auf einer vorgewärmten Platte verteilen und vorsichtig die Poularde darauf setzen. Zum Tranchieren die Poularde auf eine zweite Platte umsetzen.

Für 4 Personen

Languedoc

Poussins farcis aux abricots et figues sèches

Stubenküken mit Aprikosen-Feigen-Füllung

Aprikosen und Feigen, ob frisch oder getrocknet, werden im Mittelmeerraum besonders geschätzt. Sie passen hervorragend zu den dort verbreiteten Kräutern, wie Sie bei diesem Gericht sehen werden. Die Stubenküken werden vor dem Braten innen und außen mit dem leicht harzigen Rosmarin und Salbei eingerieben, die ihr Aroma an das Fleisch abgeben.

4 Stubenküken (je 500–625 g)

2 TL Salz

3 TL frisch gemahlener Pfeffer

10 g frischer Salbei, gehackt

10 g frischer Rosmarin, gehackt

FÜR DIE FÜLLUNG

250–300 g altbackenes Weißbrot, in Würfel geschnitten

1 EL Butter

½ große Zwiebel, in feine Würfel geschnitten

1 Knoblauchzehe, gehackt

500 ml kochendes Wasser

100 g getrocknete Feigen, in Würfel geschnitten

100 g getrocknete Aprikosen, in Würfel geschnitten

3 EL frischer Rosmarin, gehackt

3 EL frischer Thymian

1 TL Salz

2 TL frisch gemahlener Pfeffer

ZUM GLASIEREN

150 g Aprikosenmarmelade

2 EL Banyuls-Essig (ersatzweise Balsamico-Essig)

Ein paar frische Rosmarinzweige zum Garnieren

◆ Den Ofen auf 200 °C vorheizen.

◆ Die Stubenküken abspülen und trockentupfen. Von innen und außen zunächst mit Salz und Pfeffer, dann mit Salbei und Rosmarin einreiben. Für ein besonders würziges Aroma einen Teil der Kräuter unter die Haut der Vögel schieben.

◆ Für die Füllung die Brotwürfel in eine große Schüssel geben und beiseite stellen. In einem kleinen Topf die Butter bei mäßiger Hitze aufschäumen lassen. Zwiebeln und Knoblauch hinzufügen und 3–4 Minuten glasig schwitzen. Das kochende Wasser hinzugießen und die Mischung über die Brotwürfel geben. Das Brot sorgfältig wenden, damit es das Wasser aufnehmen kann. Etwa 10–15 Minuten stehen lassen, bis die Mischung etwas abgekühlt und das Wasser vollständig absorbiert ist. Dann das Ganze mit den Händen sorgfältig zu einer dicken Paste durcharbeiten. Getrocknete Aprikosen und Feigen sowie Rosmarin, Thymian, Salz und Pfeffer hinzufügen und ebenfalls sorgfältig in die Masse einarbeiten.

◆ Die Füllung in die Bauchhöhlen der Stubenküken füllen. Darauf achten, dass sie nicht zu voll werden. Mit den Fingern vorsichtig die Haut von der Brust der Vögel lösen, so dass sich eine Tasche bildet, und einen Teil der Füllung auch unter die Haut schieben. Die Keulen mit Küchengarn zusammenbinden und die Flügel unter die Brustseite stecken.

◆ Die Stubenküken mit der Brustseite nach oben in eine Bratenpfanne mit Bratgitter setzen und 25 Minuten im Ofen braten.

◆ Inzwischen die Glasur vorbereiten. Dazu in einem kleinen Topf die Aprikosenmarmelade mit dem Essig vermischen und auf niedriger Stufe unter gelegentlichem Rühren 3–4 Minuten erwärmen, bis sich eine sirupähnliche Masse gebildet hat.

◆ Die Stubenküken aus dem Ofen nehmen und mit einem Backpinsel mit der Glasur überziehen. Wieder in den Ofen schieben und nochmals 25 Minuten braten, bis beim Einstechen der Keulen mit einem Messer klarer Saft austritt.

◆ Die Stubenküken aus dem Ofen nehmen, mit den Rosmarinzweigen garnieren und sofort servieren.

Für 4 Personen

Geflügel wird vor dem Braten häufig gefüllt mit dem, was gerade zur Hand ist: Brot, Pflaumen und Walnüsse in der Gascogne, getrocknete Aprikosen im Süden und Trüffel im Périgord und in der Provence.

Languedoc

Cassoulet

Cassoulet ist für das gesamte Languedoc ein charakteristisches Gericht, von Toulouse im Südwesten über das mittelalterliche Carcassonne mit seiner wehrhaften Festung bis hin nach Castelnaudary kurz hinter dem Gard. Jede dieser Städte hat ihre eigene Version, doch das gilt auch für kleinere Ortschaften. Einige verwenden Lamm, andere lediglich Schwein; für viele ist Gänse-Confit ein absolutes Muss, bei anderen gehören wiederum Rebhühner unbedingt hinein. Im Wesentlichen werden weiße Bohnen, die langsam mit Kräutern gekocht wurden, abwechselnd mit verschiedenen gekochten Fleischsorten geschichtet und anschließend mit der Brühe übergossen. Den Abschluss bildet eine Schicht aus Semmelbröseln. Dann wird das Ganze im Ofen gebacken, bis sich zuoberst eine schöne Kruste bildet und der Saft darunter Blasen schlägt. Es ist ein zeitaufwendiges Gericht und eines, das geeignet ist, viele hungrige Münder zu füllen.

FÜR DIE BOHNEN

750 g getrocknete weiße Bohnen (vorzugsweise die kleinen Perlbohnen)

250 g frische Schweineschwarte

500 g mageres Bauchfleisch

Knochen vom ausgelösten Schweinerücken (siehe unten)

2 Zwiebeln, in Scheiben geschnitten

4 Knoblauchzehen, gehackt

8 Zweige glatte Petersilie

4 frische Zweige Thymian

2 Lorbeerblätter

6 Pfefferkörner

3 Gewürznelken

2 TL Salz

3,5 l Wasser

FÜR DEN SCHWEINERÜCKEN

750 g–1 kg Schweinerücken, ausgelöst, die Knochen extra

1 TL Salz

1 TL frisch gemahlener Pfeffer

1 TL frischer Thymian

1 TL gehackter frischer Rosmarin

2 EL Schweine-, Enten- oder Gänseschmalz oder Olivenöl

1 Zwiebel, in feine Würfel geschnitten

4 Knoblauchzehen, fein gehackt

500 g Tomaten, enthäutet und gehackt

1 Flasche (750 ml) trockener Weißwein

FÜR DAS LAMM

2 EL Schweine-, Enten- oder Gänseschmalz oder Olivenöl

1 kg Lammschulter ohne Knochen, in 5 cm große Würfel geschnitten

1 Zwiebel, in feine Würfel geschnitten

2 Knoblauchzehen, fein gehackt

3 frische Zweige Thymian

1 TL Salz

1 TL frisch gemahlener Pfeffer

1 Flasche (750 ml) trockener Weißwein

4 Schweinswürste einer würzigen Sorte

FÜR DIE KRUSTE

200 g grobe Semmelbrösel

2 EL gehackte glatte Petersilie

125 g zerlassenes Schweine-, Enten- oder Gänseschmalz

◆ Die Bohnen verlesen. Steine und fehlerhafte Bohnen aussortieren. Die Bohnen unter fließendem kaltem Wasser abspülen und in einem großen Topf mit kaltem Wasser bedeckt zum Kochen bringen. Die Temperatur auf niedrige Stufe herunterstellen und unbedeckt etwa 30 Minuten kochen, bis die Bohnen weich sind.

◆ Inzwischen in einem Topf Schwarte und Schweinebauch gut mit Wasser bedecken und zum Kochen bringen. Die Hitze auf mittlere Stufe reduzieren und 20 Minuten kochen. Das Fleisch aus dem Topf nehmen und unter fließendem kaltem Wasser abspülen. Anschließend die Schwarte in 1,5 cm große Würfel schneiden.

◆ Wenn die Bohnen fertig sind, abgießen und in einen großen Topf geben. Schweineschwarte und -bauch, Schweineknochen, Zwiebel, Knoblauch, Petersilie, Thymian, Lorbeer, Pfefferkörner, Nelken und Salz hinzufügen und mit 3,5 l Wasser auffüllen. Zum Kochen bringen und unbedeckt auf niedriger Stufe etwa 1 Stunde kochen lassen.

◆ Inzwischen das Rückenfleisch vorbereiten. Dazu das Fleisch rundum mit Salz, Pfeffer, Thymian und Rosmarin einreiben. In einem schweren Topf das Schmalz oder Olivenöl auf mittlerer Stufe erhitzen. Das Fleisch hineingeben und von allen Seiten gleichmäßig braun anbraten (etwa 8 Minuten). Zwiebeln und Knoblauch hinzugeben und 1–2 Minuten anschwitzen. Dann die Tomaten und die Hälfte des Weines dazugeben und zugedeckt auf niedriger Stufe etwa 1 Stunde kochen lassen, bis das Fleisch weich ist.

◆ Gleichzeitig in einem anderen schweren Topf das Lamm zubereiten: Schmalz oder Olivenöl auf mittlerer Stufe erhitzen. Das Lammfleisch hineingeben und von allen Seiten braun anbraten (etwa 8 Minuten). Zwiebeln, Knoblauch, Thymian, Salz und Pfeffer hinzugeben und alles gut miteinander verrühren. Mit dem Wein ablöschen und zugedeckt auf niedriger Stufe etwa 1½ Stunden köcheln lassen, bis das Fleisch weich ist.

◆ Den fertigen Schweinerücken mit einer Küchenzange aus dem Topf nehmen und zu den Bohnen geben. Den Bratensatz mit dem restlichen Wein ablöschen und vom Topfboden losrühren. Den Wein bei großer Hitze auf die Hälfte einkochen und anschließend über die Bohnen geben.

◆ Das fertige Lamm aus dem Topf heben und zu den Bohnen geben. Die Garflüssigkeit zurückbehalten. Die Würste zu den Bohnen geben und alles auf niedriger Stufe weitere 30 Minuten garen, bis aus den Würsten beim Anstechen klarer Saft austritt.

◆ Den Ofen auf 190 °C vorheizen.

◆ Mit einer Küchenzange Schweinerücken, Schweinebauch und Würste aus den Bohnen nehmen, auf ein Tranchierbrett legen und in 1,5 cm dicke Scheiben schneiden. Auf einem Teller beiseite stellen. Das Lamm dazulegen.

◆ Einen 3,5–4 l fassenden Schmortopf oder eine gleich große Backform nehmen. Mit der Schaumkelle genügend Bohnen hineingeben, um eine 2,5 cm hohe Schicht zu bilden.

◆ Auf die Bohnen eine Lage mit der Fleischmischung einschichten. Schicht für Schicht auf die gleiche Weise verfahren, bis alle Bohnen und sämtliches Fleisch verarbeitet sind. Im Idealfall sollten Sie zwei Fleischschichten haben. Dann die zurückbehaltene Lammbrühe darüber geben und mit genügend Bohnenflüssigkeit auffüllen, um die Bohnen zu bedecken. Die Semmelbrösel und Petersilie gleichmäßig darüber verteilen und mit dem zerlassenen Schmalz übergießen.

◆ Im Ofen etwa 15 Minuten backen. Mit einem großen Küchenmesser die Kruste einschneiden und mit der darunter liegenden Brühe überziehen. Weitere 15 Minuten backen, bis sich erneut eine Kruste gebildet hat. Die Kruste nochmals einschneiden und mit Brühe überziehen. Anschließend ein letztes Mal 15–20 Minuten backen, bis sich die Kruste wieder gebildet hat.

◆ Heiß und direkt aus dem Topf servieren und darauf achten, dass jeder von jeder Fleischsorte erhält.

Für 10–12 Personen

LES LÉGUMES

Der eigene Gemüsegarten und das Angebot auf dem Markt bestimmen den Speiseplan im Wechsel der Jahreszeiten.

1kg
CAROTTES
7F

Viele Jahre betrieb ich in den USA ein Importgeschäft für französische Gemüsesamen, und so ist es wohl kaum verwunderlich, dass ich eine große Schwäche für französische Gemüse und die vielen wundervollen Arten ihrer Zubereitungen habe. Gemüseprodukten wird in Frankreich die gleiche Sorgfalt und Achtung entgegengebracht wie allen anderen Lebensmitteln, und der Stolz der Gemüsegärtner auf die Qualität dieser *produits du terroir* ist wahrhaft berechtigt. Die zweifache Tradition von *potagers* und *marché*, von Gemüsegarten und Markt, hat im Laufe der Zeit die *cuisine du potager* und die *cuisine du marché* herausgebildet, die zusammen das Wesen der jahreszeitlichen Küche bestimmen. Wenn Sie im Frühling in Frankreich an Gemüsegärten und -feldern vorbeikommen, werden Sie ziemlich sicher Saubohnen entdecken, ihre langen, wächsernen Schoten, unter den Blättern baumelnd, und ihre dichten weißen Blütenbüschel mit samtig schwarzen Hälsen, vergnüglich im Wind schaukelnd. Im selben Garten finden Sie bestimmt auch Radieschen, längliche, scharlachrot mit einem weißen Hütchen. Außerhalb Frankreichs werden sie »Französische Frühstücksradieschen« genannt, ein Name, der offensichtlich auf die Gewohnheit der Franzosen anspielt, dieses junge, zarte Wurzelgemüse am fortgeschrittenen Morgen mit einem Stück Butterbrot zu essen. Nicht weit davon wiegen sich die üppigen, grünen Stengel der Frühlingszwiebeln in der Brise, im nachbarlichen Zusammenspiel mit den kräftigen, geäderten Blättern der Roten Beten und den pelzigen, gezackten der weißen Rüben. In einem anderen Winkel gedeihen Blattsalate und tiefgrüne Spinatpflanzen, strotzend vor der Kraft des erwachenden Frühlings.

Zu gleicher Zeit bietet sich bei einem Gang über den Markt ein ähnlich prächtiges Schauspiel. Hier füllen sich die Warenkörbe der erwartungsvollen Einkäufer mit frischen Saubohnen, Spargel oder Spinat. Bündel strahlend sauber gewaschener Radieschen türmen sich zu pittoresken Pyramiden, ihre Wurzeln genussverheißend in leuchtendem Weiß. Die besten Produkte stammen von ortsnahen *maraîchers*, Gemüsebauern aus dem Umland, die traditionell selbst anbauen und ernten und ihre Ware in kleine Renault- oder Citroën-Lieferwagen laden und auf den Märkten der umliegenden Städte und Dörfer verkaufen. Wenn der Markt um die Mittagszeit schließt, packen sie die verbliebenen Waren wieder ein, gehen auf ein Glas in ein

Vorhergehende Doppelseite: Leuchtend roter Klatschmohn bildet einen strahlenden Kontrast zum Grün sanft geschwungener Wiesen. **Links:** Vater und Tochter – ein Familienbetrieb im Gemüseanbau. Viele französische Gerichte enthalten nur wenig oder gar kein Fleisch, was sich im stattlichen Angebot regionaler Gemüseprodukte offenbart. **Unten:** Im Orléanais wächst der Spargel vollständig unter der Erdoberfläche. So bleiben die Spitzen makellos weiß. **Ganz unten:** Ein Gemüsebauer nahe Cancal schneidet Blumenkohl, ein in der Bretagne sehr beliebtes Gemüse, das häufig für Salate Verwendung findet, zum Beispiel mit Garnelen und Mayonnaise oder mit Artischockenherzen und weißen Bohnen. Doch auch einfache Gratins werden daraus bereitet.

Café oder zum Mittagessen in ein örtliches Restaurant und streben anschließend nach Hause, um am nächsten Tag von neuem ihren Stand zu errichten.

Von Region zu Region, von Markt zu Markt, der Überfluss regionaler Gemüsespezialitäten ist auffallend. In der Bretagne und der benachbarten Normandie scheinen Artischocken das Wahrzeichen der Region zu sein. Sie sind fast kanonenkugelgroß, mit dicken, fleischigen Stielen und rundlichen, gekerbten Blättern, und sie schmecken so gut, wie sie aussehen. In der Provence sind die Artischocken kleiner und haben spitz zulaufende Blätter. Am charakteristischsten sind die *violette de Provence* genannten lilafarbigen Artischocken. Sie sind erheblich kleiner als ihre bretonischen Verwandten, kaum größer als eine große Zitrone, und werden mitsamt ihren langen, essbaren Stielen in zusammengeschnürten Bündeln verkauft. Roh in Aïoli getaucht, sind sie ein herrlicher Frühlingsschmaus. Im Elsass ist Kohl der ganze Stolz der Region, und noch weiter im Norden sind Schwarzwurzeln und Chicorée die vorherrschenden Gemüse. Im Süden sorgen Schälbohnen, Paprikaschoten und Auberginen im Sommer für die nötigen Zutaten regionaler Spezialitäten wie *soupe au pistou* und Ratatouille.

Eine ganze Reihe von Samen-Handelshäusern unterhält Filialen in Frankreich. Das im Jahr 1789 gegründete Unternehmen Vilmorin ist nicht nur das älteste Frankreichs, sondern der ganzen Welt. Doch sind es eher die kleinen, regionalen Betriebe, die das für das beheimatete Gemüse bestimmte Saatgut oder verbesserte Züchtungen früherer Arten produzieren und verkaufen. J. P. Gautier et Fils ist so ein Unternehmen. Als ich es im Auftrag eines englischen Samenhändlers zum ersten Mal besuchte, befand es sich noch in einem ausgedehnten Gebäudekomplex aus dem 18. Jahrhundert in dem winzigen, verschlafenen Dorf Eyragues nicht weit von Saint-Rémy. M. Gautier, der Besitzer, ist der Sohn des Firmengründers, ein sehr charmanter, provenzalischer Gentleman von damals vielleicht 60 Jahren. Er führte meinen Begleiter und mich durch die Produktionsanlagen und erklärte uns die verschiedenen Maschinen – solide Handwerksarbeit vom Beginn dieses Jahrhunderts –, die die Saat von der Spreu und den Unkrautsamen trennten. Als wir die großen Gebäude betraten, einst Scheunen, die nun als Lager dienen, war die Luft erfüllt mit dem süßen Aroma von Karotte und Fenchel. Er zeigte uns die Versuchsfelder außerhalb des Ortes; wir besuchten ein paar Gemüsebauern, die Melonen und Blattsalate

anbauten, und dann führte er uns zum Mittagessen nach Saint Rémy in ein kleines Restaurant, wo ihn jeder kannte. Noch heute sehen wir uns gelegentlich, und obwohl ich die alten Gebäude vermisse, weiß ich, dass er sehr stolz auf seine moderne, neue Anlage ist. Ich kaufe noch immer glatte Endivie bei ihm, den feinen »Cocarde« genannten Eichblattsalat, Musqué-de-Provence-Kürbis und verschiedene Lauchsorten. Sie gedeihen hervorragend in dem mediterranen Klima Kaliforniens.

Kartoffeln sind in ganz Frankreich ein wichtiger Posten in der Ernährung, und die Vielfalt der Sorten ist Zeugnis ihrer Beliebtheit. Im Spätsommer und Frühherbst gleichen die *potagers* (Gemüsegärten) und Gemüsefelder einem Meer dicht gedrängter, tiefgrüner Blätter, hie und da gesprenkelt mit ein paar verfrühten Blüten. Man kennt sich aus mit Kartoffeln und züchtet verschiedene Sorten für unterschiedliche Verwendungszwecke. In den Supermärkten findet man sie in Tüten verpackt und mit einem Farbcode versehen, der den Namen der Sorte enthält und über Kocheigenschaften und geeignete Verwendung Auskunft gibt. Eine Freundin nahm einmal in der Eile versehentlich mehlig kochende Kartoffeln statt einer fest kochenden, zum

Links oben: Artischocken sind in der Provence allgegenwärtig, von den großen, grünvioletten mit fleischigem Boden bis zu den kleinen, dunkelbraunen und knospenartigen, deren Anbau zwar schwieriger ist, aber auch süßeren Lohn verspricht. **Links Mitte:** Auberginen sind besonders im Languedoc-Roussillon verbreitet, wo *aubergines au gratin à la catalane* (Auberginen gefüllt mit dem eigenen Fleisch, Zwiebeln, Olivenöl, Semmelbröseln, Petersilie und Knoblauch) und *aubergines à la nîmoise* (gebackene Auberginen mit Schinken, Olivenöl, Semmelbröseln und Knoblauch) zu den regionalen Spezialitäten gehören. **Links unten:** Die anspruchslose Kartoffel hat zu zahllosen raffinierten und deftigen Gerichten inspiriert: als Püree mit frischem Käse in *la truffade*, mit Stockfisch in *brandade de vendredi* oder in Scheiben geschnitten mit Kohl und Schweinefleisch geschmort. **Oben:** Das traditionelle Boules-Spiel oder *pétanque*, das dem italienischen Boccia ähnelt, ist besonders im Süden bei älteren Männern sehr beliebt.

Oben: Château d'Ussé, das romantische Schloss aus dem 15. Jahrhundert an der Loire mit seinen weißen Türmen und der märchenhaften Umgebung inspirierte Charles Perrault im 17. Jahrhundert zu seiner Dornröschengeschichte. **Rechts:** Blattsalate füllen im Süden ganze Felder, wo im milden, provenzalischen Klima unzählige Sorten mit den unterschiedlichsten Farben, Blattformen und Aromen gedeihen. **Ganz rechts oben:** Wo das leuchtende Violett der stacheligen Artischockenblüte auftaucht, ist die essbare Knospe nicht weit. **Ganz rechts Mitte:** Die Wahl der richtigen Oliven kann in Frankreich zu einer Herausforderung werden angesichts des überreichen Angebots: grüne, schwarze, violette und weiße; große, kleine, trockene und feste, fleischige und saftige. **Ganz rechts unten:** Reife Tomaten, wenngleich in ganz Frankreich beliebt, sind besonders für die provenzalische Küche typisch, wo jedes Gericht *à la provençale* Tomaten, Knoblauch und Olivenöl verspricht.

Backen geeigneten Sorte. Während des Abendessens verbrachte sie eine ganze Zeit damit, sich für ihr Kartoffelgratin zu entschuldigen und erklärte, sie habe zur falschen Sorte gegriffen, eine, die beim Garen zerfällt, statt die Form zu behalten. Das Gratin war köstlich, mit einer knusprigen Kruste und cremig-sahnigen Kartoffeln, nur eben nicht genau so, wie sie es sich vorgestellt hatte.

Meine Nachbarn in Frankreich, Maurice und Françoise, bepflanzen jedes Jahr ein ansehnliches Stück Land mit Kartoffeln, die sie im Spätsommer oder Frühherbst ernten und in ihrer *cave* (Keller) einlagern, um sie nach und nach bis zum Juni, manchmal sogar bis zum Juli des nächsten Jahres zu verbrauchen. Einmal half ich ihnen bei der Ernte, was ein ausgesprochener Spaß war. Zuerst fuhr Maurice mit seinem Traktor über das Feld und lockerte die Kartoffelpflanzen im Boden. Hinter ihm folgten Françoise, die Kinder und ich mit großen Plastikeimern. Suchend gruben wir mit bloßen Händen in der aufgelockerten Erde und freuten uns jedes Mal, wenn wir ein besonders großes Exemplar oder ein ganzes Bündel mit vier oder fünf zusammenhängenden Knollen zu Tage förderten. Jede eigenartig geformte Kartoffel wurde zur Seite gelegt und später vorgeführt und von allen belacht. In meinem Zuhause in Kalifornien züchte ich verschiedene Sorten Kartoffeln eigentlich nur wegen des schieren Vergnügens, die reifen Knollen einige Monate später auszugraben.

Obwohl die Franzosen eine große Vorliebe für den Anbau und Verzehr von Gemüse haben, blicken sie auf keine ausgesprochen vegetarische Tradition zurück. Und doch gibt es viele vegetarische oder beinahe vegetarische Gerichte. Das mag damit zusammenhängen, dass Fleisch lange Zeit ein Luxusartikel war und auch heute noch vergleichsweise teuer ist – und natürlich am reichen Angebot des eigenen *potager,* das frisch zur Verfügung steht.

Im Gegensatz zum amerikanischen Nutzgarten, der im Frühling bepflanzt und im Sommer abgeerntet wird, ist der *potager* ein ganzjähriger Garten, in dem durch die Jahreszeiten hindurch beständig gepflanzt und geerntet wird. So gibt es das ganze Jahr über stets etwas Frisches und gerade Erntereifes aus dem eigenen Garten. Vor allem zu Hause besteht bei den Franzosen der Hauptgang häufig aus einem saisonalen Gemüsegratin, dem ein Salat folgt; zum Beispiel ein cremig zartes Kürbisgratin im Herbst, Kartoffeln mit

würziger Käsekruste im Winter, Rote Beten oder Artischocken im Frühling und Bohnen oder Auberginen im Sommer. Das Gratin wird stets mit frischestem Gemüse, Milch oder Brühe und Kräutern zubereitet und mit einem Käse aus der Region oder Semmelbröseln und Butterflocken überbacken.

Auch Zusammenstellungen aus frischer Pasta mit Olivenöl und Gemüse sind im Restaurant wie zu Hause gängige Gerichte. Frische Pasta mit Kürbisblüten und schwarzen Oliven ist zum Beispiel besonders beliebt, aber auch Bohnen und Endivie sind eine populäre Kombination, die hausgemachte Nudeln bereichert. Die Zubereitungen und Variationen mit verschiedenen frischen Gemüsen sind zahllos.

Gemüse werden, je nach regionalem Angebot, auch in Cidre, Wein, Eau de Vie oder Bier geschmort. In der Auvergne und im Périgord kombiniert man sie mit Maronen, in der Provence mit Pinienkernen oder Mandeln. Auch Rahm- und Buttergemüse oder Gemüse, das schlicht mit Kräutern und den eigenen Blüten gewürzt wird, gehört zu den Spezialitäten der französischen Küche.

In vielen Gemüsegerichten spielt Fleisch die Rolle einer würzenden Zutat. *Jambon cru* (roher Schinken) ist dabei besonders beliebt, da er dem Gericht eine salzige Note gibt und etwas Fett hinzufügt. In dünne Scheiben geschnitten, wickelt man ihn zum Beispiel um Chicoréestauden, die anschließend in einer Sauce überbacken werden, rührt ihn unter zarte, junge Erbsen *(petits pois)* oder verwendet ihn als Füllung für Zucchini, weiße Rüben, ja sogar Champignons. Alle möglichen Wurstsorten werden auf ähnlich vielfältige Weise verwendet, so zum Beispiel in Eiergerichten oder als Zutat in Gemüsefüllungen und Saucen zu Nudel- und Reisgerichten.

Kein Zweifel also, dass Gemüse bei jedem französischen Essen eine tragende Rolle spielt, ganz gleich, ob es als Salat oder Suppe, als Vorspeise oder Hauptgericht oder als Beilage auf den Tisch kommt. Die Tradition der *cuisine du marché* und *cuisine du potager,* die ich an der französischen Esskultur so schätze, bestimmt das Wesen einer Kochkunst, die auf jahreszeitlichen und absolut frischen Zutaten beruht, und bildet die Grundlage für die Fülle ihrer regionalen Spielarten. Häufig schlicht und selten aufwendig, die regionale Küche ist stets vortrefflich.

Links oben: Ein Beispiel gotischer Baukunst gibt diese Kirche aus dem 15. Jahrhundert in der Champagne. **Links unten:** Ein traditioneller Einkaufskorb aus Stroh hängt griffbereit an der Tür eines Hauses in Beaune. **Unten:** Verschiedene Kohl- und Lauchsorten sind Zutaten in zahlreichen Gerichten, besonders in Suppen, die traditionell in der Île-de-France zubereitet werden, wie *potage parisien* (Gemüsesuppe), *potage Parmentier* (Kartoffelsuppe) oder *potage bonne femme* (Kartoffel-Lauchsuppe). **Links unten:** *Potagers,* Gemüsegärten, findet man praktisch überall in Frankreich. Sie liefern das ganze Jahr über Kräuter und frisches Gemüse.

Provence

Asperges et artichauts aux olives noires et parmesan

Spargel-Artischocken-Gemüse mit schwarzen Oliven und Parmesan

In der Provence und in anderen Teilen des französischen Südens fallen Spargel- und Artischockensaison zusammen. Hoch aufgeschichtet liegen sie dicht an dicht auf den Marktständen oder wachsen Seite an Seite in den Gemüsegärten. Gemeinsam sautiert eignen sie sich als Beilage oder Vorspeise.

2 Zitronen, halbiert

8 kleine Artischocken

2 EL natives Olivenöl extra

500 g grüner Spargel, die holzigen Enden entfernt und in 3 cm lange Stücke geschnitten

2 Knoblauchzehen

2 frische Thymianzweige

1 Lorbeerblatt

8 schwarze Oliven

30 g frisch gehobelter Parmesan

◆ Eine große Schüssel mit Wasser und dem Saft einer Zitrone vorbereiten. Die Stiele der Artischocken abschneiden. Die äußere Schicht Blätter abzupfen und das obere Drittel des Blütenkopfes wegschneiden. Die Schnittfläche mit einer Zitronenhälfte einreiben. Dann Schicht für Schicht weitere Blätter entfernen, bis die inneren, zartgelben Blätter zum Vorschein kommen. Weitere harte Blattspitzen abschneiden. Nochmals mit Zitrone einreiben. Sollte sich im Blätterkelch bereits stacheliges Heu entwickelt haben, dieses mit einem Löffel ausschaben. Je nach Größe die Artischocken längs in 4 bis 6 Teile zerschneiden und in das Zitronenwasser geben. Erst kurz vor der weiteren Zubereitung abgießen und trockentupfen.

◆ In einer schweren Pfanne das Olivenöl auf mittlerer Stufe erhitzen. Artischocken, Spargel, Knoblauch, Thymian und Lorbeer hineingeben und 2–3 Minuten sautieren, bis die Artischocken- und Spargelstücke glasig sind. Zugedeckt auf niedriger Stufe unter gelegentlichem Rühren in 5–6 Minuten weich garen. Die Oliven hinzufügen und weitere 2–3 Minuten unter Rühren garen, bis die Artischocken leicht golden gefärbt sind. In eine vorgewärmte Schüssel füllen und mit dem Parmesan bestreuen. Warm servieren.

Für 4 Personen

Franche-Comté et les Alpes

Gratin dauphinois

Kartoffelgratin

Die Dauphiné, eine historische Provinz in Frankreich, umfasst heute die Départements Hautes-Alpes, Isère und Drôme. Dieses Kartoffelgericht ist ein Klassiker aus der Region. Natürlich gibt es etliche Varianten dieses wundervollen Gratins, das hervorragend zu Fleisch passt, doch die hier beschriebene Version ist ganz einfach zuzubereiten. Das Wichtigste ist: Je dünner die Kartoffelscheiben, desto besser verschmelzen sie zu einer cremig-festen Konsistenz. Auf keinen Fall sollten mehlig kochende Kartoffeln verwendet werden.

1 Knoblauchzehe

4 EL (60 g) Butter

1 kg fest kochende Kartoffeln, etwa Sieglinde oder Linda, geschält und in 3 mm dünne Scheiben geschnitten

2 TL Salz

1 TL frisch gemahlener Pfeffer

1 Prise gemahlener Muskat

125 g Beaufort oder Gruyère, gerieben

250 ml Milch

◆ Den Ofen auf 220 °C vorheizen.

◆ Eine flache Auflaufform mit Knoblauch ausreiben und mit einem Viertel der Butter einfetten. Die Hälfte der Kartoffelscheiben darin verteilen und die Hälfte der Gewürze und des Käses darüber streuen. Auf der Oberfläche 2 EL Butterflocken verteilen. Dann die restlichen Kartoffelscheiben einschichten und mit dem verbliebenen Salz, Pfeffer, Muskat und Käse bestreuen. Die restliche Butter ebenfalls in Flocken auf der Oberfläche verteilen.

◆ In einem Topf die Milch bei mittlerer Hitze fast zum Kochen bringen. Über die Kartoffeln gießen. Mit einer Palette die Kartoffelscheiben seitlich leicht anheben, damit die Milch darunter fließen kann.

◆ Im Ofen etwa 35–45 Minuten backen, bis die Milch vollständig von den Kartoffeln aufgenommen ist und sich eine goldbraune Kruste gebildet hat. Die Garzeit hängt von der Dicke der Kartoffelscheiben ab. In der Form sofort servieren.

Für 6 Personen

Pays de la Loire

Asperges au beurre d'estragon

Spargel mit Estragonbutter

Spargel ist zweifellos das französische Gemüse schlechthin. Im Frühling finden Sie weißen Spargel in allen Größen, von bleistiftdünn bis fast armdick, und daneben gleich den dünnstieligen grünen. Weißer Spargel, dessen dicke, holzige Schale abgeschält werden muss, hat einen deutlich bittersüßen Geschmack, dem grünen Spargel hingegen fehlt die bittere Note. Beide Sorten sind verbreitet und werden, wenn sie erntereif sind, mit speziellen Spargelmessern unter der Erde gestochen. Unterschiedliche Farben und Geschmacksvarianten sind in erster Linie auf verschiedene Sorten zurückzuführen, nicht auf die Art des Anbaus. Es gibt Sorten, die ausschließlich unter der Erde wachsen und, da sie deshalb kein Chlorophyll entwickeln können, vollständig weiß bleiben.

Diese einfache Zubereitung mit Estragonbutter eignet sich ausgezeichnet sowohl für grünen als auch weißen Spargel. Letzterer muss etwas länger kochen, besonders wenn die Spargelstangen dick sind. Kocht er allerdings zu lange, wird er leicht faserig.

500 g Spargel
3 EL weiche Butter
1 EL frischer Estragon, gehackt

◆ Wenn Sie weißen Spargel verwenden, die Stangen mit einem Sparschäler von oben nach unten abschälen. Die holzigen Enden zusammen mit der Schale abbrechen. Die geschälten Stangen in einen Dämpfeinsatz legen und in einen Topf mit siedendem Wasser einsetzen. Den Topf verschließen und dämpfen, bis sich der Spargel leicht mit einer Gabel einstechen lässt; bei grünem Spargel etwa 3–4 Minuten, bei weißem Spargel je nach Dicke 10–15 Minuten. Grüner Spargel sollte eine leuchtende Farbe haben. Den Spargel aus dem Dämpftopf nehmen und unter fließendem kaltem Wasser kurz abschrecken. Abtropfen lassen und beiseite stellen.

◆ In einer Schüssel Butter und Estragon zu einer cremigen Masse verrühren.

◆ Die noch warmen Spargelstangen auf einer Platte anrichten und mit der Estragonbutter bestreichen. Sofort servieren.

Für 2–4 Personen

Franche-Comté et les Alpes

Tartiflette

Bratkartoffeln mit Reblochon

Reblochon, ein aus roher Kuhmilch hergestellter Käse, der das AOC-Gütesiegel trägt, stammt ursprünglich aus dem 13. Jahrhundert. Zu jener Zeit belegten die Behörden die tägliche Milchproduktion mit einer Steuer. Um nicht den vollen Betrag zu zahlen, molken die Bauern im Ort Thônes jede Kuh zunächst nur zum Teil. Sobald die Steuereintreiber wieder gegangen waren, begannen sie eilig von neuem zu melken, und aus dieser Milch machten sie Käse. Reblaca bedeutet im regionalen Dialekt »stehlen«, und so war Reblochon Käse aus »gestohlener Milch«.

Der Käselaib reift in der Form eines Rades von etwa 25 cm Durchmesser und entwickelt eine leuchtend orangefarbene Rinde. Er reift mindestens drei Wochen. Voll ausgereift ist seine Konsistenz geschmeidig und er besitzt einen cremigen, zerlaufenden Kern. Dies ist genau der richtige Reifegrad für »tartiflette«. Dazu wird der Reblochon horizontal in zwei Scheiben geteilt, mit gekochten Kartoffeln und Zwiebeln geschichtet und im Ofen gebacken, bis er geschmolzen ist. Es ist ein herzhaftes Gericht aus dem Alpenraum, das unbedingt nach einem regionalen Wein verlangt, beispielsweise einem roten Mondeuse. Dazu oder danach passt ein grüner Salat.

1 EL Butter

1 EL natives Olivenöl extra

1,5 kg Kartoffeln einer vorwiegend fest kochenden Sorte, geschält und in 1 cm große Würfel geschnitten

1 TL Salz

3 Zwiebeln, in 5 mm dicke Scheiben geschnitten

50 g durchwachsener Speck, in 3 cm lange und ½ cm dicke Streifen geschnitten

1 TL frisch gemahlener Pfeffer

125 ml Crème fraîche

1 ganzer, vollreifer Reblochon

◆ Den Ofen auf 190 °C vorheizen.

◆ In einer tiefen, ofenfesten Pfanne Butter und Olivenöl auf mittlerer Stufe erhitzen. Sobald die Butter aufschäumt, die Kartoffeln hinzufügen und 10–15 Minuten sautieren, bis sie goldgelb sind. Salzen und Zwiebeln sowie Speck hinzufügen. Unter gelegentlichem Rühren weitere 10 Minuten garen und Acht geben, dass nichts ansetzt. Mit einem Deckel verschließen, die Hitze auf niedrige Stufe herunterstellen und nochmals 7–10 Minuten garen, bis die Kartoffeln ganz weich sind. Den Pfeffer darüber streuen.

◆ Die Hälfte der Kartoffel-Zwiebel-Mischung auf einen tiefen Teller füllen. Die Hälfte der Crème fraîche gleichmäßig über die in der Pfanne verbliebenen Kartoffeln verteilen. Den Käse horizontal in zwei Hälften schneiden. Nach Belieben ein wenig von der orangefarbenen Rinde abkratzen, die einen etwas strengen Geschmack hat. Eine Käsehälfte mit der Schnittfläche nach unten auf die Kartoffeln setzen. Die restlichen Kartoffeln darüber zu einer zweiten Schicht verteilen. Die verbliebene Crème fraîche gleichmäßig darauf ausbreiten und zuoberst mit der anderen Käsehälfte, Schnittfläche nach unten, bedecken.

◆ Im Ofen etwa 15 Minuten überbacken, bis der schmelzende Käse die Kartoffelschichten vollständig durchdrungen hat. Sofort und direkt in der Pfanne servieren.

Für 4–6 Personen

Noix

Haselnüsse, Walnüsse, Mandeln und natürlich Maronen spielen überall, wo sie vorkommen, eine wichtige Rolle in der regionalen Küche. Sie werden gepresst und zu Öl verarbeitet, zu Mehl zermahlen und in den verschiedensten Reifegraden verwendet. Aus grünen Walnüssen, die man erntet, bevor sich das innere Schalengerüst gebildet hat, entsteht der *vin de noix,* ein beliebter Aperitif in der Haute Provence, der Gascogne und in Savoyen. Im Umland von Grenoble, neben dem Bordelais eine der größten Walnuss produzierenden Regionen, wird ein kleiner Teil der Ernte eingebracht, wenn die Walnüsse gerade reif, aber noch weich sind. Sie gelten als Spezialität und haben einen leicht »grünen« Geschmack. Man streicht sie auf gebutterte Brotscheiben. Ausgereifte Walnüsse sind das ganze Jahr über erhältlich und finden für alle möglichen Süßspeisen Verwendung. Walnuss-Senf ist eine Spezialität aus der Dordogne.

Grüne Mandeln, die gerade so weit gereift sind, dass der Kern unter der pelzigen, grünen Haut vollständig ausgebildet, die Schale aber noch weich ist, werden zur Aperitifzeit mit Salz gegessen. Die reifen Mandeln werden gemahlen, gestiftelt oder gehackt und in Kuchen und Süßigkeiten verarbeitet. Wie Haselnüsse im Alpenraum dienen Mandeln besonders im Süden auch zum Würzen und Eindicken von Saucen.

Maronen werden in Zuckersirup getaucht zu *marrons glacés,* im Ganzen gekocht verwendet man sie für Schmorgerichte und als Püree in der Konditorei. Doch das erste, was mir bei Maronen in den Sinn kommt, sind die Maronengrills, die im Winter in den Städten an jeder Straßenecke zu sehen sind, und die Verkäufer, wie sie die heißen Maronen in Spitztüten aus Zeitungspapier an vorübergehende Passanten verkaufen.

Provence

Fèves aux fleurs de thym

Saubohnen mit Thymianblüten

Einer der schönsten Momente im frühsommerlichen Gemüsegarten ist die Saubohnenernte. Wenn Sie die Dicken Bohnen, wie sie auch genannt werden, mit Thymian würzen, der in der Provence zur gleichen Zeit blüht, erhalten sie ein so köstliches Gericht, dass alles andere daneben förmlich verblasst. Wie meine Nachbarn schäle ich die jungen Bohnen nicht, denn ich mag den charakteristischen, leicht bitteren Geschmack und die Knusprigkeit der Schale. Ältere Saubohnen sollte man jedoch immer schälen, um sie bekömmlicher zu machen. Dazu die Bohnenkerne etwa zwanzig Sekunden in kochendem Wasser blanchieren, abgießen und, wenn sie etwas abgekühlt sind, die Schale abstreifen.

2 EL natives Olivenöl extra
2 Knoblauchzehen, gehackt
1 kg junge Saubohnenkerne
125 ml Wasser
2 EL frische Thymianblüten
1 TL Salz
1 TL frisch gemahlener Pfeffer

◆ In einem schweren Topf das Olivenöl auf mittlerer Stufe erhitzen. Den Knoblauch hinzufügen und in 1–2 Minuten glasig schwitzen. Die Bohnenkerne dazugeben und unter Rühren 4–5 Minuten anbraten, bis die Schalen aufzuplatzen beginnen und sich ihre Farbe verändert. Wasser, Thymian, Salz und Pfeffer hinzufügen. Die Hitze auf niedrige Stufe reduzieren und zugedeckt 5–6 Minuten kochen, bis die Bohnenkerne weich sind und das Wasser vollständig verkocht ist.

◆ In eine vorgewärmte Schüssel füllen und sofort servieren.

Für 4 Personen

Alsace-Lorraine

Chou rouge aux pommes et genièvre

Apfelrotkohl mit Wacholder

Dieses einfache Kohlgericht ist ein vorzüglicher Begleiter zu Schweinekoteletts, Würsten und Schweinebraten. Die Äpfel verleihen ihm ihre Süße, der Wacholder das würzige Waldaroma und der Essig einen Hauch Säure.

1 Kopf Rotkohl (375 g)

4 Äpfel (Granny Smith, Boskop oder Golden Delicious)

3 EL Butter

1 rote Zwiebel, in feine Würfel geschnitten

3 Wacholderbeeren

50 ml Rotweinessig

50 ml Hühnerbrühe

Salz

Frisch gemahlener Pfeffer

1 EL Schnittlauch

◆ Den Kohl halbieren und den Strunk herausschneiden. Die Hälften mit der flachen Seite nach unten auf ein Brett legen und in dünne Streifen schneiden. Zwei der Äpfel halbieren und das Kerngehäuse entfernen. Mit Schale in 2,5 cm große Würfel schneiden.

◆ In einem schweren Topf die Butter bei mäßiger Hitze aufschäumen lassen. Zwiebeln hineingeben und 2–3 Minuten glasig schwitzen. Die Apfelwürfel dazugeben und weitere 3–4 Minuten anschwitzen, bis sie etwas weich geworden sind. Rotkohl und Wacholderbeeren hinzufügen und 5–6 Minuten angehen lassen, bis der Kohl glänzt und eine hellere Farbe angenommen hat. Mit dem Essig ablöschen und etwaigen Bodensatz losrühren. Mit der Brühe auffüllen, salzen, pfeffern und alles zum Kochen bringen. Die Hitze auf niedrige Stufe herunterstellen und zugedeckt etwa 15 Minuten köcheln lassen, bis der Kohl weich ist.

◆ Inzwischen die anderen zwei Äpfel schälen, halbieren und das Kerngehäuse entfernen. Dann grob reiben. Sobald der Kohl gar ist, drei Viertel der geriebenen Äpfel unterrühren und in eine vorgewärmte Schüssel füllen. Mit Schnittlauch und den restlichen Äpfeln garnieren und servieren.

Für 4–5 Personen

Languedoc

Girolles à la crème

Pfifferlinge in Sahnesauce

Pfifferlinge, in Frankreich »girolles« genannt, sind aprikosenfarbige Pilze mit trichterförmigen Köpfen, die besonders unter Eichen und Nadelbäumen wachsen. Sie zählen zu den feinsten Speisepilzen und werden für Gratins, Nudelgerichte und Tartes verwendet oder einfach in Olivenöl oder Butter mit Knoblauch und Petersilie geschwenkt. Pfifferlinge wachsen in vielen Regionen Frankreichs, doch besonders verbreitet sind sie im Languedoc und in der Provence.

500 g frische Pfifferlinge, geputzt

2 EL Butter

1 EL natives Olivenöl extra

1 Prise Salz

1 TL Knoblauch, gehackt

1 EL glatte Petersilie, gehackt

Frisch gemahlener Pfeffer

125 ml Crème fraîche

◆ Große Pilze am Stiel beginnend mit einem Messer halbieren oder vierteln. Kleine Exemplare ganz lassen.

◆ In einer Pfanne Butter und Olivenöl auf mittlerer Stufe erhitzen. Sobald die Butter aufschäumt, die Pfifferlinge hineingeben und ein wenig salzen. Kurz durchschwenken und dann zugedeckt etwa 10 Minuten garen, bis die Pilze etwas Saft abgegeben und eine leicht bräunliche Farbe angenommen haben. Dabei von Zeit zu Zeit in der Pfanne wenden.

◆ Knoblauch, Petersilie und Pfeffer hinzufügen und unbedeckt unter gelegentlichem Rühren weitere 1–2 Minuten garen, bis die Pilze noch mehr Saft abgegeben haben. Crème fraîche hinzugeben, die Hitze etwas höher stellen und nochmals 1–2 Minuten kochen lassen, bis sich die Crème fraîche mit dem Saft der Pfifferlinge verbunden hat und alles etwas eingedickt ist.

◆ Die Pfifferlinge mit ihrer Sauce in eine vorgewärmte Schüssel füllen und sofort servieren.

Für 3–4 Personen

Champagne et le Nord

Gratin de betteraves aux lardons

Rote-Bete-Gratin mit Speck

Auf vielen französischen Märkten werden Rote Beten sowohl frisch als auch vorgekocht zur Weiterverarbeitung angeboten. Besonders in den nördlichen Regionen findet man sie in fast jedem Gemüsegarten, und die robusten Knollen wie auch ihre Blätter werden zu zahlreichen Gerichten verwendet. Bei dieser herzhaften Zubereitung kann man die Schinkenspeckstreifen auch durch Speckwürfel ersetzen.

1,5 kg Rote Beten

750 g vorwiegend fest kochende Kartoffeln

100 g Schinkenspeck, in 2–3 cm lange und ½ cm breite Streifen geschnitten

4 EL (60 g) Butter

100 g Beaufort oder Gruyère, gerieben

Salz

Frisch gemahlener Pfeffer

1 EL gehackter frischer Rosmarin

250 ml Crème double

180 ml Milch

20 g frische Weißbrot- oder Semmelbrösel

◆ Blätter und Stiele der Roten Beten bis auf 1 cm abschneiden und für eine andere Verwendung aufbewahren. Die Knollen in einem Topf mit Wasser bedecken und bei starker Hitze das Wasser zum Kochen bringen. Bei niedriger Hitze zugedeckt die Roten Beten etwa 1 Stunde kochen, bis sie weich sind. Gleichzeitig die Kartoffeln in einem weiteren Topf mit Wasser bedecken und das Wasser bei großer Hitze zum Kochen bringen. Die Hitze reduzieren und die Kartoffeln ebenfalls zugedeckt in etwa 45–50 Minuten weich kochen.

◆ Rote Beten und Kartoffeln abgießen und zur weiteren Verarbeitung getrennt kurz abkühlen lassen. Sobald sie genügend abgekühlt sind, schälen und in etwa ½ cm dicke Scheiben schneiden. Separat beiseite stellen. Den Ofen auf 180 °C vorheizen.

◆ In einer Pfanne den Schinkenspeck bei mittlerer Hitze etwa 3–4 Minuten glasig schwitzen. Mit einer Schaumkelle zum Abtropfen auf Küchenkrepp geben.

◆ Eine Auflaufform von ca. 6 × 20 × 25 cm mit 1 EL Butter ausstreichen. Die Hälfte der Rote-Bete-Scheiben einschichten. Mit Salz und Pfeffer bestreuen. Zuerst mit der Hälfte des Schinkenspecks, dann mit einem Drittel Käse und Rosmarin bestreuen. Zuletzt 1 EL Butterflocken darüber verteilen. Nun mit sämtlichen Kartoffelscheiben eine zweite Schicht bilden. Salzen und pfeffern und mit dem restlichen Schinkenspeck und einem weiteren Drittel Käse und Rosmarin bestreuen und 1 EL Butterflocken darüber verteilen. Zuoberst mit den restlichen Rote-Bete-Scheiben abschließen und mit Salz und Pfeffer, dem verbliebenen Käse und Rosmarin bestreuen. Alles mit der Sahne und Milch angießen und die Weißbrotbrösel sowie den restlichen Esslöffel Butterflocken gleichmäßig darauf verteilen.

◆ Im Ofen etwa 30–40 Minuten backen, bis die Sahne-Milch-Mischung Blasen schlägt und die Oberfläche goldbraun ist. Aus dem Ofen nehmen. Locker mit Alufolie bedecken und 10 Minuten ruhen lassen. Direkt in der Auflaufform servieren.

Für 8 Personen

Le Sud-Ouest

Courgettes chaudes aux noix et roquefort

Warmer Zucchinisalat mit Roquefort und Walnüssen

Bei diesem Gericht wird zerbröckelter Roquefort über warme Zucchinischeiben gestreut. Sobald er leicht zu schmelzen beginnt, vermischt er sich mit dem Walnussöl zu einer delikaten Sauce. Dieser Salat eignet sich sehr gut als Vorspeise, ist aber auch eine hervorragende Beilage zu Fisch und Geflügel.

3 Zucchini, in dünne Scheiben geschnitten

3 EL Walnussöl

1 TL Rotweinessig

Frisch gemahlener Pfeffer

50 g Roquefort

30 g Walnusskerne, grob gehackt

◆ Die Zucchinischeiben in den Einsatz eines Dämpftopfes geben und über kochendem Wasser zugedeckt etwa 3 Minuten dämpfen, bis sie weich sind.

◆ Die Zucchini in eine Schüssel geben, mit dem Walnussöl und Essig beträufeln und pfeffern. Den Roquefort über die warmen Zucchini bröckeln und alles sorgfältig durchheben. Die Hälfte der Walnüsse hinzufügen und nochmals durchheben. Mit den restlichen Walnüssen garnieren und sofort servieren.

Für 4–5 Personen

Le Centre

Navets farcis

Gefüllte weiße Rüben

Weiße Rüben sind überall in Frankreich sehr beliebt, was sich in einer Vielzahl reizvoller Zubereitungen niederschlägt. Ein ähnliches Rezept aus dem Berry hat mich zu diesem Gericht inspiriert. Je reifer die Rüben, desto pfeffriger ihr hinreißendes Aroma, das die gesamte Füllung durchzieht.

4 große weiße Rüben (je 150 g)

1 TL Zucker

500 g Fleischbrät

40 g Haselnusskerne, fein gehackt

40 g Korinthen

1 EL frischer Salbei, gehackt

◆ Den Ofen auf 180 °C vorheizen. Das obere Viertel jeder Rübe abschneiden und beiseite legen. Mit einem kleinen Löffel die Rüben so weit aushöhlen, dass an den Rändern noch etwa 1 cm Fruchtfleisch bleibt. Das ausgelöste Fleisch beiseite stellen.

◆ Wasser zu drei Vierteln in einen großen Topf füllen und zum Kochen bringen. Die ausgehöhlten Rüben mit ihren Deckeln 6–7 Minuten blanchieren, bis sie halb gar sind. Abgießen und beiseite stellen.

◆ Die Hälfte des ausgelösten Rübenfleisches fein hacken. (Den Rest anderweitig verwenden oder wegwerfen.) Das Innere der Rüben mit dem Zucker ausstreuen. In einer Schüssel das gehackte Rübenfleisch, Fleischbrät sowie Haselnüsse und Korinthen gut miteinander vermengen.

◆ Die Rüben dicht aneinander in eine gerade ausreichend große, ofenfeste Form setzen. Die vorbereitete Masse so weit einfüllen, dass sie etwa 2,5 cm über den oberen Rand hinausragt. Die gefüllten Rüben etwa 1 cm hoch mit Wasser angießen und die Form in den Ofen schieben.

◆ Etwa 1¼ bis 1½ Stunden backen, bis die Füllung durchgegart ist und sich das Rübenfleisch mühelos einstechen lässt. Die Deckel während der letzten 10 Minuten zum Mitgaren auf die Füllung setzen.

◆ Auf einer vorgewämten Platte oder Tellern anrichten und sofort servieren.

Für 4 Personen

Les marchés en plein air

Für mich sind die Märkte unter freiem Himmel, *les marchés en plein air,* Frankreichs größte Attraktion. Ich kann mich noch an fast jeden Marktbesuch meines Lebens erinnern, und an das, was ich dort sah, kaufte oder doch nicht kaufte. Noch immer gehen mir die vielen ungenutzten Gelegenheiten nach, die vielen Dinge, die ich kaufen und zubereiten wollte, aber nicht konnte: die Baby-Aale in Perpignan an einem Samstag im Frühling, der wundervolle Rehbraten auf einem Markt nahe Châteauroux im Berry und in Dijon Champignons so groß wie meine Faust.

Ich kann einfach an keinem Markt vorbeigehen, egal wie ungelegen er kommt. Ruckzuck habe ich einen Parkplatz gefunden. Hastig schnappe ich mir den Einkaufskorb, der immer griffbereit in meinem Auto liegt, und strebe forschen Schrittes zu den bunten Schirmen und Markisen, die schon von weitem von munterem Treiben und verführerischen Gerüchen und Genüssen künden. Ich kann ganze Vormittage damit verbringen, zwischen den Ständen auf- und abzuschlendern und das reichhaltige Angebot an Früchten, Gemüse, Kräutern, Gewürzen, Wurstwaren, Käse und vielem mehr zu begutachten.

Märkte sind überall in Frankreich ein zentraler Bestandteil des täglichen Lebens, ein Ort, an dem die Einheimischen zusammenkommen, um einen Schwatz zu halten, vor allem aber, um von dem unglaublichen Reichtum ihres Landes zu schöpfen. Am Samstag und Sonntag sind die Märkte ganz besonders mit Leben erfüllt. Gegen Mittag verlagert sich das Leben allmählich in die Cafés, die fast immer einen Teil des Marktplatzes säumen. Familien und Freunde treffen sich auf einen Aperitif und betrachten das geschäftige Markttreiben. Manchmal wird aus dem Aperitif ein einfaches Mittagessen, vielleicht ein Sandwich mit Pâté oder, wenn der Treffpunkt eine Brasserie oder ein Bistro ist, ein *plat du jour* (Tagesgericht), *steak frites* oder ein Teller mit Austern. Dann beginnen die Marktleute langsam zusammenzupacken, die Straßen leeren sich und um 14 Uhr zeugt kaum mehr eine Spur von den Düften und Delikatessen und von der lebhaften Betriebsamkeit, die eben noch Straßen und Marktplatz erfüllte.

Provence

Poivrons rôtis

Geröstete Paprikaschoten

Die Mutter meiner Nachbarn in der Haute Provence entstammte einer italienischen Bauernfamilie aus Kalabrien. Alle nannten sie Mémé, ein Kosewort für Großmutter. Sie hatte wunderschöne, olivfarbene Haut, dichtes, schneeweißes Haar und ein Profil, das so manchem Gemälde aus der Renaissance zur Ehre gereicht hätte. Selbst mit ihren achtzig Jahren sprühte sie noch förmlich vor Charme und umgarnte jeden, auch meinen Mann. Wir waren bei ihrer Tochter zum Abendessen eingeladen und es gab hausgemachte »charcuterie« als Vorspeise. Doch Mémé beugte sich zu meinem Mann hinüber, berührte flüchtig seine Hand und sagte, sie würde ihm etwas ganz Besonderes bringen, etwas, das sie selbst zubereitet hätte. Und schon verschwand sie in Richtung Küche, eine massige Gestalt, ganz in Schwarz, mit schleppendem Schritt und dennoch graziös. Kurz darauf kehrte sie mit einer Schüssel gerösteter roter Paprika zurück, die in Olivenöl, Knoblauch und Thymian eingelegt waren, und stellte sie vor meinem Mann auf den Tisch. Ein flüchtiges, gewinnendes Lächeln glitt über ihr Gesicht. Geröstete Paprika sind zwar ein Klassiker in der Provence, doch die ihren waren wirklich besonders delikat. Man kann die Paprika auch über Holzkohle grillen.

5 große, fleischige rote Paprika
2 Knoblauchzehen, halbiert
4 frische Thymianzweige
Salz
Frisch gemahlener Pfeffer
50 ml natives Olivenöl extra

◆ Den Backofengrill vorheizen. Die Paprika auf eine Grillpfanne legen und so lange grillen, bis sich die Haut schwarz verfärbt hat und aufgeplatzt ist. Zwischendurch wenden. Die Paprika aus dem Ofen nehmen, locker mit Alufolie bedecken und 10 Minuten abkühlen lassen. Dann die Haut abziehen. Die Paprika längs aufschneiden und Samenkerne, Scheidewände und Strunk entfernen. Längs in jeweils vier Stücke schneiden.

◆ Knoblauch, Thymian, Pfeffer und Salz in einer Schüssel mit dem Olivenöl verrühren. Die Paprika sorgfältig in dem Öl wenden.

◆ Lau- oder zimmerwarm servieren. Die Paprika halten sich zugedeckt im Kühlschrank bis zu einer Woche. Eine Weile vor dem Servieren aus dem Kühlschrank nehmen.

Für 4 Personen

Provence

Choux brocolis à l'ail

Brokkoli mit Olivenöl und Knoblauch

Ich hatte Brokkoli noch nie auf diese Weise zubereitet gegessen, bis zu jenem Abend im Herbst, als ich mit meinen beiden Nachbarn in der Provence zu Abend aß. Als Vorspeise servierte uns Françoise eine große Schüssel mit Brokkoli, den sie am selben Nachmittag in ihrem Garten geschnitten hatte. Er war weich und von olivgrüner Farbe. Dann nahm sie einige Knoblauchzehen, hobelte sie über die Brokkoliröschen und träufelte anschließend Olivenöl darüber. Es war überwältigend und zugleich so einfach. Dieses Gericht eignet sich als Vorspeise oder als Beilage.

750 g Brokkoli
750 ml Wasser
1 TL Salz
50 ml natives Olivenöl extra
6 Knoblauchzehen
Pfeffer aus der Mühle

◆ Die holzigen Enden der Brokkolistengel abschneiden und wegwerfen. Die Röschenbüschel am Stiel beginnend längs je nach Größe in Viertel oder Drittel schneiden.

◆ In einem Topf das Wasser mit dem Brokkoli und Salz bei mittlerer Hitze zum Kochen bringen. Die Hitze auf niedrige Stufe herunterstellen und zugedeckt etwa 15 Minuten sanft köcheln lassen, bis der Brokkoli seine leuchtend grüne Farbe verloren hat und weich ist.

◆ Den Brokkoli abgießen und in eine vorgewärmte Schüssel füllen. Mit Olivenöl beträufeln und mit einem Gemüsehobel die Hälfte des Knoblauchs darüber hobeln. Sofort servieren. Den restlichen Knoblauch mit dem Gemüsehobel sowie Salz- und Pfeffermühle zum Nachwürzen dazureichen.

Für 4 Personen

Ein »potager«, in dem das ganze Jahr über gepflanzt und geerntet wird, garantiert, dass es immer etwas aus dem eigenen Garten frisch auf den Tisch gibt.

Provence

Salade de tomates

Tomatensalat

Es ist erst richtig Sommer in der Provence, wenn es mindestens einmal, wenn nicht sogar zweimal am Tag irgendeine Form von Tomatensalat gibt. Manchmal werden die Tomaten dazu in Scheiben geschnitten, ein anderes Mal geviertelt. Hinzu kommen möglicherweise Anchovis, grüne Paprika, frischer oder alter Ziegenkäse, Zwiebeln, Gurken oder Oliven. Ein Tomatensalat eignet sich wunderbar als Begleiter zu gegrilltem Fisch oder Koteletts, aber auch als eigenständige Vorspeise.

6 reife, aromatische Tomaten, in dünne Scheiben geschnitten
Salz
Frisch gemahlener Pfeffer
2 rote Zwiebeln, in feine Würfel geschnitten
10 g frisches Basilikum, gehackt
3 EL natives Olivenöl extra
1 EL Rotweinessig

◆ Die Tomatenscheiben auf einer Platte anrichten. Mit Salz und frisch gemahlenem Pfeffer würzen. Zwiebelwürfel und gehacktes Basilikum gleichmäßig darüber verteilen. Mit Essig und Olivenöl beträufeln und sogleich servieren.

Für 4–6 Personen

Pays de la Loire

Concombres sautés à l'aneth

Gurken mit Dill

Zwar glauben viele, Dill sei eher in Nordeuropa verbreitet, doch findet er auch in der französischen Küche Verwendung, wenngleich etwas seltener. Gurken haben da schon einen größeren Anteil an der gallischen Küchentradition, nachdem sie wohl bereits im 14. Jahrhundert als Folge ihrer großen Beliebtheit bei den alten Römern und deren Nachfahren in französischem Boden Wurzeln schlugen.

Diese Zubereitung ergibt eine wundervolle Beilage zu allen erdenklichen Fischgerichten, sei es als separater Begleiter oder als grünes Bett zum Anrichten des Fisches. Die zarten Gurkenscheiben nehmen während des Garens einen Teil der Brühe auf, und der Dill betont ihr Aroma und das des Fisches.

2 Salatgurken
1 TL Butter
Salz
Frisch gemahlener Pfeffer
50 ml Hühnerbrühe
2 EL frischer Dill, gehackt

◆ Die Gurken schälen und quer in zwei Hälften teilen. Längs auseinander schneiden und die Kerne mit einem Löffel herausschaben. Quer in etwa ½ cm dicke Scheiben schneiden.

◆ In einer Pfanne die Butter bei mittlerer Hitze aufschäumen lassen. Die Gurkenscheiben hinzufügen, mit Salz und Pfeffer würzen und 1 Minute anschwitzen. Brühe hinzugießen und weitere 4–5 Minuten garen, bis die Gurken glasig und weich sind. Den Dill unterrühren und von der Kochstelle nehmen.

◆ In eine vorgewärmte Schüssel füllen und sogleich servieren.

Für 4 Personen

Alsace-Lorraine

Carottes à l'aneth

Karotten mit Dill

Zu Gerichten mit geschmortem Kalb- oder Rindfleisch und Butternudeln oder Salzkartoffeln gehören für mich fast obligatorisch gedünstete Karotten, denn erst ihre Süße sorgt für die harmonische Balance der verschiedenen Aromen. Doch auch zu anderen Fleisch- und Fischgerichten geben sie eine hervorragende Beilage ab. Anstelle von Dill kann man auch andere Kräuter wie Thymian, Rosmarin oder Salbei verwenden, allerdings sollte man sie vorsichtiger dosieren.

Wild wachsende Karotten sind schon seit Jahrhunderten in Frankreich bekannt; sie wurden jedoch vornehmlich für medizinische Zwecke verwendet. Erst als das französische Samenhaus Vilmorin-Andrieux im 18. Jahrhundert mit der Selektion und Züchtung von Karotten für den Gemüseanbau begonnen hatte, konnte sich die heutige orangefarbene Wurzel auch in den Küchen der französischen Provinzen allmählich durchsetzen. Karotten werden in Frankreich gekocht wie roh sehr geschätzt und gehören inzwischen auch zu meinen Lieblingsgemüsen, besonders wenn sie einfach mit Kräutern zubereitet sind.

6 Karotten, in ½ cm dicke Scheiben geschnitten
500 ml Wasser
125 ml Hühnerbrühe
Salz
1½ EL Butter
Frisch gemahlener Pfeffer
3 EL frischer Dill, gehackt

◈ In einem Topf Wasser, Karotten und Brühe mit etwas Salz (abhängig vom Salzgehalt der Brühe) bei mäßiger Hitze zum Kochen bringen. Die Hitze auf niedrige Stufe herunterstellen und die Karotten etwa 10 Minuten köcheln lassen, bis sie fast weich sind. Von der Kochstelle nehmen, abgießen und gut abtropfen lassen.

◈ Die Karotten zurück in den Topf geben und die Butter, den Pfeffer und je nach Geschmack noch etwas Salz hinzufügen. Mit einem Deckel verschließen und auf niedrigster Stufe weitere 5 Minuten garen, bis die Butter fast vollständig aufgenommen ist.

◈ In eine vorgewärmte Schüssel füllen, den Dill unterrühren und sofort servieren.

Für 4 Personen

Provence

Champignons sauvages grillés à l'ail et persil

Gegrillte Waldpilze mit Knoblauch und Petersilie

In Frankreich ist das Pilzesuchen ein Volkssport, und im Herbst, wenn die ersten Regenfälle die Pilze schießen lassen, erscheint die Ausbeute auf den Speisekarten: in Schmorgerichten, gefüllt als Vorspeise, sautiert als Beilage und hin und wieder auch gegrillt, eine meiner liebsten Zubereitungsarten. Ich bevorzuge dafür »sanguins«, festfleischige, orangefarbene Pilze mit trichterförmigem Hut.

Wie die Franzosen liebe auch ich das Pilzesuchen, und mit den Jahren habe ich eine ganze Reihe verschiedener Arten zu identifizieren gelernt. Wenn ich einen Pilz finde, bei dem ich mir nicht sicher bin, bringe ich ihn zum örtlichen Apotheker und lasse ihn bestimmen. Alle französischen Apotheker bieten diesen Service an.

16 frische Waldpilze, z. B. Pfifferlinge, Steinpilze oder »sanguins«

3 EL natives Olivenöl extra und Öl zum Beträufeln

1 TL Salz

1 TL frisch gemahlener Pfeffer

4 Knoblauchzehen, gehackt

10 g glatte Petersilie, gehackt

◆ In einem Grill ein Holzkohlefeuer entfachen oder den Backofengrill vorheizen. Die Pilze mit einer weichen Bürste säubern, die Stielenden abschneiden. In einer Schüssel mit 3 EL Olivenöl, Salz, Pfeffer und jeweils der Hälfte Knoblauch und Petersilie gut vermengen. Den restlichen Knoblauch mit der restlichen Petersilie vermischen und beiseite stellen.

◆ Den Grillrost oder einen Grillkorb mit Öl einstreichen. Die Pilze mit den Stielen nach unten auf den Rost oder in den Korb legen und in 3–4 Minuten goldbraun grillen. Wenden, die verbliebene Knoblauch-Petersilie-Mischung darüber streuen und mit ein wenig Olivenöl beträufeln. Weitere 3–4 Minuten grillen. Im Backofen werden die Pilze auf einer Grillpfanne in 7–8 cm Abstand von der Hitzequelle gegrillt.

◆ Die fertigen Pilze auf einer vorgewärmten Platte anrichten und sofort servieren.

Für 3–4 Personen

Le potager

Egal wo Sie sich in Frankreich aufhalten, *potagers* sind allgegenwärtig. Diese ganzjährigen Gemüsegärten sind genauso wie Märkte eine stete Quelle für jene frischen Gemüse und Kräuter, die selbst das einfachste Essen zu einer Delikatesse machen. Frisch geerntete Kartoffeln, eben gepflückte *haricots verts,* feste, schimmernde Auberginen, makellos weiße Blumenkohlköpfe, hochaufgeschossene grüne Spargelstangen und fleischige, violetthütige Rüben – sie alle wandern im Handumdrehen und ohne Umweg vom Gemüsegarten direkt auf den Tisch.

Die Gärten sind nicht groß. Ihr Zweck ist lediglich die tägliche Versorgung der heimischen Küche mit frischem Gemüse, und den erfüllen sie in eindrucksvoller Manier. *Potagers* spielen eine so bedeutende Rolle im französischen Leben, dass sie häufig Gegenstand urkundlicher Regelungen sind. Die Urkunde über meinen eigenen Garten verbrieft *»un jardin potager avec droit à un puits, un sol de 96 centiares«,* also »ein Gemüsegarten, 96 qm groß, mit Brunnenrecht«. Noch Mitte des 20. Jahrhunderts galt ein *potager* in vielen Teilen Frankreichs als unerlässlich für die ganzjährige Versorgung mit Frischgemüse, und wie ich bei jedem meiner Frankreichbesuche wieder feststelle, hat diese Tradition nichts von ihrer Lebendigkeit eingebüßt.

Pays de la Loire

Terrines de légumes au coulis de framboise

Gemüseterrine mit Himbeersauce

Dies ist eine elegante Vorspeise, die sich aber genauso gut als leichter Hauptgang eignet. Jedes Gemüse bewahrt seinen eigenen, charakteristischen Geschmack in dieser farbenfrohen, geschichteten Terrine, die dennoch ein harmonisches Ganzes bildet. Die leicht säuerliche Himbeersauce bringt die Süße der Gemüse zur Geltung. Auch Spinat und Spargel sind für diese Zubereitung geeignet.

500 g Knollensellerie, geschält und in 1 cm dicke Scheiben geschnitten

500 g junge Möhren, geschält und längs geviertelt

500 g frische Erbsen, geschält

1 Ei und 2 Eigelb

250 ml Crème double

60 g Butter

FÜR DIE HIMBEERSAUCE

60 g frische Himbeeren

2 EL Zucker

125 ml »vin doux« (z. B. Banyuls oder Beaumes-de-Venise oder einen anderen Muskatellerwein) oder Portwein

80 ml Himmbeeressig

◆ Einen Topf zu drei Vierteln mit Wasser füllen und das Wasser auf großer Stufe zum Kochen bringen. Den Sellerie hineingeben und bei mittlerer Hitze in etwa 15 Minuten sehr weich kochen. Der Sellerie muss sich mühelos mit einer Gabel zerteilen lassen. Abgießen, gut abtropfen lassen und beiseite stellen.

◆ Zur gleichen Zeit einen weiteren Topf zu drei Vierteln mit Wasser füllen. Das Wasser auf großer Stufe zum Kochen bringen und die Möhren hineingeben. Bei mittlerer Hitze in 6–8 Minuten ebenfalls sehr weich kochen. Abgießen, gut abtropfen lassen und beiseite stellen.

◆ Einen dritten Topf ebenfalls zu drei Vierteln mit Wasser füllen und bei großer Hitze das Wasser zum Kochen bringen. Die Erbsen hineingeben und bei mittlerer Hitze in 5–7 Minuten sehr weich kochen. Abgießen, gut abtropfen lassen und beiseite stellen.

◆ In der Küchenmaschine jedes Gemüse einzeln pürieren. Nach jedem Püriervorgang Gefäß und Püriermesser abspülen. Die pürierten Gemüse in

separate Schüsseln füllen. Jedes Püree sollte etwa 375 ml ergeben.

◆ In einer weiteren Schüssel Ei, Eigelb und Sahne sorgfältig zu einer glatten Masse verschlagen. Jeweils ein Drittel der Eier-Crème-double-Mischung zu den Gemüsepürees geben und glatt rühren.

◆ Den Ofen auf 180 °C vorheizen. Zwei Terrinenformen von 15 × 8 cm Grundfläche dick mit Butter einstreichen. (Sie können auch kleine Kastenformen der gleichen Größe nehmen.)

◆ Das Möhrenpüree in einen Spritzbeutel mit großer, glatter Tülle füllen und in beide Terrinen etwa ein Drittel hoch eine gleichmäßige Schicht einspritzen. Jeweils mit einem sauberen Spritzbeutel den Vorgang wiederholen, zunächst mit dem Erbsenpüree und abschließend mit dem Selleriepüree.

◆ Die Terrinen in einen großen, fest verschließbaren Topf setzen. Vorsichtig bis etwa 1 cm unter den Rand der Formen mit Wasser angießen. Die Terrinen wieder aus dem Topf nehmen und das Wasser bei großer Hitze zum Kochen bringen. Von der Kochstelle nehmen, Terrinen wieder einsetzen und den Topf fest verschließen.

◆ Im Ofen 50–60 Minuten garen, bis die Masse fest ist. Die Terrinen aus dem Wasserbad nehmen und 10–15 Minuten abkühlen lassen.

◆ Inzwischen die Himbeersauce zubereiten. In einem Topf bei mittlerer Hitze Himbeeren, Zucker, *vin doux* und Essig miteinander vermengen. 4–5 Minuten unter Rühren köcheln lassen, bis sich der Zucker vollständig aufgelöst hat. Von der Kochstelle nehmen und durch ein feinmaschiges Sieb über einer Schüssel abseihen. Das Fruchtpüree mit der Rückseite eines Löffels gut auspressen.

◆ Zum Stürzen der Terrinen jeweils eine Servierplatte mit dem Boden nach oben auf die Terrine setzen, mit beiden Händen fest greifen und stürzen. Durch leichtes Schütteln löst sich die Terrine aus der Form, die sich nun vorsichtig abziehen lässt.

◆ Die Terrinen in Scheiben schneiden und auf Tellern anrichten. Etwas Himbeersauce um die Terrinenscheiben verteilen und servieren.

Für 2–4 Personen

Le Centre

Galettes de potiron

Kürbis-Pfannkuchen

Es gibt zwei Hauptsorten französischer Kürbisse; den im Norden verbreiteten »Rouge vif d'Étampes«, ein nach der Stadt Étampes in der Île-de-France benannter wunderschöner, abgeflachter Kürbis mit leuchtend roter Schale, und der im Süden angebaute »Musqué de Provence«, ein sehr großer Kürbis mit harter, gelbbrauner Schale und festem, feinem Fleisch. »Musqué de Provence« wird auf den Märkten scheibenweise verkauft. Der rote Kürbis hat lockereres Fleisch und eine dünnere Haut. Sie können für dieses Rezept auch einen einfachen Gemüsekürbis verwenden oder einen Butternuss- oder Hokaido-Kürbis. Servieren Sie die Pfannkuchen als Beilage zu Ente oder gebratenem Schweinefleisch.

500 g Kürbis
2–3 EL leichtes Olivenöl
2 Zwiebeln, in feine Würfel geschnitten
100 g Mehl
2 Eier
50 ml Crème fraîche
½–1 TL Salz
1 TL frisch gemahlener Pfeffer
1 TL frischer Thymian
2 EL Butter

◆ Das Kürbisstück schälen und von Kernen und Fasern befreien. Das Kürbisfleisch mit einer Küchenreibe grob reiben und beiseite stellen. In einer Pfanne 1 EL Olivenöl erhitzen und die Zwiebeln in 2–3 Minuten glasig schwitzen. Beiseite stellen.

◆ In einer Schüssel Mehl, Eier, Crème fraîche, Salz, Pfeffer und Thymian gut vermengen. Geriebenes Kürbisfleisch und Zwiebeln untermischen.

◆ In einer Pfanne Butter und 1 EL Olivenöl auf mittlerer Stufe erhitzen. Sobald die Butter aufschäumt, jeweils einen gehäuften Esslöffel der Kürbismasse pro Pfannkuchen in die Pfanne geben. Dazwischen etwa 5 cm Platz lassen. Die Pfannkuchen mit dem Löffel etwas flach drücken, so dass sie gut ½ cm dick sind. Von beiden Seiten jeweils in etwa 4 Minuten goldgelb backen. Auf einen vorgewärmten Teller legen und warm stellen. Auf die gleiche Weise die gesamte Kürbismasse verarbeiten. Wenn nötig, noch etwas Öl in die Pfanne geben. Sie sollten insgesamt etwa 8 Pfannkuchen erhalten. Sofort servieren.

Für 4 Personen

Champagne et le Nord

Beignets de salsifis

Frittierte Schwarzwurzeln

Schwarzwurzeln, auch Winterspargel genannt, gehören zu jenen fast schon in Vergessenheit geratenen Gemüsen – »les légumes oubliés« –, die heute eine Renaissance in der französischen Küche erleben. Die Schwarzwurzel ist winterfest und im Norden, wo der Winter sehr streng sein kann, besonders beliebt. Während des Zweiten Weltkrieges war sie zusammen mit Topinambur ein wichtiges Nahrungsmittel. So wurde sie zum Symbol für Armut und schlechte Zeiten und fiel schließlich in Ungnade. Doch in letzter Zeit werden ihr delikater, an Austern erinnernder Geschmack und ihre feine Konsistenz zunehmend wiederentdeckt.

1,25 l Wasser
3 EL Cidre-Essig
5 (250 g) zarte Schwarzwurzeln
Pflanzenöl zum Frittieren
125 g Mehl
1 TL Salz
250 ml Eiswasser

◆ Wasser und Essig in einen Topf füllen. Mit einem Gemüseschäler die Schwarzwurzeln schälen. Abspülen und zunächst quer in 5 cm lange Stücke schneiden, dann vierteln, so dass dünne Stäbe entstehen. Sofort in das Essigwasser geben, damit sie sich nicht verfärben.

◆ Ganz junge und zarte Schwarzwurzeln können nun direkt trockengetupft, in Ausbackteig getaucht und frittiert werden. Reifere Wurzeln müssen zunächst 8–10 Minuten in dem Essigwasser blanchiert werden.

◆ Eine Fritteuse oder eine schwere, hochwandige Pfanne etwa 5 cm hoch mit Pflanzenöl füllen und auf 180 °C erhitzen oder bis sich beim Eintauchen einer Backteigprobe zischende Bläschen bilden.

◆ Während das Öl heiß wird, in einer großen Schüssel Mehl und Salz verrühren. Mit dem Eiswasser zu einer glatten Masse verarbeiten. Jeweils 4–5 Schwarzwurzelstäbchen in den Backteig eintauchen und in das heiße Öl gleiten lassen. In 2–3 Minuten goldbraun ausbacken. Mit einer Schaumkelle aus dem Öl nehmen und kurz abtropfen lassen. Auf einer mit Küchenkrepp ausgelegten Platte im Ofen warm stellen, bis sämtliche Stäbchen ausgebacken sind.

◆ Auf einer vorgewärmten Platte anrichten und heiß servieren.

Für 4–6 Personen

Le Sud-Ouest

Haricots flageolets aux herbes

Flageolet-Bohnen mit Kräutern

Flageolets gehören zu den wahren Schätzen der französischen Küche. Es sind kleine, nierenförmige Bohnenkerne, die sowohl frisch als auch getrocknet angeboten werden. Sie sind mild im Geschmack und von weicher, fleischiger Konsistenz. Neben weißen gibt es auch grüne Sorten, darunter die viel gerühmte Chevrier Vert.

Für viele französische Familien ist gebratene Lammkeule ohne Flageolets unvollständig, und ich bin geneigt zuzustimmen. Irgendetwas an diesem köstlichen, mit Kräutern gekochten Gemüse passt einfach hervorragend zum Aroma des Lamms. Doch auch zu anderen Fleischgerichten wie Schweine-, Kalbs- oder Rinderbraten sind Flageolet-Bohnen ein vortrefflicher Begleiter. Sollten Sie das Glück haben, auf einem Gemüsemarkt frische Flageolets zu finden, greifen Sie unbedingt zu! Reduzieren Sie einfach die Garzeit auf 20 Minuten beziehungsweise bis die Bohnen weich sind.

500 g getrocknete Flageolet-Bohnen

2,5 l Wasser

1 TL Salz

2 Lorbeerblätter

4 frische Zweige Winter-Bohnenkraut (jeweils etwa 15 cm lang)

½–1 TL frisch gemahlener Pfeffer

◆ Die Bohnen abspülen und abtropfen lassen. In einen großen Topf geben und Wasser und Salz hinzufügen. 5 Minuten einweichen. Bohnen, die an der Oberfläche schwimmen, entfernen und wegwerfen.

◆ Lorbeerblätter und Winter-Bohnenkraut hinzufügen und alles bei mäßiger Hitze zum Kochen bringen. Mit einem Deckel nicht ganz verschließen und auf niedriger Stufe etwa 2 Stunden köcheln lassen, bis die Bohnen gar, aber noch bissfest sind. Lorbeer und Bohnenkraut herausnehmen und wegwerfen.

◆ Die Bohnen in eine vorgewärmte Schüssel füllen, mit dem Pfeffer bestreuen und sofort servieren.

Für 4–6 Personen

Le Centre

Gratin de poireaux

Lauchgratin

Lauch ist sowohl im »potager« als auch auf den Gemüsefeldern ein derart wichtiger Bestandteil, dass französische Samenhäuser eine Vielzahl saisonspezifischer Sorten entwickelt haben. Eine Sorte wird im Herbst gepflanzt, eine andere im Sommer und wieder eine andere im Frühling. So ist eine ganzjährige Versorgung sichergestellt. Wenn Sie durch Frankreich reisen, sehen Sie fast immer und überall ein stattliches Lauchbeet in den Gemüsegärten, selbst in den kälteren Regionen, denn man hat sogar kälteresistente Sorten entwickelt. Am heimischen Herd wird Lauch auf vielfältige Weise verwendet: als Grundlage für Suppen und Fonds, gedünstet als Gemüsebeilage, gedämpft und mit Olivenöl beträufelt oder in Gratins überbacken als Hauptspeise oder gehaltvolle Beilage.

Für dieses Gratin wird der Lauch zunächst in feine Streifen geschnitten und angeschwitzt, bevor man ihn mit einer Sauce bindet, die in diesem Fall mit Ziegenkäse und »jambon cru« (rohem Schinken) angereichert wird. Bei einer anderen Version wird der Lauch zunächst im Ganzen gedünstet und anschließend in einer gebutterten Auflaufform mit der Sauce übergossen.

Beide Varianten lassen sich auch hervorragend als einzelne Portionen in kleinen Gratin-Pfännchen zubereiten, eine für das Auge besonders ansprechende Art der Präsentation.

4 EL (60 g) und 1 TL Butter

1 EL natives Olivenöl extra

6 große Lauchstangen, inklusive 5 cm der grünen Blätter, in feine Streifen geschnitten

2 EL Mehl

½–1 TL Salz

1 TL frisch gemahlener schwarzer Pfeffer

½ TL Cayennepfeffer

180 ml Milch

125 g frischer weicher Ziegenkäse

2 EL glatte Petersilie, gehackt

60 g »jambon cru« oder ein anderer roher Schinken, in dünne Scheiben geschnitten

2–3 EL Cantal (ersatzweise milden Cheddar), gerieben

◆ In einer großen Pfanne 1 EL Butter mit dem Olivenöl auf mittlerer Stufe erhitzen. Sobald die Butter aufschäumt, den Lauch hineingeben und in etwa 5 Minuten glasig schwitzen. Von der Kochstelle nehmen und beiseite stellen.

◆ Den Ofen auf 190 °C vorheizen. Eine 1 Liter fassende Auflaufform mit 1 TL Butter einfetten.

◆ In einem schweren Topf 2 EL Butter bei mittlerer Hitze aufschäumen lassen. Von der Herdplatte nehmen und das Mehl sowie Salz, Pfeffer und Cayennepfeffer unter die Butter schlagen. Den Topf zurück auf die Herdplatte stellen und bei mäßiger Hitze langsam und in einem stetigen Strahl die Milch einrühren. Die Hitze herunterstellen und solange rühren, bis die Mischung glatt und ohne Klümpchen ist. Unter gelegentlichem Rühren 12–15 Minuten köcheln lassen, bis die Sauce so eingedickt ist, dass sie die Rückseite eines Löffels überzieht. Dann den Ziegenkäse unterrühren und 1–2 Minuten weiter köcheln lassen, bis er sich fast vollständig aufgelöst hat.

◆ Lauch, Petersilie und *jambon cru* oder anderen rohen Schinken unter die Sauce ziehen. Die fertige Mischung in die vorbereitete Auflaufform geben und gleichmäßig mit dem geriebenen Cantal bestreuen. Den restlichen Esslöffel Butter in Flocken auf der Oberfläche verteilen.

◆ Im Ofen 20–30 Minuten backen, bis sich an der Oberfläche eine goldbraune Kruste gebildet hat. Heiß und direkt in der Auflaufform servieren.

Für 4–6 Personen

Languedoc

Fenouil braisé

Geschmorter Fenchel

Fenchel ist besonders im Mittelmeerraum ein weit verbreitetes Gemüse, das im gesamten französischen Süden in Salaten, gedünstet, geschmort oder in Gratins Verwendung findet. Er hat einen angenehmen, lakritzartigen Geschmack. Hier wird der Fenchel zunächst geschmort und anschließend überbacken und ergibt eine ausgezeichnete Beilage – in größeren Mengen auch einen Hauptgang.

4 Fenchelknollen
1 EL natives Olivenöl extra
1 Knoblauchzehe, gehackt
3 Tomaten, grob gehackt
1 TL frischer Thymian
Salz
Frisch gemahlener Pfeffer
30 g grobe Semmelbrösel
1 EL Butter
2 EL frisches Basilikum, gehackt

◆ Stiele und Fenchelgrün sowie dunkle Stellen an den Außenblättern der Knollen wegschneiden. Die Fenchelknollen längs halbieren. Die Hälften längs in 1 cm dicke Streifen schneiden.

◆ Den Ofen auf 230 °C vorheizen.

◆ In einer Pfanne das Olivenöl auf mittlerer Stufe erhitzen. Den Knoblauch hineingeben und in 1–2 Minuten goldgelb werden lassen. Den Fenchel hinzufügen und 10–12 Minuten sautieren, bis er eine leicht gelbe Farbe angenommen hat. Tomaten, Thymian, Salz und Pfeffer hinzufügen und unbedeckt weitere 5 Minuten garen, bis die Tomaten zu zerfallen beginnen. Zugedeckt bei geringer Hitze weitere 5 Minuten garen. Dann die Hitze wieder auf mittlere Stufe stellen und nochmals etwa 5 Minuten garen, bis die Tomaten zu einer dicken Sauce zerkocht sind und der Fenchel ganz zart ist.

◆ Die Fenchel-Mischung in eine kleine Auflaufform füllen. Gleichmäßig mit Semmelbröseln bestreuen und Butterflocken und 1 EL Basilikum darüber verteilen. Im Ofen in etwa 15 Minuten goldbraun überbacken.

◆ Das Gratin aus dem Ofen nehmen, mit dem restlichen Basilikum garnieren und direkt in der Form servieren.

Für 4 Personen

A la recherche de légumes verts dans la nature

Wildgemüse und Wiesenkräuter werden im ländlichen Frankreich schon immer gerne gesammelt. Jeder kann sich glücklich schätzen, der in den Genuss eines Salates oder eines Omeletts mit selbst gesammelten Wildkräutern kommt. Wilder Löwenzahn, die jungen, zarten Triebe des Klatschmohns, Fenchel und Bitterzichorie gehören zu jenen kulinarischen Schätzen, die vielfach dafür verwendet werden. Aber auch Rauke, Borretsch und Brennnessel (allerdings nur gekocht) sind nicht minder beliebt. Im beginnenden Frühling bereichern wilder, an den Weinhängen wachsender Lauch und Knoblauch zusätzlich die Auswahl.

Borretsch und Brennnessel lassen sich genauso wie anderes Grüngemüse blanchieren, dämpfen oder sautieren. Anschließend kann man sie mit Sahne und Schalotten oder Zwiebeln verfeinern und mit einer Prise Muskat oder einem Spritzer Zitrone abrunden.

Für Salate eignet sich Löwenzahn ganz hervorragend; sogar seine Wurzel wird gesäubert und fein gehackt der Vinaigrette beigefügt. Reiner Löwenzahnsalat ist, abgesehen von ganz enthusiastischen Liebhabern, seiner bitteren Würze wegen vielen zu aufdringlich, und so wird er häufig mit anderen Blattsalaten gemischt (siehe Seite 57). Geröstete Nüsse, gebratener Speck und gehackte oder pochierte Eier gehören zu den häufigsten Garnierungen.

Die zarten Blätter und Zweige des wilden Fenchels sind vor allem in Fischsuppen und *grillades* entlang der Mittelmeerküste ein wichtiges Element, da ihr kräftiger Lakritzgeschmack hervorragend mit der frischen Süße der Meeresfrüchte harmoniert. Der kaum rankendicke Wildlauch schmeckt gedämpft und leicht mit einer Vinaigrette beträufelt besonders gut.

Amateurfahnder sollten jedoch niemals ohne einen erfahrenen Kenner auf die Suche *(la recherche)* nach Wildgemüse gehen.

Le Sud-Ouest

Pommes de terre rôties aux herbes variées

Ofenkartoffeln mit verschiedenerlei Kräutern

Kartoffeln in allen Formen sind zu fast jedem Gericht eine passende Beilage. Diese Zubereitung spricht besonders das Auge an, denn die Kräuterzweige bilden ein reizvolles Muster auf den Kartoffeln. Und wer – wie viele Franzosen – über einen eigenen Kräutergarten verfügt, findet die Zutaten dafür gleich vor der Tür.

4 oder 5 große, fest kochende Kartoffeln, gewaschen, ungeschält und längs halbiert

3 EL natives Olivenöl extra

8–10 verschiedene Kräuterzweige (jeweils etwa 5 cm lang), z. B. Rosmarin, Thymian, Winter-Bohnenkraut, Majoran, Salbei, nach Belieben zusammengestellt

2 TL Salz

◆ Den Ofen auf 190 °C vorheizen.

◆ Die halbierten Kartoffeln in einer Schüssel mit dem Olivenöl übergießen. Mit den Händen gut vermengen, bis die Kartoffeln gleichmäßig mit dem Öl überzogen sind. Die Kartoffelhälften mit der Schnittseite nach oben in eine ofenfeste Form legen und auf jeder Hälfte einen Kräuterzweig fest andrücken. Salzen.

◆ Im Ofen etwa 45 Minuten backen, bis die Schnittflächen eine goldbraune Kruste gebildet haben und die Kartoffeln sich leicht mit einem Messer einstechen lassen. Aus dem Ofen nehmen und mit der Kräuterseite nach oben auf einer Platte anrichten. Heiß servieren.

Für 4 Personen

Meine französischen Nachbarn bepflanzen jedes Jahr ein ansehnliches Stück Land mit Kartoffeln, die sie im Spätsommer oder Frühherbst ernten und in ihrem Keller einlagern, um sie nach und nach bis zum Juni, manchmal sogar bis zum Juli des nächsten Jahres zu verbrauchen.

Le Sud-Ouest

Pipérade

Rührei auf baskische Art

Dieses klassische Paprikarührei aus dem Baskenland kann man praktisch zu jeder Tageszeit servieren – zum Frühstück, Mittag- oder Abendessen. Sein charakteristischer Geschmack stammt in erster Linie von den besonderen roten Paprika, die auf den Feldern um Espelette in den Pyrenäen nur eine halbe Autostunde landeinwärts von Biarritz wachsen. Man erkennt den Ort an den überall dicht mit Schnüren trocknender roter Paprika, »les piments d'Espelette«, verhangenen Häuserfassaden. Die schmalen Schoten werden nach dem Trocknen geröstet und schließlich gemahlen. Das Paprikapulver wird zum Einreiben von Schinken verwendet und dient als Gewürz für zahlreiche regionale Spezialitäten, darunter das berühmte »poulet à la basquaise« und die »pipérade«.

2 EL natives Olivenöl extra

1 große Zwiebel, in feine Würfel geschnitten

1½ grüne Paprika, Samen und Scheidewände entfernt und längs in ½ cm dicke Streifen geschnitten

1½ rote Paprika, Samen und Scheidewände entfernt und in Würfel geschnitten

6 Tomaten, enthäutet, entkernt und grob gewürfelt

1 Knoblauchzehe, gehackt

½ TL Zucker

1 Prise Salz

½ TL frisch gemahlener schwarzer Pfeffer

5 Eier, kurz aufgeschlagen

½ TL scharfer Paprika (»piment d'Espelette«) oder ¼ TL Cayennepfeffer

◆ In einer Pfanne das Olivenöl auf mittlerer Stufe erhitzen. Die Zwiebeln hineingeben und in 2–3 Minuten glasig schwitzen. Die Paprika hinzufügen und 3–4 Minuten sautieren, bis sie etwas weich und glasig geworden sind. Abdecken und weitere 3–4 Minuten garen. Tomaten, Knoblauch, Zucker, Salz und schwarzen Pfeffer hinzugeben und gut verrühren. Zugedeckt bei niedriger Hitze 20–25 Minuten köcheln lassen, bis die Tomaten etwas eingedickt sind.

◆ Mit einer Gabel die aufgeschlagenen Eier und das Paprikapulver oder den Cayennepfeffer in die Tomaten-Paprika-Mischung rühren. Ständig weiterrühren, bis das Ei gestockt ist (etwa 2–3 Minuten).

◆ Das Rührei auf einer vorgewärmten Platte oder auf einzelnen Tellern anrichten und sofort servieren.

Für 4 Personen

Pays de la Loire

Échalotes caramélisées

Karamellisierte Rotwein-Schalotten

Schalotten werden besonders im Loiretal in der Gegend um Angers angebaut. Man pflanzt sie unter die gestanzten Löcher schwarzer Plastikplanen, die im Frühjahr zur Wärmeisolation die Felder überziehen. Nach der Ernte im Sommer werden die Schalotten in gut belüfteten Hallen gelagert, um während der nächsten zwölf Monate in die ganze Welt verschifft zu werden. Schalotten haben eine natürliche Süße und sind daher hervorragend für Schmorgerichte geeignet, aber auch als Beilage zu Bratenfleisch, Geflügel und Gemüsegratins.

7 EL (100 g) Butter

500 g große Schalotten, geschält, aber im Ganzen

1 EL frischer Thymian

Salz

Frisch gemahlener Pfeffer

1½ EL Zucker

60 ml trockener Rotwein, z. B. Merlot oder Burgunder

◆ Den Ofen auf 180 °C vorheizen. 4 Soufflé- oder Auflaufförmchen (jeweils 8 cm im Durchmesser und 4 cm tief) mit 1 EL Butter ausstreichen.

◆ In einer Pfanne, in der sämtliche Schalotten nebeneinander Platz haben, die restliche Butter bei mittlerer Hitze aufschäumen lassen. Die Schalotten hineingeben und bei schwacher Hitze unter häufigem Wenden in etwa 5 Minuten leicht goldgelb werden lassen. Mit einem Deckel fest verschließen und weitere 3–4 Minuten Farbe annehmen lassen. Thymian, Salz und Pfeffer hinzufügen und zugedeckt nochmals 3–4 Minuten garen, bis die Schalotten fast weich und von goldbrauner Farbe sind. Die Butter bis auf 2 EL abgießen und den Zucker einstreuen. Die Schalotten in dem Zucker 3–4 Minuten karamellisieren lassen, bis sich ein dicker Sirup in der Pfanne gebildet hat. Mit dem Wein ablöschen, die Hitze auf mittlere Stufe stellen und den Bodensatz in der Pfanne losrühren (1–2 Minuten). Die Schalotten mit dem Sirup gleichmäßig auf die Förmchen verteilen. Die Förmchen auf ein Backblech stellen.

◆ Im Ofen etwa 15 Minuten goldbraun überbacken, bis die Schalotten ganz zart sind. Aus dem Ofen nehmen, 5 Minuten abkühlen lassen und servieren.

Für 4 Personen

Pays de la Loire

Épinards à la crème aux œufs durs

Rahmspinat mit hart gekochten Eiern

Im Frühling und Herbst wird Spinat auf Frankreichs Märkten in großen Mengen angeboten. Da das – zwar nicht so stark, wie man früher geglaubt hat – eisenhaltige Gemüse einen sehr hohen Wasseranteil besitzt, schrumpft ein Pfund der frischen Spinatblätter beim Kochen auf ein lächerliches Häufchen zusammen.

8 l Wasser
2 TL Salz
1,5–2 kg Spinat, dicke Stiele entfernt
3 EL Butter
1 Schalotte, gehackt
Salz
Frisch gemahlener Pfeffer
250 ml Crème double
6 hart gekochte Eier, längs halbiert

◆ In einem großen Topf das Wasser zum Kochen bringen. Salz und Spinat hineingeben und den Spinat mit einem Rührlöffel ganz unter Wasser tauchen. Das Wasser wieder zum Kochen bringen und den Spinat 2 Minuten darin blanchieren. Über ein Sieb abgießen und mit kaltem Wasser abschrecken, um den Garvorgang zu unterbrechen. Den Spinat mit den Händen gut ausdrücken. Grob hacken und beiseite stellen.

◆ In einer Pfanne 2 EL Butter bei mittlerer Hitze aufschäumen lassen. Schalotten hineingeben und in 1–2 Minuten glasig schwitzen. Den Spinat hinzufügen und unter Rühren weitere 5 Minuten garen, bis er sämtliche Flüssigkeit abgegeben hat. Die Hitze auf niedrige Stufe herunterstellen, salzen, pfeffern und die Hälfte der Crème double einrühren. Wieder zum Köcheln bringen und unter gelegentlichem Rühren die restliche Crème double einarbeiten, bis eine dicke, cremige Masse entstanden ist (etwa 10–15 Minuten). Den restlichen Esslöffel Butter unterrühren.

◆ Den Spinat auf einer vorgewärmten Platte oder in einer flachen Schüssel anrichten und, mit den Eierhälften garniert, sofort servieren.

Für 6 Personen

Cuisiner avec fromage

Kochen mit Käse *(cuisiner avec fromage)* kann einem Gericht, auch wenn es im Wesentlichen nur aus einer Zutat besteht, ein komplexes Aroma verleihen. Mit der großen Vielfalt an Aromen, Formen und Farben, die die enorme Auswahl französischer Käse bietet – es gibt nicht weniger als 400 offiziell anerkannte Sorten – steht dem französischen Koch ein fast unerschöpfliches Reservoir zur Verfügung. Da viele Sorten vor allem von regionaler Bedeutung sind, wird zum Beispiel in der Auvergne ein Gemüsegratin mit einem anderen Käse überbacken als im Baskenland, in der Gascogne oder im Quercy.

Ziegenkäse, in Frankreich beliebt wie nirgendwo sonst, eignet sich besonders gut zum Kochen, da sich das Butterfett während des Erhitzens nicht von der Trockenmasse trennt wie bei vielen Kuhmilchkäsen. Frischer Ziegenweichkäse schmilzt zu einer cremigen Liaison mit Füllungen oder zu einer sämigen Sauce zum Nappieren von Speisen. Hartkäse werden zumeist gerieben und erst kurz vor Ende der Garzeit zugefügt.

Le Sud-Ouest

Cèpes farcis

Gefüllte Steinpilze

Der Steinpilz, »boletus edulis«, ist wahrhaft der König unter den Pilzen und wird wegen seines festen Fleisches, edlen Aromas und betörenden Duftes hoch geschätzt. Pilzsammler suchen ihn im Herbst in den Wäldern von der Dordogne bis zu den Basses-Alpes. In einem guten Jahr tragen sie eine beträchtliche Anzahl voll gefüllter Körbe zusammen.

Häufig werden Steinpilze gefüllt als Beilage zu einem Hauptgericht wie Ente, Kalbs- oder Schweinebraten serviert, aber auch als Vorspeise. Die Füllung kann auch für andere Pilzsorten verwendet werden, allerdings lässt sich das einzigartige Aroma der Steinpilze nicht ersetzen.

8 (500 g) frische Steinpilze, geputzt

100 g »jambon cru« oder ein anderer roher Schinken, in sehr dünne Scheiben geschnitten

50 g durchwachsener Speck, in feine Würfel geschnitten

1 Ei, kurz aufgeschlagen

2 EL Ziegenfrischkäse

1 Knoblauchzehe, gehackt

1 Schalotte, in feine Würfel geschnitten

2 EL gehackte glatte Petersilie

1 TL frischer Thymian

Frisch gemahlener Pfeffer

2 EL natives Olivenöl extra

◆ Den Ofen auf 200 °C vorheizen.

◆ Die Stiele der Steinpilze abschneiden und fein hacken. In einer Schüssel gehackte Stiele, *jambon cru*, Speckwürfel, Ei, Ziegenkäse, Knoblauch, Schalotte, Petersilie, Thymian und Pfeffer gut miteinander vermengen und zu einer festen Masse verarbeiten.

◆ Die Hüte der Steinpilze mit Olivenöl einreiben. 1 TL Olivenöl zurückbehalten. Die Hüte von der Unterseite mit einem kleinen Löffel mit der vorbereiteten Masse füllen. Die Füllung etwas aufhäufen. Die Pilze mit der gefüllten Seite nach oben in eine ausreichend große ofenfeste Form setzen. Den restlichen Teelöffel Olivenöl über die Pilze träufeln. Im Ofen 20–25 Minuten backen, bis der Käse geschmolzen und die Füllung leicht gebräunt ist und die Pilze sich mit einer Messerspitze leicht einstechen lassen.

◆ Auf einer vorgewärmten Servierplatte anrichten.

Für 4 Personen

Île-de-France

Cœurs de céleri braisés

Geschmorte Sellerieherzen

Sanftes, langsames Schmoren in Hühnerbrühe verleiht den Sellerieherzen bei diesem Gericht eine samtige Konsistenz; dabei vereint und intensiviert es die Aromen von Gemüse und Brühe. In Zentral- und Nordfrankreich sind die zarten Herzen von jeher beliebt, obwohl ich sie immer mit altehrwürdigen Pariser Restaurants in Verbindung bringe. Sie sind ein idealer Begleiter zu gebratenem Fleisch.

4 Bund Bleichsellerie
2 EL Butter
2 EL natives Olivenöl extra
1 Lorbeerblatt
Frisch gemahlener Pfeffer
Salz
250 ml Hühnerbrühe

◆ Von jedem Selleriebund die äußeren Blattstiele entfernen, so dass nur die inneren zartgrünen Herzen übrig bleiben. (Die abgetrennten Blätter für eine andere Verwendung zurücklegen.) Die harten Ränder an der Basis so abschneiden, dass der Strunk die Blätter noch zusammenhält. Die Sellerieherzen längs vierteln.

◆ In einer großen Pfanne Butter und Olivenöl auf mittlerer Stufe erhitzen. Sobald die Butter aufschäumt, die Sellerieherzen hineingeben – jeweils entgegengesetzt, damit sämtliche Herzen nebeneinander Platz haben. In 2–3 Minuten unter einmaligem Wenden glasig schwitzen. Die Hitze auf niedrige Stufe herunterstellen und Lorbeer, Salz und Pfeffer hinzufügen. Zugedeckt etwa 10 Minuten garen, bis der Sellerie leicht braun zu werden beginnt. Die Hühnerbrühe hinzugießen und weitere 10 Minuten zugedeckt garen, bis sich der Sellerie leicht mit einer Gabel zerteilen lässt.

◆ Zum Servieren auf einer vorgewärmten Platte anrichten und mit einem Teil der Brühe überziehen.

Für 4 Personen

Champagne et le Nord

Salsifis à la crème

Sahne-Schwarzwurzeln

Die feinwürzige Schwarzwurzel und ihre nahe Verwandte, die hellschalige Haferwurzel, sind lange, dünne und winterfeste Wurzelgemüse. Sie werden im Sommer für die Winterernte und im Winter für die Frühjahrsernte gepflanzt. Schwarzwurzeln, die zuweilen auch Arme-Leute-Spargel oder Austernpflanze genannt werden (Letzteres rührt von ihrem leicht glasigen Aussehen nach dem Kochen, das an Austern erinnert), bekommt diese Behandlung mit Crème double ganz vorzüglich. Ihr delikates, aber sehr zartes Aroma kann sich dabei voll entfalten.

2 EL Cidre- oder Weißweinessig oder frischer Zitronensaft
10 (500 g) Schwarzwurzeln
1 TL Salz
3 EL Butter
3 EL Crème double (fette Sahne)
1 TL frisch gepresster Zitronensaft
1 EL glatte Petersilie, gehackt
1 Prise gemahlene Muskatnuss

◆ Eine große Schüssel zu drei Vierteln mit Wasser füllen. Essig oder Zitronensaft hinzufügen. Mit einem Gemüseschäler die Schwarzwurzeln sorgfältig schälen. Geschälte Schwarzwurzeln kurz abspülen und in 5 cm lange Stäbe schneiden. Die Stäbe längs vierteln. Nach dem Zerschneiden sofort in das Essigwasser geben, damit sie sich nicht verfärben.

◆ Einen Topf zu drei Vierteln mit Wasser füllen, Salz hinzufügen und das Wasser auf großer Stufe zum Kochen bringen. Die Schwarzwurzeln abgießen und in das kochende Wasser geben. Bei geringer Hitze 20–30 Minuten kochen, bis sie sich leicht mit einer Messerspitze einstechen lassen. Je jünger und zarter die Schwarzwurzeln, desto kürzer die Garzeit. Abgießen und gut abtropfen lassen.

◆ In einer Pfanne die Butter bei mittlerer Hitze aufschäumen lassen. Die Schwarzwurzeln hineingeben und unter Rühren in 3–4 Minuten leicht goldgelb werden lassen. Crème double, Zitronensaft, Petersilie und Muskatnuss hinzufügen. Alles gut miteinander verrühren und nochmals kurz aufkochen.

◆ In eine vorgewärmte Schüssel füllen und sofort servieren.

Für 4 Personen

Le Centre

Lentilles aux carottes et céleri-rave

Linsen mit Karotten und Knollensellerie

Le Puy ist berühmt für seine kleinen grünen Linsen, »lentilles du Puy« genannt. Diese winzigen, dunkelgrünen Hülsenfrüchte, auch als Französische Linsen bekannt, behalten während des Kochens besser ihre Form als die üblichen braunen Linsen; außerdem haben sie einen feineren Geschmack, wie ich finde. Hier werden sie mit »roulade«, einem gepökelten Bauchspeck, ähnlich der italienischen Pancetta, gewürzt.

60 g »roulade« oder Pancetta (oder ein anderer würziger Bauchspeck), in 3 cm lange und ½ cm breite Streifen geschnitten

1 EL natives Olivenöl extra

1 Zwiebel, in feine Würfel geschnitten

2 Knoblauchzehen, gehackt

3 kleine Karotten, geschält und in Würfel geschnitten

½ Sellerieknolle, geschält und in Würfel geschnitten

450 g kleine grüne Linsen, verlesen und gewaschen

2 l Wasser

1 TL Salz

2 frische Lorbeerblätter oder 1 getrocknetes

2 TL frisch gemahlener Pfeffer

1 EL frischer Thymian

◆ In einem schweren Topf die Speckstreifen auf mittlerer Stufe erhitzen, bis sie einen Teil ihres Fettes abgegeben haben. Olivenöl hinzugeben und Zwiebeln sowie Knoblauch in 3–4 Minuten glasig schwitzen. Zuerst Karotten und Sellerie, dann die Linsen hinzufügen und unter Rühren 1–2 Minuten sanft anbraten. Mit dem Wasser auffüllen, Salz und Lorbeer hineingeben und alles zugedeckt auf niedriger Stufe etwa 30 Minuten köcheln lassen, bis die Linsen weich, aber nicht zerkocht sind. Gegebenenfalls unbedeckt noch etwas länger köcheln lassen.

◆ Pfeffer und Thymian hinzufügen und Lorbeer entfernen. Abschmecken und sofort servieren.

Für 4–6 Personen

Champagne et le Nord

Gratin de chicons

Chicorée-Gratin

Chicorée wurde um 1850 in Belgien entdeckt. Die Geschichten seiner Entdeckung variieren, doch erzählen alle übereinstimmend, dass es ein Zufall war. Ein Bauer hatte zufällig eines Herbstes ein paar Zichorienwurzeln in seinen Keller oder auf den Kompost gelegt und stellte einige Wochen später fest, dass sie zarte weiße Triebe gebildet hatten, die ein wenig bitter waren. Es war ein frisches Blattgemüse, und das im Winter, wo es kaum frisches Gemüse gab. Und so dauerte es nicht lange, bis andere Gemüsebauern in Belgien und Nordfrankreich begannen, diese exotische Pflanze anzubauen. Im Sommer pflanzten sie Salatzichorie auf ihren Feldern. Im Herbst schnitten sie dann die großen, bitteren, dunkelgrünen Blätter knapp über dem Wurzelhals ab, gruben die Wurzeln aus und lagerten sie in Kellergewölben oder in sandgefüllten Gräben, wo sie jene, »chicons« genannten, blassgelben Triebe ausbildeten. Heute werden diese im großen Stil als Hydrokulturen in speziellen Gewächshäusern gezüchtet. Chicorée ist eines der beliebtesten Gemüse im Norden Frankreichs, in der Region Pas de Calais und in Flandern. Und ob als Salat, geschmort, in Gratins oder gar gegrillt, der delikate, zartbittere Geschmack des Chicorée ist unverwechselbar.

8 Chicoréeköpfe

3½ EL Butter

3 EL Mehl

½ TL Salz

¼ TL gemahlene Muskatnuss

1 Prise Cayennepfeffer

250 ml Milch

30 g geriebener Parmesan

125 g »jambon cru« (oder ein anderer roher Schinken), in dünne Scheiben und anschließend in dünne Streifen geschnitten

2 EL geriebener Emmentaler oder Comté

2 TL frisch gemahlener schwarzer Pfeffer

◆ Den Ofen auf 190 °C vorheizen

◆ Mit einem kleinen, scharfen Messer den Kern keilförmig aus den Chicoréeböden herausschneiden. Die entkernten Chicoréeköpfe beiseite legen.

◆ In einem Topf 2 EL der Butter bei mittlerer Hitze aufschäumen lassen. Die Pfanne von der heißen Platte nehmen und Mehl, Salz, Muskatnuss sowie Cayennepfeffer zu einer Mehlschwitze einrühren. Die Pfanne zurück auf die Herdplatte stellen und bei mittlerer Hitze nach und nach die Milch in einem gleichmäßigen Strahl einrühren. Die Hitze reduzieren und weiterrühren, bis die Mischung glatt und klumpenfrei ist. Unter gelegentlichem Rühren etwa 15 Minuten köcheln lassen, bis die Sauce abgebunden hat und die Rückseite eines Löffels überzieht. Den Parmesan unterrühren und weitere 2–3 Minuten köcheln lassen, bis der Parmesan geschmolzen ist. Von der Kochstelle nehmen.

◆ Boden und Wände einer flachen Auflaufform, in der die Chicoréeköpfe gerade alle Platz haben, mit 1 EL Butter einstreichen. Den Chicorée hineinlegen und die Schinkenstreifen darüber verteilen. Alles mit der Sauce übergießen. Die restliche Butter in Flocken darüber verteilen und mit dem Käse gleichmäßig bestreuen.

◆ Im Ofen 20–25 Minuten backen, bis sich der Chicorée leicht mit einem Messer einstechen lässt und sich eine goldgelbe Kruste gebildet hat.

◆ Aus dem Ofen nehmen und mit dem schwarzen Pfeffer bestreuen. Direkt in der Auflaufform servieren.

Für 4–6 Personen

Alsace-Lorraine

Chou farci

Gefüllter Kohl

So aufwendig es auf den ersten Blick erscheinen mag, einen ganzen Kohl auszuhöhlen, zu füllen und schließlich zu garen, so einfach ist es in Wirklichkeit und so eindrucksvoll und lohnend das Ergebnis. Gefüllter Kohl ist ein typisch nordfranzösisches Gericht und besonders im Elsass beliebt, wo Kohl in zahlreichen traditionellen Zubereitungen Verwendung findet.

375 ml Hühnerbrühe
150 g weißer Langkornreis
1 großer Weißkohl oder Wirsingkohl (2,5–3 kg)
2 EL und 1 TL Salz
60 g Butter
½ Zwiebel, in feine Würfel geschnitten
100 g Backpflaumen, gehackt
375 g frische weiße Champignons, geputzt
2 TL frisch gemahlener Pfeffer
½ TL gemahlener Kümmel
750 g Fleischbrät
60 ml Crème double

FÜR DEN FOND

2–2,5 l Wasser
60 ml Weißweinessig
1 Zwiebel, geviertelt
6 frische Estragonzweige
6 Pfefferkörner
4 Gewürznelken
1 TL Salz

◆ In einem Topf die Hühnerbrühe auf mittlerer Stufe zum Kochen bringen. Den Reis hinzufügen, aufkochen lassen und zugedeckt auf sehr niedriger Stufe etwa 20 Minuten ziehen lassen, bis der Reis gar ist und sämtliche Hühnerbrühe aufgenommen hat.

◆ Inzwischen die harten äußeren Blätter des Kohls entfernen, die ihn noch umhüllen, wenn er direkt aus dem Garten stammt. Den Kohl in einem großen Topf halb mit Wasser bedecken. 2 EL Salz hinzufügen und zugedeckt auf großer Stufe zum Kochen bringen. Dann die Hitze reduzieren und 15 Minuten kochen.

◆ Eine große Schüssel mit einem 60 × 60 cm großen Gaze- oder Passiertuch so auslegen, dass die Enden über den Schüsselrand hinauslappen. Den Kohl aus der Brühe in die ausgekleidete Schüssel legen und etwa 15 Minuten abkühlen lassen. Dann Blatt für Blatt den Kohl vorsichtig von außen nach innen entblättern, ohne die Blätter am Strunk abzutrennen. Wenn nur noch ein etwa faustgroßer Kern übrig ist, diesen mit einem scharfen Messer knapp oberhalb der Basis heraustrennen, so dass die restlichen Blätter noch zusammenhalten. Den Kern beiseite stellen. Etwaige Strunkreste ebenfalls entfernen, damit genügend Hohlraum entsteht. Den ausgehöhlten Kohl beiseite legen.

◆ Den Kern des Kohlkopfes klein hacken. In einer großen Pfanne die Butter bei mäßiger Hitze aufschäumen lassen. Zwiebeln hinzugeben und in 2–3 Minuten glasig schwitzen. Dann den gehackten Kohl und die Backpflaumen hinzufügen und zugedeckt bei geringer Hitze 6–8 Minuten garen, bis der Kohl auf die Hälfte seines Volumens zusammengefallen ist. Den Deckel abnehmen und die Champignons hinzugeben. Die Hitze ein wenig höher stellen und die Kohlmischung 3–4 Minuten sautieren. Die Champignons sollten weich, aber nicht zerkocht sein. 1 TL Salz sowie Pfeffer und Kümmel einrühren und die Mischung in eine Schüssel füllen.

◆ In einer weiteren Pfanne das Fleischbrät auf mittlerer Stufe unter gelegentlichem Rühren 6–7 Minuten angehen lassen, bis es seine rosa Farbe verloren hat, aber noch nicht braun ist. Mit einer Schaumkelle herausnehmen und auf Küchenkrepp kurz abtropfen lassen. Dann zusammen mit dem Reis und der Crème double in die Kohl-Champignons-Mischung rühren.

◆ Den ausgehöhlten Kohl mit der vorbereiteten Mischung füllen und zuoberst eine Wölbung formen. Nun den Kohl mit den inneren Blättern beginnend wieder verschließen. Wenn sämtliche Blätter die Füllung umhüllen, die Ecken des Passier- oder Gazetuchs zusammenführen und fest mit Küchengarn zusammenbinden, damit der Kohl während des Garens seine Form behält.

◆ Für den Fond in einem Topf Wasser, Essig, Zwiebeln, Estragon, Pfefferkörner, Nelken und Salz verrühren. Den umhüllten Kohl hineingeben und auf mittlerer Stufe zum Kochen bringen. Die Hitze reduzieren und den Kohlkopf zugedeckt je nach Größe 1–1½ Stunden garen, bis Kohl und Füllung durch und durch erhitzt sind. Vorsichtig den Kohl aus dem Fond nehmen und in eine Schüssel legen. Den Fond wegschütten. Den Kohl vor dem Servieren 1 Stunde ruhen lassen.

◆ Zum Servieren auf eine Platte legen. Das Tuch entknoten und vorsichtig unter dem Kohl herausziehen. Den Kohl in Sicheln schneiden und lauwarm servieren.

Für 10–12 Personen

Bretagne

Artichauts aux crevettes

Artischocken mit Garnelen

In der Bretagne verwendet man für dieses Gericht die Camus, eine große, runde Artischocke. Sie ist sehr fleischig, von einem intensiven Aroma und ob ihrer Größe hervorragend zum Füllen mit allerlei Köstlichkeiten geeignet.

4 große, runde Artischocken

1 TL Meersalz

4 TL Dijon-Senf

1 TL extratrockener Wermuth

125 ml Mayonnaise, wahlweise selbst gemacht oder gekauft

1 TL gehackter frischer Rosmarin

½ TL Salz

½ TL frisch gemahlener Pfeffer

500 g Tiefseegarnelen, gekocht und geschält

1½ EL gehackte glatte Petersilie

◆ Die Stiele der Artischocken unmittelbar unter dem Blütenkopf abbrechen und beschädigte Blätter entfernen. Die Artischocken in einem großen Topf 10 cm hoch mit Wasser bedecken, mit dem Meersalz bestreuen und das Wasser bei großer Hitze zum Kochen bringen. Mit einem Deckel verschließen und zugedeckt etwa 45 Minuten köcheln lassen, bis sich die Böden der Artischocken mühelos mit den Zinken einer Gabel einstechen lassen. Mit einer Küchenzange die Artischocken in ein Sieb heben. Abtropfen und auskühlen lassen.

◆ Das obere Viertel jeder Artischocke abschneiden und überstehende, stachelige Blätter entfernen. Mit einem Löffel die inneren Blätter und das Heu aus jeder Artischocke herausschaben, so dass sich eine Höhlung bildet. Ausgehöhlte Artischocken in Klarsichtfolie einwickeln und für 2 Stunden kalt stellen.

◆ In einer Schüssel Senf und Wermuth gut miteinander verrühren. Mayonnaise, Rosmarin, Salz und Pfeffer hinzufügen und sorgfältig unterrühren. Die Garnelen bis auf 12 Stück vorsichtig unterheben. Die Mischung gleichmäßig in die Aushöhlungen der Artischocken füllen. Erneut in Klarsichtfolie einwickeln und nochmals 1–3 Stunden kalt stellen.

◆ Auf jede Artischocke 3 Garnelen setzen und etwas Petersilie darüber streuen. Kalt servieren.

Für 4 Personen

sel marin

Die Gewinnung von Meersalz *(sel marin)* hat in Frankreich eine lange Tradition. *Le sel de Guérande,* das aus den Salzbecken der Region Guérande in der Bretagne stammt, besteht aus mittelgroßen bis großen gräulich-elfenbeinfarbenen Kristallen, die vom Meer noch etwas feucht sind. Es wird wegen seiner Farbe auch *sel gris* genannt und hat einen charakteristischen leichten Seegeschmack. Aber auch auf der Île de Ré vor der Atlantikküste nahe La Rochelle sowie an der Mittelmeerküste in der Camargue und bei Aigues-Mortes in der Provence wird Meersalz gewonnen.

Das meistgeschätzte aller natürlichen Meersalze ist das *fleur de sel,* das sich nur an besonders trockenen, heißen Tagen und nur unter bestimmten Windverhältnissen an der Wasseroberfläche bildet. Es wird von Hand mit einem speziellen rechenartigen Werkzeug gewonnen, das *lousse* genannt wird. Die winzigen Salzkristalle des *fleur de sel* sind sehr zart und fein, wie ihr Aroma.

LES DESSERTS

Desserts können von einem einfachen, am Tisch geschälten Apfel bis zu einer aufwendigen und betörenden Schokoladenspeise reichen.

Libre

Ganz gleich wie schlicht oder umfangreich ein Essen in Frankreich ist, ein Dessert ist immer mit dabei. Etwas Süßes, so sagen die Franzosen, bringt *le repas,* die Mahlzeit, zum Abschluss. Darauf folgt gewöhnlich ein *café express* oder – nach einem Abendessen – ein Kräutertee, *tilleul* (Lindenblütentee) oder *menthe* (Minztee). Bei einem umfangreicheren Essen bilden Früchte einen eigenständigen Gang, der zwischen Käse und dem Dessert serviert wird. Doch besonders zu Hause wird als Nachspeise häufig eine Schale mit Obst auf den Tisch gestellt. So reicht die Palette möglicher Desserts von einem einfachen, am Tisch geschälten Apfel oder einer Orange bis hin zu den betörendsten Schokoladenkreationen und dem kunstvollsten cremegefüllten Backwerk. Zwischen beiden Extremen liegt eine reiche Auswahl an Fruchtpuddings, Kuchen und Tartes, Frischkäsen mit Honig, Plätzchen, Eiscremes und Sorbets.

Überall in Frankreich, in jeder Region oder Stadt, selbst in jedem Dorf trifft man auf diese wundervolle französische Institution namens *pâtisserie.* Kein Tag im Jahr, an dem dort nicht eine Auswahl jener kunstvollen, reich verzierten Kreationen angeboten wird, an die sich nur wenige Franzosen selbst herantrauen. Und das brauchen sie auch nicht, denn sie können gewiss sein, dass ihre *pâtisserie* immer ein feines Gebäck oder ein Naschwerk, zubereitet mit Eiern, Sahne, Schokolade, Zucker und Früchten bester Qualität, bereithält, das dem Wunsch nach einem ansprechenden und köstlichen Dessert gerecht wird. Ein Gang durch die Straßen einer französischen Stadt lädt geradezu dazu ein, vor den Schaufensterauslagen der vielen *pâtisseries* zu verharren. Sie scheinen mit ihren Verlockungen aus *millefeuille* (Blätterteiggebäck), farbenprächtigen Obsttartes und Tartelettes sowie verführerisch dunklen Schokoladenkuchen, dekoriert mit hauchdünnen Schokoladenblättchen oder -streuseln, förmlich miteinander zu wetteifern. Ungemein luftiges Blätterteiggebäck, bestreut mit Hagelzucker und Nüssen, gefüllt mit allen erdenklichen Cremes, von Mokka über Schokolade bis Vanille und Mandel. Daneben die etwas schlichteren, quadratisch geschnittenen Puddingstückchen, die in ihrem Inneren getrocknete Pflaumen oder Rosinen versteckt halten. Auch eine Auswahl an Plätzchen ist stets mit dabei, von denen die kleinen nach Gewicht und die großen pro Stück verkauft werden.

Manchmal sind *boulangerie* und *pâtisserie* vereint unter einem Dach, besonders in kleineren Ortschaften

Vorangehende Doppelseite: Fast zu schön, um sie zu essen: Saftige, fleischige Beeren werden auf vielfältige Weise verarbeitet – etwa zu Sorbets und Tartes oder zu Likören. Natürlich schmecken sie auch einfach so, direkt aus der Hand. **Links:** Ein kleiner Junge betrachtet sehnsuchtsvoll die verlockende Auslage einer *pâtisserie* in Paris. **Oben:** Hoch aufgeschossen und statuengleich ragen diese Zypressen, die schon Claude Monet als Motiv dienten, nahe Bonnieux in den provenzalischen Himmel. **Darunter:** Die Kühe der Normandie sind fleißige Milchlieferanten, was sich in einer reichhaltigen regionalen Küche niederschlägt, die mit Sahne, Butter und Crème fraîche nicht geizt.

Oben: Der Arc de Triomphe, von Napoleon zum Gedenken an die Gefallenen vergangener Kriege in Auftrag gegeben, gesehen von der Place de la Concorde, einem prächtigen Platz, in dessen Mitte ein granitener Obelisk aufragt, der einst in Luxor im Tempel Ramses II. stand.

wie in meinem Dorf in der Provence. Im Hintergrund entlang der Wand steht das Brot, davor in einer Glasvitrine sind Kuchen und Gebäck ausgestellt. Jeden Samstag und Sonntag, wenn fast jeder im Dorf *des invités,* Gäste, erwartet oder selbst irgendwo eingeladen ist, kommen die Leute in aller Frühe, um sich die besten Stücke für das Dessert zu sichern, es sei denn, sie haben im Voraus bestellt. Feiertags bietet unsere kleine *boulangerie-pâtisserie* eine hinreißende Kuchenauswahl, die an Schönheit mit jeder großstädtischen Edelpatisserie konkurrieren kann. Einmal kaufte ich dort einen Schokoladenkuchen, den ich zu einer Einladung bei Freunden mitnehmen wollte. Hauchdünne Teigblätter wechselten mit Schichten einer leichten Füllung aus Himbeermarmelade. Das Ganze war mit Schokolade überzogen und mit wunderschönen Ringen aus glacierten Himbeeren dekoriert. Der Kuchen hatte gerade mal 20 cm Durchmesser, doch er war nicht weniger als 15 cm hoch und machte alle zwölf Esser restlos glücklich.

Bei französischen Desserts kommen mir zuerst immer zwei Dinge in den Sinn: Naschwerk aus der *pâtisserie* und Früchte. Noch größer als die Vorliebe der Franzosen für edles und feines Backwerk ist ihre Begeisterung für Obst und Früchte der Saison. Sie wissen nur zu gut, dass Früchte ein sehr flüchtiges und durch Zeit und Umstände vergängliches Dasein fristen und dass sie perfekt gereift und aus der Region immer nur für kurze Zeit erhältlich sind.

So rangiert beispielsweise eine Schale frisch gepflückter Erdbeeren oder eine Erdbeertarte im Mai in Savoyen ganz oben auf der Dessertkarte. Im Sommer machen sie Platz für andere Beerenfrüchte aus Wald und Garten und im Herbst für Kernobst. Überall in Frankreich vollzieht sich dieser Ablauf nach dem gleichen Muster; lediglich der Zeitpunkt der Reife und das regionale Sortiment variieren.

Im Süden Frankreichs gibt es im Sommer wenige Desserts, die mit einer perfekt gereiften Melone konkurrieren können. Seit fast 25 Jahren züchtet mein Nachbar Maurice Melonen, und viele halten sie für die besten im gesamten Haut Var. Er hat einen treuen Kundenstamm, Leute aus dem nahe gelegenen Ort, aber auch *estivants,* Sommerurlauber aus Deutschland, Holland, England und Frankreich, die irgendwann einmal seine Melonen entdeckten und nun regelmäßig zurückkehren, um mehr davon zu genießen. In langen Schlangen drängen sich die Leute an seinem Marktstand – ein einfacher, schnörkelloser Tisch ohne Schirm, schlicht mit einer Waage darauf

Links: Eine Himbeerzüchterin erfreut sich an der leuchtenden Farbe und dem verheißungsvollen Duft ihrer Ernte.
Ganz oben: Der Jardin des Tuileries, im 17. Jahrhundert von André Le Nôtre entworfen, ist ein willkommener Ruhepol inmitten der lärmenden Pariser Straßen, ein schöner Ort für einen Spaziergang, ein Picknick und eine zärtliche Umarmung.
Mitte: Viele französische Ziegenkäse tragen das *appellation d'origine contrôlée*-Siegel, ein Qualitätssiegel, das die Herstellung aus kontrollierter Herkunft und nach einem spezifischen Verfahren garantiert. **Unten:** Ein Schild lädt Käseliebhaber zu einer Kostprobe frischer, ganz in der Nähe erhältlicher Produkte ein.

Unten: Die ersten reifen Kirschen in Frankreich stammen aus dem kleinen katalanischen Ort Céret, dessen mildes mediterranes Klima auch dem regionalen Wein zugute kommt. **Ganz unten:** Crêperien, Bars und Geschäfte prägen das Zentrum von Rennes, einer lebensfrohen Stadt in der Bretagne, die von den Galliern gegründet und von den Römern kolonisiert wurde. **Rechts:** Die Obstbäume der Provence – Pfirsich, Aprikose, Kirsche und Quitte – blühen im beginnenden Frühling. Ein paar Monate später werden ihre Früchte stolz auf den regionalen Märkten angeboten.

und seinen Melonen –, während andere Melonenverkäufer auf Kunden warten. Gewöhnlich ist seine Frau Françoise für den Verkauf der Melonen zuständig. Viele Jahre habe ich ihr dabei geholfen, doch die Kunden sind anspruchsvoll. Sie verlangen eine Charentais, die genau die richtige Reife für ein Abendessen am nächsten Tag hat, und eine weitere, die bereits ein Mittagessen am selben Tag krönen soll. So musste ich erst die Wahl der richtigen Melone für jede Gelegenheit lernen. Für ein Mittagessen am selben Tag sollte eine Charentais an den Enden ein wenig rissig sein und eine Spur Gelb in ihrer grünlichen Schale zeigen, das ihre unmittelbar bevorstehende Vollreife verrät. Urlaubern, die eine Melone mit auf den langen Weg nach Paris, Frankfurt oder Brüssel nehmen wollen, würden wir eine Boule d'Or empfehlen oder eine andere, weniger empfindliche Sorte als die Charentais.

Früchte bilden auch die Grundlage für die Mehrzahl der hausgemachten Desserts, und unter ihnen zählen *clafoutis,* Tartes, pochierte Früchte und Obstkuchen zu den beliebtesten. Das Backen mit Früchten ist ganz besonders einfach, da es Blätterteig, *pâte brisée,* und Pastetenteig selbst in kleinen Orten fertig im Supermarkt zu kaufen gibt. Man braucht die Teigplatten nur auseinander zu falten. Nichts einfacher als ein Stück Blätterteig auf Backpapier auszurollen, mit frischen, in Zucker gewendeten Pfirsichen, Pflaumen, Beeren oder Äpfeln zu belegen, ein paar Butterflocken darauf zu verteilen und schließlich die Teigecken über die Füllung zu schlagen. Im Handumdrehen ist das einfache Fruchtpaket gebacken und kann noch warm, goldgelb, knusprig-locker und mit dem betörenden Duft der Jahreszeit den erwartungsvollen Tischgästen vorgesetzt werden. Soll das Gebäck etwas mehr hermachen, wird der Teig in eine Tarteform eingelegt, bevor man ihn mit Rondellen von Zitrusfrüchten, mit Pflaumen- oder Nektarinenfächern belegt.

Natürlich sind nicht alle Desserts aus Früchten. Zu den beliebtesten Desserts überhaupt gehören – im Restaurant wie zu Hause – Cremes und Puddings wie Mousse au Chocolat, Crème caramel und Crème brûlée. Besonders bei Kuchen und Gebäck gibt es herausragende regionale Spezialitäten, die hauptsächlich in den *pâtisseries* erhältlich sind. Darunter finden sich solche Köstlichkeiten wie die *tarte tropézienne* aus dem Var, ein mit Zucker bestreutes Brioche-Gebäck, das in zwei Hälften geteilt und mit einer leichten

Mandelcreme gefüllt wird, oder der berühmte *gâteau basque,* ein wunderbar fester, mit *crème pâtissière* oder Kirschmarmelade gefüllter Kuchen. Aus Brest stammt eine Spezialität aus *pâte à choux* (Brandteig), ein kreisförmiges Gebäck, das mit Sahne gefüllt sowie mit Zucker und Mandeln überzogen wird. Die Menschen im Languedoc schwören auf ihren Maronenkuchen, während man im Elsass den *kouglof,* einen Mandel-Rosinen-Kuchen, bevorzugt.

Manchmal wird auch ein Frischkäse wie *petit-suisse, fromage frais* oder ein tagesfrischer Ziegenkäse mit Zucker, Honig oder Marmelade als Dessert serviert. Als ganz besondere Freude gilt selbst gemachtes Eis aus der *glacerie,* ausgewählt aus den offenen Plastikbehältern, die in der Tiefkühlvitrine zur Schau gestellt sind, und verpackt in eine isolierte Schachtel für den Transport nach Hause. Die auf eine Schiefertafel geschriebenen Sorten verraten immer die jeweilige Jahreszeit: frisches Erdbeereis im Frühling, Pfirsich, Aprikose und Pflaume im Sommer, Walnuss und Mandel im Herbst.

Einzigartig sind die prachtvollen Konfiserien, *les chocolateries,* die überall in Frankreichs Städten zu finden sind. Dort sind wahre Künstler am Werk, *les*

chocolatiers, die nach altehrwürdiger Tradition Pralinen fertigen. In einem dieser Geschäfte in Angers, einer Stadt, in der ich früher jedes Jahr geschäftlich zu tun hatte, kaufte ich regelmäßig für meine Mutter Pralinen. Sie war eine wirkliche Liebhaberin von Pralinen, doch nie, so sagte sie, hätte sie je so gute gegessen wie jene aus Angers in der goldglänzenden Schachtel mit der goldenen Schleife, die ich ihr einmal mitgebracht hatte. Sie hielt sie unter Verschluss und gönnte sich täglich eine, höchstens zwei als letztes abendliches Dessert zu ihrem Kaffee nach dem Essen, dann, wenn in Frankreich üblicherweise Pralinen gereicht werden.

Pâtisseries, glaceries und *chocolateries* mit ihrem unwiderstehlichen Angebot süßer Naschereien gehören ebenso unverrückbar zur kulinarischen Landkarte Frankreichs wie *boulangeries* und *charcuteries,* jene anderen Institutionen, die Frankreichs Köche mit edlen, frisch zubereiteten Produkten für den täglichen Esstisch versorgen.

Unter den hausgemachten Desserts gehören Cremes und Puddings sowie Nachspeisen aus frischen Früchten zur häufigsten Wahl für den so wichtigen süßen Abschluss eines Essens.

Links oben: Duftender Lavendel überzieht die Hügel nahe Grasse, dem Zentrum der französischen Parfumherstellung. **Links unten:** *Tilleul,* die Blätter und Blüten des Lindenbaumes, werden zu einem in Frankreich sehr beliebten Tee aufgegossen. **Unten:** Bayonne im Baskenland ist berühmt für seine Schokolade. Spanische Juden, die vor den Inquisitoren flüchteten, brachten sie mit. Lange Zeit galt sie als Luxusartikel und wurde zunächst als Getränk mit Zimt und Nelke gewürzt serviert, später dann am Stück als Nachmittagssnack mit Brot, Quittenmarmelade und Schafskäse. **Ganz unten:** Le Flore en L'Île, eines der berühmtesten Cafés in Paris, rühmt sich seines atemberaubenden Blicks auf Notre Dame am gegenüberliegenden Seine-Ufer.

Alsace-Lorraine

Babas au rhum

Babas mit Rumsirup

Babas sind angeblich nach Ali Baba, dem Helden aus »Geschichten aus Tausendundeiner Nacht« benannt. Es war, so wird erzählt, die Lieblingslektüre des Stanisław Leszczyński von Lothringen, einem früheren polnischen König, dessen Tochter Louis XV. heiratete und der dieses Gebäck erfunden hat. Es ist ein in hohen, zylindrischen Formen gebackenes Hefegebäck, das mit einem süßen Rumsirup getränkt wird. Natürlich gibt es zahlreiche Varianten der Babas. Diese Version stammt von meiner Mutter.

Bei der Zubereitung gilt es, drei Dinge besonders zu beachten: Die Aufgehtemperatur des Teiges muss relativ hoch sein; der sehr zähe und klebrige Teig muss so lange durchgearbeitet werden, bis er elastisch ist; und sowohl die gebackenen Babas wie der Rumsirup müssen beim Tränken warm sein.

FÜR DEN TEIG

3 EL Zucker

60 ml warmes Wasser

1 Päckchen Trockenhefe

3 EL Milch

5 EL (75 g) Butter

400 g Mehl, durchgesiebt

2 große Eier

1 Prise Salz

FÜR DER RUMSIRUP

180 g Zucker

375 ml Wasser

1 EL frisch gepresster Orangensaft

80 ml brauner Rum

ZUM DEKORIEREN

250 ml Crème double

2 EL Puderzucker

½ TL Vanille-Extrakt

2 EL Orangenzeste, von einer unbehandelten Frucht, in feine Streifen (Julienne) geschnitten

◆ Für den Teig in einer kleinen Schüssel 1 EL Zucker mit dem Wasser verrühren. Die Trockenhefe einrühren und an einem sehr warmen Ort (27–38 °C) etwa 10 Minuten gehen lassen, bis sich das Volumen der Mischung mehr als verdoppelt hat.

◆ In einem kleinen Topf die Milch mit 4 EL (60 g) Butter auf mittlerer Stufe erwärmen, bis die Butter geschmolzen ist. Beiseite stellen.

◆ Das Mehl ein zweites Mal in eine Schüssel sieben und in der Mitte eine Mulde bilden. Eier, Salz, die restlichen 2 EL Zucker, die Hefemischung und die warme (nicht heiße) Milch hineingeben. Alles gut vermengen. Der Teig wird so klebrig sein, dass er sich nicht auf herkömmliche Weise kneten lässt. Daher den Teig mit den Händen aufnehmen und zurück in die Schüssel schlagen. Diesen Vorgang etwa 5 Minuten wiederholen, bis der Teig so geschmeidig ist, dass er sich mühelos und ohne zu reißen in Stränge zerteilen lässt. Den Teig zu einer Kugel formen und die Schüssel mit einem feuchten Handtuch bedecken. An einem sehr warmen Ort 1½–2 Stunden gehen lassen, bis er sein Volumen verdoppelt hat. Die Ränder des aufgegangenen Teigs vorsichtig zur Mitte hin einschlagen und den Teig in der Schüssel kurz abschlagen.

◆ 6 Baba-Förmchen (Becherformen) ausbuttern. Den Teig gleichmäßig auf die Förmchen verteilen, so dass diese zu einem Drittel gefüllt sind. Mit einem feuchten Handtuch bedecken und den Teig nochmals etwa 1 Stunde gehen lassen, bis er etwas über den Rand der Förmchen ragt. Während des Aufgehens ein Blech im oberen Drittel des Ofens einschieben und den Ofen auf 190 °C vorheizen.

◆ Inzwischen den Sirup zubereiten. Dazu in einem Topf das Wasser mit dem Zucker bei mittlerer Hitze zum Kochen bringen und unter Rühren den Zucker auflösen. Orangensaft hinzufügen und unter Rühren 4–5 Minuten kochen lassen, bis sich ein dicker Sirup gebildet hat. Kurz abkühlen lassen und anschließend den Rum unterrühren. Warm stellen.

◆ Die Babas abdecken und im Ofen etwa 15 Minuten backen, bis sie goldbraun sind und sich vom Rand der Förmchen lösen. Aus dem Ofen nehmen und 10–15 Minuten ruhen lassen. Aus den Förmchen lösen und aufrecht auf ein Blech stellen.

◆ Zum Tränken die Babas mit einem Holzspieß rundherum einstechen. Babas in eine Backform legen und mit dem Rumsirup übergießen. Die sich in der Form sammelnde Flüssigkeit immer wieder über die Babas löffeln. 4–5 Minuten ziehen lassen und erneut mit dem abgeflossenen Sirup überziehen. Diesen Vorgang wiederholen, bis die Babas weich und vollkommen durchtränkt sind. Ein Gitter auf ein Stück Backpapier legen und die Babas darauf stellen. Vollständig abtropfen lassen und anschließend auf eine Platte stellen. Zugedeckt im Kühlschrank einige Stunden oder bis zu 24 Stunden kalt stellen.

◆ Für die Garnierung die Crème double mit Puderzucker und Vanille-Extrakt steif schlagen. Die Babas auf Desserttellern anrichten. Mit der Vanillesahne überziehen und mit Orangenjulienne dekorieren.

Für 6 Personen

Provence

Compote de sanguines

Blutorangenkompott mit Honig

Die Blutorangen, die im Winter in ganz Frankreich erhältlich sind, kommen hauptsächlich aus Nordafrika und Israel. Ich hatte noch nie eine Blutorange gesehen, bis ich in die Provence kam, wo sie schon damals weit verbreitet und selbst in den Epicerien kleiner Orte zu kaufen waren. Es war Liebe auf den ersten Biss – nicht allein wegen ihres frischen, beerenartigen Aromas, sondern auch wegen ihrer intensiven und außergewöhnlichen Farbe, die bei diesem einfachen Kompott schön zur Geltung kommt.

4 unbehandelte Blutorangen

250 ml Wasser

125 g Honig (z. B. Akazien- oder Orangenblütenhonig)

2 ganze Gewürznelken

◆ Die äußere Fruchtschale von 3 Blutorangen in langen dünnen Streifen (am besten mit einem Zestenschäler) abschälen und beiseite stellen. Nacheinander die Früchte an Blüten- und Stengelansatz kappen. Dann mit einem kleinen, scharfen Messer die Fruchtschale mitsamt der weißen Schicht, der Rundung folgend, abschneiden, so dass das reine Fruchtfleisch zum Vorschein kommt. Die Orangen quer in ½ cm dicke Scheiben schneiden. Etwaige Kerne entfernen. Zugedeckt in einer Schüssel beiseite stellen.

◆ In einem schweren Topf Wasser und Honig miteinander vermengen und auf mittlerer Stufe unter häufigem Rühren zum Kochen bringen. Die Nelken und drei Viertel der Orangenzeste hinzufügen. Die Hitze auf niedrige Stufe herunterstellen und unbedeckt etwa 1 Stunde köcheln lassen, bis sich ein dünner Sirup gebildet hat und die Aromen sich vermischt haben.

◆ Den Sirup durch ein feinmaschiges Sieb in eine Schüssel abseihen. Den passierten Sirup über die Orangenscheiben gießen. Zugedeckt mindestens 1 Stunde bei Raumtemperatur ziehen lassen. Das Kompott lässt sich bis zu 24 Stunden im Kühlschrank aufbewahren. Zum Servieren die Orangenscheiben mit dem Sirup in kleine Schalen füllen. Die verbliebene Orangenzeste in feine Streifen schneiden und die Orangen kurz vor dem Servieren damit dekorieren. Dazu passen Mandelplätzchen zum Eintunken.

Für 4 Personen

Normandie

Pommes sautées au calvados

Sautierte Äpfel mit Calvados

Dieses ländliche Dessert verkörpert das Aroma der Normandie.

60 g Butter

1 kg Äpfel einer festen, süßen Sorte (z. B. Golden Delicious, Gala oder Reinette), geschält, entkernt und längs in ½ cm dicke Scheiben geschnitten

3 EL Puderzucker

2 EL Calvados

◆ In einer großen Pfanne die Butter bei mittlerer Hitze zerlaufen lassen. Die Apfelscheiben hineingeben, mit dem Puderzucker bestreuen und von beiden Seiten leicht goldgelb sautieren. Den Calvados hinzugeben und mit einem langen Streichholz flambieren. Die Flamme ausbrennen lassen. Auf vorgewärmten Tellern anrichten und servieren.

Für 4 Personen

Franche-Comté et les Alpes

Fromage frais au miel

Frischkäse mit Berghonig

Wann immer ich irgendwo in Frankreich ein Dessert mit Frischkäse und Honig auf der Dessertkarte entdecke,

125 g Frischkäse aus Kuh- oder Ziegenmilch

2–3 EL Honig einer aromatischen Sorte (z. B. Kastanien-, Lavendel-, Lindenblüten- oder Thymianhonig)

bestelle ich es. Ich wurde noch nie enttäuscht. Hier wird für das schlichte und doch köstliche Dessert der dunkle Gebirgshonig aus der französischen Alpenregion verwendet; Sie können jedoch auch einen anderen feinwürzigen Honig nehmen.

◆ Den Frischkäse in eine flache Schale geben, mit dem Honig überziehen und servieren.

Für 1 Person

Miel

Überall im ländlichen Frankreich begegnet man selbst hergestelltem Honig, *miel*. Im Frühling und Sommer sieht man in Obstgärten, Wäldern und auf Wiesen und Feldern Bienenstöcke, und die Bienen suchen ihren Nektar bei allem, was gerade blüht. Sobald eine bestimmte Blütezeit vorüber ist, wird der Honig eingesammelt und der Bienenstock an einen neuen Ort versetzt, damit die Bienen sich an einem anderen Nektar gütlich tun. Während kleine Produzenten zum Überleben bisweilen drei bis vier verschiedene Honigsorten herstellen müssen, konzentrieren sich große Hersteller gewöhnlich auf eine einzige Sorte. Jeder Honig hat ganz charakteristische Merkmale, und es ist eine wirkliche Freude, verschiedene Sorten auszuprobieren, wenn man durch Frankreich reist. Auf der Landstraße begegnet man immer wieder handbeschriebenen Schildern mit der Aufschrift *»Miel à vendre ici«* – »Wir verkaufen Honig«. Es lohnt in jedem Fall anzuhalten, denn die Chancen stehen nicht schlecht, dass es sich um einen nach alter Tradition hergestellten Landhonig eines kleinen Produzenten handelt.

Honig kommt in den unterschiedlichsten Gewändern auf den Tisch. Er begleitet die morgendliche *tartine* (Butterbrot), veredelt Köstlichkeiten wie gebratene Ente (siehe Seite 93), glasiert Huhn und taucht in allen möglichen Süßigkeiten auf. Ein wirklich leckeres Dessert ist zugleich ein denkbar einfaches: ein Klecks Honig über Frischkäse gelöffelt (siehe Seite 209).

Provence

Glace au miel de lavande

Eiscreme mit Lavendelhonig

Zwar sind Felder mit Zuchtlavendel heute ein häufiger Anblick in der Provence, doch der wilde Lavendel wurde noch bis in die späten 40er Jahre kommerziell gesammelt. Hier werden seine aromatischen Blüten mit Honig, einem weiteren bedeutenden Produkt der Region, vermischt und zu einer leckeren Eiscreme verarbeitet.

750 ml Crème double

250 ml Milch

180 g Lavendelhonig (ersatzweise Orangen- oder Kleeblütenhonig) und Honig zum Garnieren

100 g brauner Zucker

1 TL getrocknete Lavendelblüten

½ Vanilleschote

1 Prise Salz

4 Eigelb

1 Prise Nelkenpulver

◆ In einem schweren Topf Crème double, Milch, Honig, braunen Zucker, Lavendelblüten, Vanilleschote und Salz vermengen und auf mittlerer Stufe unter häufigem Rühren zum Kochen bringen. Kräftig weiterrühren, bis sich der Zucker vollständig aufgelöst hat.

◆ In einer Schüssel die Eidotter schaumig schlagen. Nach und nach etwa 250 ml der heißen Sahne-Mischung unter das Eigelb ziehen. Nun die Eier-Mischung in die Sahne-Mischung geben. Die Masse unter ständigem Rühren 5–6 Minuten langsam erhitzen, bis sie dick wird und die Rückseite eines Löffels überzieht. Nicht mehr kochen lassen, sonst gerinnt das Eigelb. Von der Kochstelle nehmen und abkühlen lassen, bis die Mischung lauwarm ist. Durch ein feines Sieb in eine Schüssel passieren. Vanilleschote und Lavendelblüten wegwerfen. Zum Schluss das Nelkenpulver unterrühren.

◆ Die Mischung in einer Eismaschine nach Anleitung gefrieren. Mit einem Eisportionierer Kugeln formen und in Dessertschalen anrichten. Die Eiscreme mit Honig beträufelt servieren.

Ergibt etwa 1 Liter

Provence

Glace à la fenouil

Eiscreme aus kandiertem Fenchel

Ich gestehe, ich liebe Fenchel in allen erdenklichen Formen, doch hatte ich Zweifel, als man mir einmal Eiscreme aus kandiertem Fenchel in einer Kochschule nahe Avignon anbot. Ein Löffel genügte, und meine Zweifel waren restlos zerstreut.

FÜR DEN KANDIERTEN FENCHEL

500 g Zucker

500 ml Wasser

1 Fenchelknolle, Stiele und Grün entfernt und in feine Würfel geschnitten

FÜR DAS EIS

750 ml Crème double

250 ml Milch

250 g Zucker

1 Prise Salz

1 EL Fenchelsamen (nach Belieben)

4 Eigelb

½ Vanilleschote

◆ Für den kandierten Fenchel Wasser und Zucker in einem Topf auf mittlerer Stufe bis knapp zum Siedepunkt erhitzen. Unter Rühren den Zucker auflösen. Etwa 3–4 Minuten köcheln lassen, bis sich ein dünner Sirup gebildet hat. Die Fenchelwürfel hinzufügen und unter gelegentlichem Rühren etwa 20 Minuten ganz leicht köcheln lassen, bis der Fenchel goldgelb ist und einen Großteil des Sirups aufgenommen hat. Zum Abtropfen in ein Sieb geben.

◆ Für das Eis in einem Topf Crème double, Milch, Zucker, Salz und nach Belieben Fenchelsamen vermengen. Auf mittlerer Stufe zum Kochen bringen und unter Rühren den Zucker auflösen. Die Eidotter schaumig schlagen. Nach und nach etwa 250 ml der heißen Sahnemischung unter das Eigelb ziehen. Nun die Eiermischung in die heiße Sahnemischung geben. Die Masse unter ständigem Rühren 3–4 Minuten langsam erhitzen, jedoch nicht kochen, bis sie dick wird und die Rückseite eines Löffels überzieht. Die Vanilleschote hinzufügen, von der Kochstelle nehmen und abkühlen lassen. Lauwarm durch ein feines Sieb in eine Schüssel passieren. Die Vanilleschote wegwerfen.

◆ In einer Eismaschine nach Anleitung gefrieren. Sobald die Masse fest wird, den kandierten Fenchel bis auf 1 EL einrühren. Das fertige Eis in kleine Schalen füllen und mit dem verbliebenen Fenchel garnieren.

Ergibt etwa 1 Liter

Normandie

Sablés de Caen

Butterplätzchen

Diese Butterplätzchen sind heute überall in Frankreich zu finden. Ihr Ursprung aber liegt in der butterreichen Normandie, wo sie die Kinder (und auch die Erwachsenen) als Vier-Uhr-»goûter« oder zum Tee genießen.

125 g zimmerwarme Butter

100 g Zucker

1 Prise Salz

¼ TL Vanilleextrakt

200 g Mehl

◆ Die Butter in eine Schüssel geben und mit einem Holzlöffel oder einem Elektromixer schaumig rühren. Zucker, Salz und Vanilleextrakt hinzufügen und weiterrühren, bis alles gut miteinander vermengt ist. Dann das Mehl hinzufügen und mit den Fingern zügig einarbeiten. Den Teig zu einer Kugel formen und in Frischhaltefolie eingepackt etwa 1 Stunde im Kühlschrank durchkühlen lassen.

◆ Den Ofen auf 190 °C vorheizen. Ein Blech mit Backpapier auslegen.

◆ Den Teig auf eine bemehlte Arbeitsfläche legen, mit einem Stück Pergamentpapier oder Plastikfolie bedecken und etwa 5 mm dick ausrollen. Mit einem Teigausstecher von 5 cm Durchmesser so viele Plätzchen wie möglich aus dem ausgerollten Teig ausstechen. Die ausgestochenen Teigkreise mit jeweils 2–3 cm Abstand auf das vorbereitete Backblech legen. Die Teigreste zu einer Kugel formen und erneut ausrollen. Weitere Plätzchen ausstechen und zu den anderen auf das Blech legen.

◆ Im Ofen 10–12 Minuten backen, bis die Ränder goldgelb sind. Die Plätzchen zum Auskühlen auf ein Gitter setzen. In einem luftdichten Gefäß halten sich die Plätzchen bis zu 4 Tage.

Ergibt etwa 18 Plätzchen

Le Sud-Ouest

Fondant

Trüffeldessert

Ich habe dieses bittersüße Schokoladendessert, das an Schokoladentrüffel erinnert, zum ersten Mal in einem Bistro in der Nähe von Bayonne, einem bedeutenden, alten Zentrum der französischen Schokoladenherstellung, gegessen. Manchmal bestreue ich es vor dem Servieren noch mit Kakaopulver.

1 Eigelb
100 g Zucker
100 ml Milch
250 g Zartbitterschokolade, in kleine Stücke zerteilt
250 g zimmerwarme Butter, in kleine Stücke zerteilt
60 ml Orangenlikör

◆ In einem mittelgroßen Topf das Eigelb mit dem Zucker in 2 Minuten schaumig schlagen. In einem kleinen Topf die Milch zum Kochen bringen. Unter ständigem Schlagen die heiße Milch langsam in die Eimischung gießen. Unter ständigem Rühren behutsam 3–4 Minuten erhitzen, bis die Masse dick wird und die Rückseite eines Löffels überzieht. Nicht kochen lassen.

◆ Die Schokolade in einer hitzebeständigen Schüssel in ein fast siedendes Wasserbad setzen. Langsam die heiße Milchmischung hinzugießen und etwa 2 Minuten rühren, bis die Schokolade schmilzt. Die Butter hinzufügen und 1–2 Minuten weiterrühren, bis die Masse cremig geworden ist. Von der Kochstelle nehmen und den Orangenlikör einrühren.

◆ Die Mischung auf zwei kleine Kastenformen (etwa 15 cm lang und 8 cm breit) verteilen. Mit Frischhaltefolie abdecken und 12–24 Stunden im Kühlschrank fest werden lassen.

◆ Zum Stürzen die Formen für 30 Sekunden in ein heißes Wasserbad stellen. Dann mit einem Messer an den Seiten entlangfahren, um den Fondant zu lösen. Anschließend auf einen Teller stürzen und die Form abziehen.

◆ In dicke Scheiben schneiden und servieren.

Für 6–8 Personen

Franche-Comté et les Alpes

Bugnes

Krapfen und Kringel

Diese Krapfen sind im Süden Frankreichs von den Basses-Alpes über die Provence bis in den Südwesten verbreitet. Sie haben verschiedene Namen, darunter »bugnes« in Savoyen und »merveilles« in der Provence und im Südwesten. Aber sie sind auch unter anderen, oftmals für nur einen bestimmten Ort typischen Bezeichnungen bekannt und werden je nach Region in unterschiedlichen Formen zubereitet. Ich lernte ihre Zubereitung von einer Frau aus dem kleinen Ort Les Allues in den Alpen. Nach ihrer Form heißen sie dort »craquelins« (Kringel). Sie versieht sie mit einem Schlitz in der Mitte, durch den sie die Teigenden führt. So entstehen die kleinen Kringel. Zur Karnevalszeit werden sie auf Dorffesten zu Hunderten auf Platten und in Körben und reichlich mit Puderzucker bestreut, herumgereicht. »Bugnes« zuzubereiten ist eine willkommene Gelegenheit, ein paar Freunde zusammenzutrommeln, denn es ist eine Aufgabe, die nach zahlreichen fleißigen Händen verlangt.

550 g Mehl

125 g Zucker

1½ TL Backpulver

1 Prise Salz

5 Eier

125 g Butter, zerlassen und wieder auf Zimmertemperatur abgekühlt

1 EL leichtes Öl und Öl zum Frittieren

Puderzucker zum Bestreuen

◆ In einer Schüssel Mehl, Zucker, Backpulver und Salz vermengen. In der Mitte eine Mulde bilden und die Eier, Butter und 1 EL Öl hineingeben. Mit den Fingerspitzen das Mehl zügig in die anderen Zutaten einarbeiten und zu einem klebrigen Teig verkneten. Den Teig in der Schüssel etwa 10 Minuten sorgfältig weiterkneten, bis er geschmeidig ist und nicht mehr klebt.

◆ Auf einer leicht bemehlten Arbeitsfläche den Teig zu einem Rechteck von 2,5 cm Dicke ausrollen. Mit ein wenig Mehl bestäuben und von beiden Längsseiten jeweils ein Drittel überschlagen. Den Teig erneut zu einem Rechteck von 2,5 cm Dicke ausrollen und dieses Mal die kurzen Seiten je ein Drittel überschlagen. Diesen Vorgang zügig insgesamt fünfmal wiederholen. Dann den Teig zu einem Rechteck von 4 cm Dicke ausrollen. Mit einem Küchenhandtuch bedecken und 1 Stunde ruhen lassen.

◆ Den Teig in vier gleiche Teile teilen. Jedes Stück auf der bemehlten Arbeitsfläche zu einem ½ cm dicken Rechteck von 15 × 35 cm ausrollen. Dann in Streifen von 15 cm Länge und etwa 2 cm Breite schneiden. Jeden Streifen in der Mitte etwa 5 cm der Länge nach einschneiden. Jeweils das eine Ende der Teigstreifen durch den Schlitz hindurchführen und den Streifen zu einer Schleife biegen. Sie können den Schlitz auch weglassen und den Teigstreifen in der Mitte wie einen Propeller zusammendrehen oder Ihrer Fantasie bei der Gestaltung freien Lauf lassen.

◆ In einer Fritteuse oder einer hohen Pfanne 10 cm hoch Öl einfüllen und auf 190 °C erhitzen. Das Öl hat die richtige Temperatur erreicht, wenn eine Teigprobe beim Eintauchen sofort aufgeht und sich golden verfärbt. Immer nur ein paar Teigkringel gleichzeitig in das heiße Öl gleiten lassen und 1–2 Minuten backen, bis sie aufgegangen und goldgelb sind. Mit einer Küchenzange wenden und von der anderen Seite ebenfalls goldgelb backen. Die fertigen *bugnes* auf Küchenkrepp abtropfen lassen und anschließend durch ein feines Sieb mit Puderzucker bestreuen. Auf diese Weise sämtliche Teigkringel ausbacken.

◆ Die *bugnes* heiß oder lauwarm servieren.

Für 8–10 Personen; ergibt etwa 100 Stück

Les Pyrénées et Gascogne

Gateau de mûres

Gestürzter Brombeerkuchen

In den Bergen ist der Sommer Beerenzeit. Einmal im August, als Freunde nach einem zweiwöchigen Aufenthalt in den Pyrenäen in die Provence zurückkehrten, brachten sie neben Gläsern mit selbst gemachter Marmelade auch einen Eimer mit frischen Waldbeeren mit. Wir machten daraus einen Kuchen, ähnlich diesem, und aßen ihn noch warm mit Vanilleeis von unserem »glacier« im Dorf.

100 g Butter und 1 EL Butter, Letztere zerlassen und wieder abgekühlt

500 g Zucker

250 g Brombeeren

4 Eier

150 g Mehl

1 TL Backpulver

1 Prise Salz

◆ Den Ofen auf 180 °C vorheizen. 100 g Butter in eine runde, 23–25 cm große und 6 cm hohe Backform geben und 5 Minuten im Ofen zerlaufen lassen. Aus dem Ofen nehmen und die Hälfte des Zuckers hinzufügen. Verrühren und für weitere 5 Minuten in den Ofen schieben. Zwischendurch ein- bis zweimal umrühren. Wieder aus dem Ofen nehmen und die Brombeeren in einer einzigen Schicht auf dem Zucker verteilen.

◆ Die Eier trennen. Das Eiweiß in eine große, das Eigelb in eine kleine Schüssel geben. Den Esslöffel zerlassene Butter mit dem Eigelb verrühren und die Mischung beiseite stellen. In eine weitere Schüssel das Mehl sieben und mit dem Backpulver und Salz vermengen. Beiseite stellen. Das Eiweiß mit einem Schneebesen oder mit dem elektrischen Rührgerät auf mittlerer Stufe schlagen, bis sich kleine Spitzen bilden. Den restlichen Zucker in vier Teilen unter das Eiweiß ziehen. Dann das Eigelb ebenfalls in vier Schritten unterheben. Zum Schluss das Mehl nach und nach einarbeiten. Den Teig über die Brombeeren gießen und gleichmäßig verteilen.

◆ Im Ofen etwa 30 Minuten backen, bis an einem in der Mitte eingestochenen Holzstäbchen keine Teigreste haften bleiben. Vor dem Stürzen mindestens 10 Minuten ruhen lassen. Dann mit einem Messer am inneren Formrand entlangfahren. Den Kuchen auf einen großen Teller stürzen und vorsichtig die Form abziehen. In Stücke schneiden und warm servieren.

Für 6–8 Personen

Confitures

Confitures heißen die leckeren französischen Marmeladen und Gelees aus Kirschen, Himbeeren, Quitten, Brombeeren, Aprikosen, Heidelbeeren, Zwetschgen und anderen saisonalen Früchten, die in der Dessertküche fast so wichtig sind wie auf dem Frühstückstisch, wo man sie aufs Brot oder auf Croissants streicht. Marmelade, z. B. aus Aprikosen oder Kirschen, wird zum Füllen von Fettgebackenem verwendet. Gelees dienen zerlassen und etwas eingedickt zum Glasieren von Obstkuchen und -törtchen. Konfitüre wird über Frischkäse gelöffelt und zu Eis und dem süßen *pain perdu* (»Arme Ritter«) gegessen. In der *pâtisserie* findet man sie versteckt zwischen Kuchenböden und als krönende Kleckse auf Keksen und Plätzchen.

Viele Franzosen machen noch immer ein paar Gläser ihrer Lieblingsmarmelade selbst – häufig aus den mitgebrachten Früchten des Sommerurlaubs in den Bergen oder auf dem Land. Gibt es einen besonderen Anlass – ein Weihnachtsfrühstück oder Gäste von weither –, kommen sie auf den Tisch, und schon beginnt das Etikett zu erzählen: *Confitures de figues sauvages, fait à Moustiers-Ste-Marie, août 1998* (Feigenmarmelade, Moustiers-Ste-Marie, August 1998). Der Rest der Geschichte – wo man die Feigen gesammelt hat, wie das Wetter war und wer alles dabei war – wird von Lobeshymnen und Kundgaben des Genusses begleitet.

Alsace-Lorraine

Tarte à la rhubarbe et aux fraises

Erbeer-Rhabarber-Kuchen

Rhabarber gedeiht besonders gut in kühleren Gegenden und ist daher vor allem in Savoyen und im Elsass, wo er im Spätfrühling und Frühsommer zusammen mit Erdbeeren die Gärten füllt, eine begehrte saisonale Spezialität.

6 Stangen (600 g) Rhabarber, geschält und in 1,5 cm dicke Stücke geschnitten

375 ml Wasser

Saft einer Zitrone

1 TL geriebene Schale einer unbehandelten Zitrone

1 Vanilleschote, der Länge nach aufgeschnitten und in jeweils drei Teile geteilt

180 g brauner Zucker

1 EL Mehl

600 g Erdbeeren

1 Platte tiefgekühlter Blätterteig (30 × 35 cm), im Kühlschrank aufgetaut

1 EL Butterflöckchen

◆ In einem großen Topf Rhabarber, Wasser, Zitronensaft und -schale sowie Vanilleschote vermengen und zum Kochen bringen. Unbedeckt etwa 15 Minuten köcheln lassen, bis der Rhabarber weich ist. Abkühlen lassen. Zudecken und mindestens 1 Stunde kalt stellen. Anschließend den Rhabarber in einem Sieb abtropfen lassen.

◆ In einer Schüssel Zucker und Mehl vermischen. Den abgetropften Rhabarber unterrühren. Dann die Erdbeeren vorsichtig unterheben.

◆ Den Ofen auf 190 °C vorheizen. Auf einer leicht bemehlten Arbeitsfläche den Blätterteig zu einem 45 × 45 cm großen Quadrat ausrollen. Die Ecken so abschneiden, dass ein Kreis entsteht. Die Teigplatte auf ein ungefettetes Backblech legen. Die Erdbeer-Rhabarber-Mischung in der Mitte des Teiges aufhäufen und die Butterflöckchen darauf verteilen. Dann die Teigkanten hochklappen und an den Rändern leicht über die Füllung schlagen.

◆ Im Ofen 20–25 Minuten backen, bis der Blätterteig aufgegangen und goldbraun ist. Aus dem Ofen nehmen und heiß oder mit Zimmertemperatur servieren.

Für 6 Personen

Pays de la Loire

Poires au thé aux épices

Pochierte Birnen in gewürztem Tee

Das Departement Anjou war lange Zeit das Zentrum der französischen Birnenproduktion. Die noch heute sehr beliebte Doyenne du Comice wurde erstmals in der Hauptstadt Angers angebaut, aber auch viele andere berühmt gewordene Sorten stammen von dort. Angeblich hatte Louis XIV. eine Schwäche für Birnen, darunter die Louisebonne, die er ganz besonders gern gemocht haben soll. Ich selbst habe sie in meinem Obstgarten und kann ihren süßen, samtenen Geschmack nur bestätigen.

Bedenken Sie, dass Birnen gepflückt besser reifen als am Baum, wo sie körnig werden. Wählen Sie Birnen, die noch fest und grünlich – bestenfalls mit einem Hauch Gelb – sind. Lagern Sie sie in einem Beutel im Keller, bis sie weich und ganz gelb geworden sind, und sie erleben den köstlichen Wohlgeschmack einer vollreifen Frucht.

Bei diesem Rezept spenden die Birnen dem Sirup ihren Saft, dessen Süße sich mit dem Aroma von Earl Grey und Sternanis verbindet. Servieren Sie die Birnen schlicht mit einer großzügigen Kelle des Sirups und vielleicht einem Stück Blauschimmelkäse und einer Scheibe Walnussbrot.

250 ml trockener Weißwein

250 ml Wasser

180 g Zucker

2 TL Earl-Grey-Tee in einem Tee-Ei oder 2 Earl-Grey-Teebeutel

1 Streifen hauchdünn abgeschälte Orangenschale (Zeste) von einer unbehandelten Frucht

4 Gewürznelken

2 Sternanis

1 Stück Vanilleschote (etwa 5 cm lang)

5 Birnen, geschält, der Länge nach halbiert oder geviertelt und entkernt

◆ In einem Topf Wein, Wasser, Zucker, Tee, Orangenschale, Nelken, Sternanis und Vanilleschote zum Kochen bringen. Gelegentlich umrühren, damit sich der Zucker auflöst. In etwa 5 Minuten zu einem dünnen Sirup einkochen. Von der Kochstelle nehmen und 15 Minuten ziehen lassen. Tee-Ei oder -beutel herausnehmen.

◆ Den Topf zurück auf den Herd stellen und den Sirup auf mittlerer Stufe bis fast zum Siedepunkt erhitzen. Dann die Hitze auf niedrige Stufe herunterstellen. Mit einem großen Löffel die Birnenstücke in den Sirup gleiten lassen und 3–4 Minuten pochieren. Die Birnen wenden und weitere 2–3 Minuten pochieren, bis sie gerade eben zart sind. Zum Prüfen des Gargrades mit einer Messerspitze einstechen.

◆ Den Topfinhalt in eine Glasschüssel umfüllen und vollständig abkühlen lassen. Nach Belieben Orangenschale, Nelken, Sternanis und Vanilleschote entfernen. Zudecken und im Kühlschrank kalt stellen.

◆ Die Birnen halten sich im Kühlschrank bis zu 5 Tage. Zum Servieren in kleine Schälchen füllen und mit dem Sirup übergießen.

Für 6–8 Personen

Bourgogne et le Lyonnais

Mousse au chocolat

Mousse au chocolat ist das französische Dessert par excellence. Leider begegnet man häufig – in Frankreich wie anderswo – minderwertigen Imitationen der echten Mousse. Eine gute Mousse au chocolat ist so üppig und schokoladig, dass, wie ein guter Freund zu sagen pflegt, man bestenfalls die Hälfte einer normalen Dessertportion davon bewältigen kann. Die Varianten reichen von klebrig-weich bis fest. Diese Version gehört zur letzteren Gruppe. Garnieren Sie die Mousse mit Schokoladensplittern, wenn Sie mögen

125 g Zartbitterschokolade, in kleine Stücke zerteilt

3 EL Butter, in kleine Stücke zerteilt

3 Eier

1 Prise Salz

2 EL Puderzucker

◆ Die Schokolade in einer hitzebeständigen Schüssel auf (nicht in) ein fast siedendes Wasserbad setzen. Die Schokolade unter Rühren in etwa 2 Minuten schmelzen lassen. Die Butter hinzufügen und in 30–60 Sekunden vollständig unterrühren.

◆ Ein Ei trennen. Das Eiweiß in eine große Schüssel geben. Das Eigelb der Schokolade zugeben und rasch in die Masse einrühren. Mit den anderen zwei Eiern auf gleiche Weise verfahren. Die Schüssel vom Wasserbad nehmen und abkühlen lassen, bis die Masse lauwarm ist.

◆ Das Eiweiß salzen und mit dem elektrischen Rührgerät aufschlagen, bis sich steife Spitzen formen. Dann den Puderzucker hineingeben und kurz weiterschlagen. Mit einem Gummispatel vorsichtig den Eischnee unter die lauwarme Schokoladenmasse heben. Darauf achten, dass der Eischnee nicht zusammenfällt.

◆ Die Mousse in eine große Schüssel oder in einzelne Schalen füllen. Zudecken und bis zu 24, mindestens aber 6 Stunden im Kühlschrank fest werden lassen. Gut gekühlt servieren.

Für 4 Personen

Fruits de saison

Obst wird in Frankreich häufig zum Dessert gereicht - ein äußerst gesunder Brauch -, und dabei sind die Früchte der jeweiligen Jahreszeit natürlich besonders begehrt. Im Winter können das Orangen, Äpfel oder Trockenfrüchte sein; im Frühling Kirschen und Aprikosen. Im Sommer natürlich quillt die Obstschale mit Pfirsichen, Pflaumen, Nektarinen, Trauben und Melonen regelrecht über. Im Herbst bilden Feigen und Birnen die Hauptattraktionen.

Der Obstgarten, *verger,* ist das Pendant zum *potager.* Dort pflanzen die Franzosen so viele Obstbäume oder -sträucher, wie irgend möglich - selbst in kleinen, städtischen Hinterhausgärten. Es gilt als ausgesprochener Luxus, seinen Gästen frisches Obst vom eigenen Baum servieren zu können. In Ermangelung eines solchen behilft man sich eben mit den besten Stücken vom örtlichen Markt.

Neben ihrer Bestimmung zur eigenständigen Nachspeise bilden Obst und Früchte auch die Grundlage für viele andere einfache Desserts. *Clafoutis* ist zum Beispiel ein beliebter Auflauf, der traditionell mit Kirschen, aber auch mit Aprikosen, Pfirsichen, Feigen, Zwetschgen oder Nektarinen gemacht wird. Ein Früchtegratin, bei dem halbierte oder in Spalten geschnittene Früchte in eine gebutterte Form geschichtet, gezuckert und mit einer dünnen Eiermasse übergossen werden, ist ein denkbar einfach zubereitetes Dessert, das, wenn es heiß und duftend auf den Tisch kommt, dennoch einen eleganten Eindruck hinterlässt. Pfirsiche, Kirschen und Trauben dienen auch als Füllung für Crêpes und als Beigabe zu Eis und verschiedenen Rührkuchen. Sie sind ganz besonders lecker, wenn sie zuvor in einem mit Vanille aromatisierten Zuckersirup pochiert werden. Die feinsten *pâtisseries* geben sich alle Mühe, die Passanten mit der Präsentation ihrer erlesenen Kreationen aus den Früchten der Jahreszeit, wie Beeren im Frühling, Orangen und Zitronen im Winter und Zwetschgen im Herbst, in Versuchung zu führen.

Pays de la Loire

Gratin de pêches

Pfirsichgratin

Früchtegratins werden in Frankreich häufig zubereitet und zählen zu den einfachsten Desserts überhaupt. Die Früchte werden in eine dünne Eiermasse, ähnlich einem Crêpeteig, gebettet. Alle möglichen Früchte, von Feigen über Beeren bis zu Aprikosen, sind für dieses Dessert geeignet. Servieren Sie es schlicht, wie es ist, garniert mit Crème fraîche oder zu Eiscreme.

1 TL und 1 EL Butter, in kleine Stücke zerteilt

4 EL (60 g) Zucker

60 ml Milch

1 Ei

1 Prise Salz

50 g Mehl

1 kg Pfirsiche, geschält, halbiert und entsteint

2 EL Mandeln oder Walnüsse, grob gehackt

◆ Den Ofen auf 220 °C vorheizen. Eine 20 × 23 cm große Auflaufform oder eine flache Backform mit 1 TL Butter einfetten und mit 1 EL Zucker ausstreuen.

◆ In einer Schüssel Milch, Ei, 1 EL Zucker und eine Prise Salz miteinander verschlagen. Nach und nach das Mehl einrühren. Die Eiermasse in die Form geben und die vorbereiteten Pfirsiche darauf legen. Mit den verbliebenen 2 EL Zucker sowie den gehackten Mandeln oder Walnüssen bestreuen. Zuletzt die Butterflöckchen darüber verteilen.

◆ Im Ofen etwa 15 Minuten backen, bis die Eiermasse gestockt, die Butter zerlaufen ist und die Pfirsiche zart sind.

◆ Aus dem Ofen nehmen und vor dem Servieren 10 Minuten stehen lassen.

Für 4–6 Personen

Le Sud-Ouest

Crêpes aux coings à l'armagnac

Crêpes gefüllt mit Quitten in Armagnac

Crêpes lassen sofort an Frankreich denken – an die unzähligen Crêperien, die es als Straßenstände oder kleine Lokale im ganzen Land beinahe an jeder Ecke gibt. Die meisten bieten sowohl süße als auch salzige Versionen dieser hauchdünnen Pfannkuchen, so dass man ein komplettes Menü mit ihnen zusammenstellen kann. Doch einige – besonders die ganz kleinen Stände – bereiten ausschließlich süße Crêpes mit Butter und Zucker oder verschiedenen Marmeladen. Quitten sind roh blassgelb, hart und sauer und praktisch ungenießbar. Erst beim Kochen entfalten sie ihre ganze Aromafülle und bekommen die Farbe von Bernstein.

FÜR DEN CRÊPES-TEIG

4 Eier

450 ml Milch

60 g Mehl

1 TL Zucker

½ TL Salz

FÜR DIE FÜLLUNG

3 EL Butter

4 große Quitten, geschält, entkernt und der Länge nach in 5 mm dünne Spalten geschnitten

2 EL Zucker

60 ml Wasser

2 EL Armagnac

ZUM BACKEN UND GARNIEREN

60 g Butter

250 ml Crème double

1½ EL Zucker

◈ Für den Crêpes-Teig die Eier mit der Milch in einer großen Schüssel verschlagen. Dann nach und nach in kleinen Mengen Mehl, Zucker und Salz hinzufügen und alles zu einem dünnen, klumpenfreien Teig verrühren. Sollten trotz aller Anstrengungen noch immer Klümpchen zurückbleiben, den Teig durch ein sehr feinmaschiges Sieb passieren. Zudecken und 2 Stunden kalt stellen.

◈ Für die Füllung die Butter in einer Pfanne bei mittlerer Hitze aufschäumen lassen. Die vorbereiteten Quitten hineingeben und in 1–2 Minuten glasig schwitzen. Den Zucker hinzufügen und die Quittenspalten von der einen Seite in 2–3 Minuten goldbraun werden lassen. Wenden und von der anderen Seite ebenfalls in 2–3 Minuten goldbraun braten. Das Wasser hinzugießen und nochmals 2–3 Minuten garen, bis die Quitten weich sind. Den Armagnac darüber gießen und flambieren. Sobald die Flamme erloschen ist, die Quitten zudecken und bis zum Servieren warm halten.

◈ Eine große, möglichst beschichtete Pfanne auf mittlerer Stufe heiß werden lassen. Sie hat die richtige Temperatur, wenn ein Tropfen Wasser bei Berührung des Pfannenbodens zu zischen und spritzen beginnt. 2 TL Butter in der Pfanne zerlaufen lassen. Die Pfanne dabei hin und her bewegen, um die Butter gleichmäßig zu verteilen. Ist der Teig zu dick – er sollte die Konsistenz von flüssiger Schlagsahne haben –, ein wenig Milch hinzufügen. Dann eine Kelle davon (etwa 60 ml) in die Pfanne geben und durch Schwenken der Pfanne gleichmäßig verlaufen lassen. Überschüssigen Teig abgießen. Innerhalb sehr kurzer Zeit (etwa 30 Sekunden) bilden sich Bläschen an der Oberfläche, und die Teigränder beginnen trocken zu werden und sich vom Pfannenrand zu lösen. Mit einer Palette oder einem Spatel die Crêpe wenden und kurz von der anderen Seite fertig backen. Die fertigen Crêpes auf einen Teller stapeln und während des Backens zum Warmhalten abdecken. Den gesamten Teig auf die gleiche Weise ausbacken. Je nach Bedarf verbrauchte Butter ergänzen. Sie sollten etwa 16 Crêpes erhalten.

◈ In einer Schüssel die Crème double mit dem Elektroquirl auf hoher Stufe etwa 2 Minuten schlagen, bis sie steif zu werden beginnt. Langsam den Zucker hinzufügen und weiterschlagen, bis sich weiche Spitzen bilden.

◈ Zum Servieren jeweils 1–1½ EL Quitten in die Mitte jeder Crêpe füllen und die Crêpe zu einem Dreieck zusammenfalten. Jeweils zwei Crêpes auf einem Teller anrichten, mit 1 EL geschlagener Crème double garnieren und sogleich servieren.

Für 8 Personen

Es gilt als ausgesprochener Luxus, seinen Gästen frisches Obst vom eigenen Baum servieren zu können. In Ermangelung eines solchen behilft der Gastgeber sich eben mit den besten Stücken vom örtlichen Markt.

Le Centre

Clafoutis aux cerises

Kirschauflauf

»Clafoutis«, ein puddingartiger Kuchen oder Auflauf, reichlich bestückt mit Sauerkirschen, stammt ursprünglich aus dem Limousin im Zentrum Frankreichs. Inzwischen hat sich dieser köstliche Auflauf jedoch über das ganze Land ausgebreitet und wird auch mit anderen Früchten zubereitet. Die Kirschen werden traditionell nicht entsteint. Warnen Sie also rechtzeitig Ihre Gäste.

1½ TL Butter

250 ml Milch

60 ml Schlagsahne

100 g Mehl, durchgesiebt

3 Eier

60 g feiner Zucker

1 EL Vanilleextrakt

1 Prise Salz

500 g süße oder saure Kirschen, nach Belieben entsteint

1 EL Puderzucker

◆ Den Ofen auf 180 °C vorheizen.

◆ Eine Backform mit 23–25 cm Durchmesser mit der Butter einfetten. In einer Schüssel Milch, Sahne, Mehl, Eier, Zucker, Vanilleextrakt und Salz verrühren. Mit dem Elektroquirl auf mittlerer Stufe in etwa 5 Minuten schaumig schlagen.

◆ Den Boden der vorbereiteten Form mit einer dünnen Schicht Teig bedecken. Die Form für 2 Minuten in den Ofen geben und anschließend wieder herausnehmen. Nun die Kirschen in die Form füllen und den verbliebenen Teig darüber gießen. Im Ofen 30–35 Minuten backen, bis der Teig aufgegangen und goldbraun ist und beim Einstechen mit einer Messerspitze keine Teigreste haften bleiben.

◆ Den fertigen *clafoutis* mit Puderzucker bestreuen und warm servieren.

Für 6–8 Personen

Le Sud-Ouest

Pouding au pain aux fruits secs

Brotpudding mit Korinthen und getrockneten Aprikosen

Ich habe die Franzosen immer für ihre einfallsreiche Verwendung von übrig gebliebenem Brot bewundert. Dass es nicht mehr frisch ist, bedeutet nämlich noch lange nicht, dass es wertlos geworden wäre. Vielmehr ist es in einen anderen, nicht minder wertvollen Zustand übergegangen, wie etwa, wenn aus Milch Käse oder aus Trauben Wein wird. In der Dessertküche wird altbackenes Brot hauptsächlich zu Puddings oder zu »pain perdu« (Seite 242) verarbeitet, während es bei anderen Speisen als Füllung für Gemüse, Fisch und Geflügel dient oder zum Überbacken von Gratins oder anderen Gerichten, die nach einer knusprigen Kruste verlangen.

Bei Brotpuddings hängt das Ergebnis von der Sorte des verwendeten Brotes ab. Ist es ein kräftiges, luftiges Landbrot, so wird der Pudding ebenfalls locker und luftig und erinnert, da das Brot während des Backens die Form bewahrt, fast an ein Soufflé. Ist das Brot hingegen dicht und kompakt, so wird es auch der Pudding. Beide Varianten sind lecker. Diese spezielle Version erinnert mich immer an den Südwesten Frankreichs mit seinen ausgedehnten Aprikosenplantagen.

100 g Korinthen

200 g getrocknete Aprikosen, grob gehackt

100 ml brauner Rum

3 EL Butter

1–1,5 l Milch

4 Eier

1 TL Vanilleextrakt

½ TL Salz

300 g Zucker

10–12 Scheiben Stangenweißbrot vom Vortag, etwa 2,5 cm dick

◆ In einer Schüssel Korinthen und Aprikosen vermengen, mit dem Rum übergießen und die Früchte zugedeckt über Nacht bei Zimmertemperatur durchziehen lassen.

◆ Den Ofen auf 190 °C vorheizen. Eine Kastenform von 13 × 23 × 7,5 cm oder eine andere Form der gleichen Größe mit 1 EL Butter gut einfetten.

◆ Die Milch in eine große Schüssel geben. Für eine feste Brotsorte genügt 1 Liter. Verwenden Sie eine gröbere, körnigere Sorte, werden Sie etwa 1,5 l Milch brauchen. Eier, Vanilleextrakt, Salz und den Zucker bis auf 6 EL (90 g) hinzufügen und gut miteinander verschlagen. Die eingeweichten Früchte abgießen. Die Einweichflüssigkeit auffangen und in die Milchmischung einrühren.

◆ In die vorbereitete Form eine Schicht Brot einlegen. Jeweils 1 EL Korinthen und Aprikosen beiseite stellen. Nun ein Drittel der Früchte auf der Brotschicht verteilen und ein Viertel der Milchmischung darüber gießen. Diesen Vorgang zweimal wiederholen und jeweils die Schichten etwas nach unten drücken. Zuoberst mit einer Schicht Brot abschließen und die restliche Milch darüber gießen. Die zurückbehaltenen Korinthen und Aprikosen mit dem verbliebenen Zucker vermischen und auf der Oberfläche verteilen. Die restliche Butter in Flöckchen darüber geben.

◆ Im Ofen etwa 45 Minuten backen. Der Pudding ist gar, wenn beim Einstechen mit einer Messerspitze keine Teigreste haften bleiben. Den Brotpudding aus dem Ofen nehmen und in Schalen füllen. Heiß oder warm servieren.

Für 6 Personen

Le Sud-Ouest

Soufflé aux pruneaux à l'armagnac

Zwetschgen-Soufflé mit Armagnac

Soufflés gehören in Frankreich zu den klassischen Desserts, und viele Regionen pflegen ihre ganz speziellen Varianten, die stets nach den regionalen Produkten verlangen. Diese Version ist in der Gascogne zu Hause, wie die Zwetschgen und der Armagnac verraten.

250 g Zwetschgen, entsteint

250 ml warmes Wasser

2 EL Armagnac

1½ EL Butter

1½ TL und 6 EL feiner Zucker

7 Eiweiß

1 Prise Salz

Puderzucker zum Bestreuen

◆ In einer Schüssel die Zwetschgen in dem warmen Wasser und 1 EL Armagnac einweichen und bei Zimmertemperatur über Nacht ziehen lassen.

◆ Am nächsten Tag den Ofen auf 180 °C vorheizen. Eine Souffléform mit 20 cm Durchmesser großzügig mit Butter einfetten und mit 1½ TL Zucker ausstreuen. Die Form drehen und schwenken, um den Zucker an Boden und Rändern gleichmäßig zu verteilen.

◆ Die Zwetschgen abgießen, dabei die Einweichflüssigkeit auffangen. 2 EL davon zurückbehalten. Die Zwetschgen mit der restlichen Einweichflüssigkeit und dem verbliebenen Armagnac in der Küchenmaschine zu einem dicken Püree verarbeiten. Beiseite stellen.

◆ Eiweiß und Salz in eine Schüssel geben. Mit dem Elektroquirl auf mittlerer Stufe schlagen, bis sich weiche Spitzen bilden. Nach und nach die 6 EL Zucker unterrühren und weiterschlagen, bis der Eischnee feste Spitzen bildet. Mit einem Gummispatel das Zwetschgenpüree in kleinen Mengen vorsichtig unterheben, so dass der Eischnee nicht zusammenfällt. Die Masse in die vorbereitete Form geben.

◆ Im Ofen etwa 20 Minuten backen, bis das Soufflé bis über den Rand der Form aufgegangen ist. Aus dem Ofen nehmen und durch ein feines Sieb mit Puderzucker bestreuen. Sofort servieren.

Für 6 Personen

Digestifs

So wie Aperitifs als Ouvertüre zu einem Essen gelten, bildet der Digestif das Finale und hat den Zweck, die Verdauung zu fördern – eine willkommene Unterstützung. Manchmal begleitet er den Kaffee nach dem Essen, doch häufiger folgt er ihm.

Anders als Aperitifs werden Digestifs zumeist destilliert, aus Wein oder Früchten. Dabei hat jede Region in Frankreich ihre eigenen Spezialitäten. Der bekannteste Digestif ist ohne Frage der Cognac, der aus Wein gebrannt und in dem Anbaugebiet um Cognac hergestellt wird. Nicht weit davon, in der Gascogne, fällt die Wahl auf Armagnac – wie Cognac ebenfalls ein Weinbrand. Marc ist ein Tresterschnaps, der aus den Stielen, Schalen und Kernen der ausgepressten Trauben destilliert wird und viele Liebhaber hat. »Marc de Bourgogne, Marc de Champagne, d'Auvergne, d'Alsace« – die Liste seiner regionalen Spielarten scheint endlos. Calvados ist eine Spezialität aus der Normandie und wird aus dem Saft und Fruchtfleisch von Äpfeln gewonnen. Auch die »eaux-de-vie« aus Himbeeren, Birnen und anderen Früchten sind überall zu finden. Hier werden die Früchte vor dem Destillieren zunächst vergoren, ein etwas anderes Verfahren als beim Marc, doch schmecken tun sie alle.

Alle Digestifs eignen sich mit ihren vielschichtigen Aromen hervorragend zum Kochen. Meist kommen sie beim Flambieren zum Einsatz, wobei der Alkohol verbrennt und das Aroma zurückbleibt.

Île-de-France

Tartelettes aux fruits

Fruchttorteletts

Geformt wie Diamanten, kleine Schiffchen und gerippte Körbe, mit Beeren wie mit glitzernden Perlen gefüllt, in aller Farbenpracht schmücken Fruchttörtchen die Auslagen der »pâtisseries« in ganz Frankreich. In den entlegendsten Dörfern, in Industriegebieten, Trabantenstädten und eleganten Stadtzentren, überall locken »pâtisseries« mit wundervollen Küchlein aus frischen Früchten, die auf einem Bett aus »crème pâtissière« ruhen. Es ist gar nicht schwer, sie herzustellen. Für einen großen Kuchen nehmen Sie anstelle der zwölf kleinen Förmchen einfach eine 25-cm-Backform.

FÜR DEN TEIG

300 g Mehl

1 TL Salz

125 g und 3 EL kalte Butter, in 1 cm große Würfel geschnitten

6 EL (90 ml) eiskaltes Wasser

FÜR DIE CREME

250 ml Milch und 1 EL nach Bedarf

125 g Zucker

3 Eigelb

60 g Mehl

1 EL zimmerwarme Butter

1½ TL Vanilleextrakt

150 g rotes Johannisbeergelee

175 g Heidelbeeren

175 g Himbeeren

◆ Für den Teig Mehl und Salz in einer Schüssel vermischen. Die Butterwürfel nach und nach hinzufügen und mit einem Teigmischer oder zwei Messern in das Mehl hacken, bis sich erbsengroße Kügelchen bilden. Dann löffelweise das Eiswasser dazugeben und zuerst mit einer Gabel, dann mit den Fingerspitzen rasch in den Teig einarbeiten. (Zu langes Kneten lässt den Teig zäh und brandig werden.) Den fertigen Teig zu einer Kugel formen (er sollte noch ein bisschen krümelig sein), in Frischhaltefolie einwickeln und 15 Minuten im Kühlschrank durchkühlen lassen.

◆ Den Ofen auf 220 °C vorheizen.

◆ Den Teig in vier Teile teilen und einen Teil auf einer bemehlten Arbeitsfläche ½ cm dick ausrollen. Den restlichen Teig in der Zwischenzeit wieder kalt stellen. Ein rundes oder anders geformtes Ausstechförmchen mit 5 cm Durchmesser auf den Teig setzen. Mit einem Messer die Form etwa 1 cm größer nachzeichnen. Auf die gleiche Weise möglichst viele Teigböden ausschneiden. Mit einem Messer oder Palettmesser die Teigböden von der Arbeitsfläche lösen und vorsichtig in die Förmchen drücken. Überschüssige Teigränder entfernen. Die Teigreste zu einem Ball formen und wieder ausrollen. Erneut so viele Böden wie möglich ausschneiden. Beim zweiten Mal zurückbleibenden Teig nicht mehr verwenden. Auf diese Weise sämtlichen Teig verarbeiten, bis alle Förmchen ausgekleidet sind. Ein Stück Backpapier auf die Größe der Förmchen zurechtschneiden und jedes Förmchen damit auslegen. Jedes Förmchen mit Backerbsen oder getrockneten Bohnen beschweren.

◆ Im Ofen 10 Minuten blind backen; dann Backerbsen oder Bohnen und Papier entfernen. Mit einer Gabel die Teigböden mehrmals einstechen und anschließend weitere 4–5 Minuten backen, bis sie goldgelb sind. Aus dem Ofen nehmen und auf einem Gitter auskühlen lassen.

◆ Für die Creme die Milch in einem großen Topf bei mittlerer Hitze heiß werden lasen, bis sich am Topfrand kleine Bläschen bilden. Inzwischen in einer großen Schüssel Zucker und Eidotter mit dem Elektrorührgerät auf mittlerer Stufe schaumig schlagen. Das Mehl unterschlagen, bis sich eine dicke Masse bildet. Die Milch, sobald sie heiß ist, unter ständigem Weiterschlagen in die Eier-Zucker-Mischung geben, bis sie vollständig eingearbeitet ist. Die Mischung zurück in den Topf geben und unter ständigem Schlagen zum Kochen bringen. Wenn die Mischung nach 1–2 Minuten dick zu werden beginnt, sofort von der Kochstelle nehmen und etwa 1 Minute kräftig weiterschlagen, bis sie sehr dick ist. Dann die Butter und das Vanilleextrakt unterrühren. Etwas abkühlen lassen. Ist die Creme nach dem Abkühlen zu fest, um sie zu verstreichen, 1 EL Milch hinzugeben und glatt rühren.

◆ In einem Topf das Johannisbeergelee bei milder Hitze unter Rühren zerlaufen lassen. Von der Kochstelle nehmen. In jedes ausgekühlte Tortelett gerade so viel des warmen Gelees geben wie nötig, um den Boden zu glasieren. Durch Neigen der Förmchen das Gelee gleichmäßig verteilen. Wenn nötig, das Gelee zwischendurch wieder erwärmen.

◆ Die Torteletts etwa 5–10 mm dick mit der Creme auskleiden. Heidelbeeren und Himbeeren darauf verteilen und mit dem verbliebenen Johannisbeergelee glasieren. Die fertigen Törtchen zudecken und bis zu 12 Stunden, mindestens aber 1 Stunde kalt stellen.

◆ Die Törtchen 15–20 Minuten vor dem Servieren aus dem Kühlschrank nehmen.

Ergibt 12 Torteletts

BRASSERIE NATIONALE

Franche-Comté et les Alpes

Tarte aux noix

Walnusskuchen

In der Gegend um Grenoble, wo der Großteil der französischen Walnussernte herstammt, sieht man nicht selten Walnussgebäck in den Auslagen der »pâtisseries«. Dieser Kuchen wird mit Walnusslikör, »vin de noix«, aromatisiert, doch Cointreau oder ein anderer Orangenlikör ist ein würdiger Ersatz.

FÜR DEN TEIG

250 g Mehl

60 g Zucker

125 g Butter, in 1 cm große Würfel geschnitten

1 Ei

FÜR DEN BELAG

2 EL Butter, zerlassen und wieder erkaltet

100 g hellbrauner Zucker

2 Eier

60 ml Walnusslikör oder Cointreau

1 TL Vanilleextrakt

180 g Walnusshälften, geröstet

◆ Den Ofen auf 180 °C vorheizen und ein Gitter in das untere Drittel einschieben.

◆ Für den Teig in einer Schüssel Mehl und Zucker vermengen. Die Butter hinzugeben und mit den Fingerspitzen einarbeiten, bis sich ein krümeliger Teig bildet. Das Ei hinzufügen und mit einer Gabel rasch in den Teig mischen. Eine 28-cm-Springform gleichmäßig mit dem Teig auskleiden und beiseite stellen.

◆ Für den Belag in einer Schüssel zerlassene Butter, braunen Zucker, Eier, Likör und Vanilleextrakt vermengen und mit einem Holzlöffel sorgfältig verrühren. Dann die gerösteten Walnüsse unterrühren. Die fertige Mischung gleichmäßig auf dem Teig verteilen.

◆ Im Ofen etwa 50 Minuten backen, bis Teig und Belag goldbraun sind. Auf einem Gitter ein wenig abkühlen lassen. Den Kuchen aus der Form lösen und auf einer Platte anrichten. Lauwarm oder kalt servieren.

Für 12 Personen

Champagne et le Nord

Sorbet au champagne

Champagner-Sorbet

Dieses Dessert ist eine sehr stilvolle Art, ein Essen zu beschließen, denn sein beherrschendes Aroma liefert der Champagner. Man kann zur geschmacklichen und farblichen Abrundung noch ein oder zwei Spritzer Crème de cassis oder einen anderen Fruchtlikör hinzufügen – Birne, Himbeere und Pfirsich sind ganz besonders geeignet.

Nur Schaumwein, der aus ganz bestimmten Lagen der Champagne stammt und unter sehr strengen, staatlich kontrollierten Auflagen hergestellt wird, darf den Namen Champagner tragen. Doch für dieses Sorbet ist auch jeder andere Schaumwein – auch ein roséfarbener, extra trocken oder brut – geeignet. Für einen besonders festlichen Anlass garnieren Sie das Sorbet mit kandierten Nelken- oder Rosenblättern und servieren Sie es in feinen Champagnerschalen, jenen, die besonders in den 20er und 30er Jahren beliebt waren.

1 Flasche (750 ml) Champagner oder ein anderer Schaumwein

60 g Zucker

◆ In einer Metallschüssel den Champagner oder Schaumwein mit dem Zucker verrühren. Mit Frischhalte- oder Alufolie fest verschließen und in den kältesten Teil der Tiefkühltruhe stellen. Etwa 4 Stunden gefrieren lassen und alle 30 Minuten umrühren, bis die Masse fest und körnig ist.

◆ Die Mischung in die Küchenmaschine geben und kurz durcharbeiten, um Klumpen zu entfernen und die Eiskristalle zu zerkleinern. So erhält man eine geschmeidigere Konsistenz.

◆ Die Mischung zurück in die Metallschüssel geben, erneut mit Frischhalte- oder Alufolie verschließen und wieder in den Gefrierschrank stellen. Für einen optimalen Geschmack sollte das Sorbet innerhalb von 48 Stunden serviert werden.

◆ Zum Servieren in Sektschalen, Weingläsern oder Dessertschalen anrichten.

Für 4 Personen

Normandie

Galette de pommes au fromage

Apfelkuchen mit Ziegenkäse

Das Schöne an Äpfeln ist, dass es einige lagerfähige Sorten gibt und die Saison daher vom Herbst bis zum Frühling dauert. Die Franzosen wissen das zu schätzen, und so gibt es für Äpfel zahllose und einfallsreiche Verwendungen in der französischen Küche. Hier werden sie mit Ziegenkäse und Blätterteig kombiniert.

1 Platte tiefgekühlter Blätterteig (30 × 35 cm), im Kühlschrank aufgetaut

125 g Ziegenfrischkäse

125 g und 2 EL Zucker

1 Ei

125 ml Crème double

½ TL Vanilleextrakt

2 große Äpfel (z. B. Granny Smith, Gala oder Golden Delicious), geschält, entkernt und in 5 mm dicke Spalten geschnitten

◆ Den Ofen auf 190 °C vorheizen.

◆ Den Blätterteig ausbreiten und mit einem scharfen Messer die Ecken so abschneiden, dass ein Kreis von etwa 30 cm Durchmesser entsteht. Die Teigplatte auf ein ungefettetes Blech legen. Den Teigrand hochschlagen und mit den Fingern festdrücken, um einen etwa 5 cm hohen Rand zu bilden.

◆ In einer Schüssel Ziegenkäse, 125 g Zucker, Eier, Sahne und Vanilleextrakt zu einer geschmeidigen Masse verrühren. Die Masse gleichmäßig auf dem Teigboden verstreichen. Die Apfelspalten in konzentrischen Kreisen in die Form einlegen. Mit den verbliebenen 2 EL Zucker gleichmäßig bestreuen.

◆ Im Ofen etwa 30 Minuten backen, bis der Teig aufgegangen und braun ist und die Äpfel goldgelb sind. Aus dem Ofen nehmen, locker mit Alufolie bedecken und etwa 10 Minuten ruhen lassen.

◆ Den Kuchen in Stücke zerschneiden und warm oder mit Zimmertemperatur servieren.

Für 6 Personen

Quelques fromages assortis

Es gibt mehrere Möglichkeiten, eine Platte für den Käsegang zusammenzustellen. Die einfachste ist eine Auswahl von fünf bis sieben Käsesorten verschiedener Regionen und Sorten. Zu den Sorten gehören Frischkäse, wie *petit-suisse* und *fromage frais,* Weichkäse mit einem meist weißen Schimmelbelag, wie Camembert, und Weichkäse mit einer gewaschenen Rinde, wie Münster. Letztere haben gewöhnlich eine orangerote Rinde, die durch das häufige Abwaschen während des Reifens entsteht. Die geäderten und marmorierten Edelpilzkäse bilden eine weitere Familie. Zur Gruppe der Hartkäse aus Rohmilch, die von drei bis zu sechs Monaten reifen, gehören Morbier und Saint-Nectaire. Comté und Beaufort reifen bis zu zwei Jahre und bilden als Hartkäse aus pasteurisierter Milch eine weitere Gruppe. Ziegenkäse kann, je nachdem wie er hergestellt wurde, zu jeder dieser Gruppen gehören.

Eine andere Möglichkeit für die Zusammenstellung Ihrer Käseplatte ist die Wahl von dreierlei Käse aus derselben Gegend, zu denen Sie Cidre, Wein oder Bier aus der Region reichen. Bei Ziegenkäse, für den ich eine ganz besondere Schwäche habe, können Sie von ganz frisch bis alt eine ganze »Armada« auffahren lassen. Nehmen Sie den Käse in jedem Fall eine halbe bis eine Stunde vor dem Servieren aus dem Kühlschrank, damit er sein volles Aroma zur Entfaltung bringen kann.

Pays de la Loire

Pain perdu aux cerises tièdes

Arme Ritter mit heißen Kirschen

Obwohl dieses Dessert einfache ländliche Kost ist, verbinden sich Aroma, Farbe und Konsistenz zu einer herrlichen Süßspeise.

60 g Zucker

125 ml Wasser

1 Sternanis

1 EL Kirschwasser nach Belieben

200 g große Süßkirschen, entstielt

4 Eier

2 EL Milch oder Wasser

4 Scheiben Brioche, süßes Brot oder Hefezopf vom Vortag, etwa 1 cm dick

3 EL Butter

Puderzucker zum Bestreuen

◆ In einem Topf Wasser und Zucker zum Kochen bringen und rühren, bis sich der Zucker aufgelöst hat. Sternanis und nach Belieben Kirschwasser hinzufügen und unter gelegentlichem Rühren 4–5 Minuten kochen lassen, bis sich ein dünner Sirup bildet. Die Kirschen dazugeben und in 7–8 Minuten unter häufigem Rühren weich kochen. Von der Kochstelle nehmen und zugedeckt warm stellen.

◆ In einer flachen Form, in der die vier Brioche-Scheiben nebeneinander Platz haben, Eier und Milch oder Wasser miteinander verschlagen. Die Brotscheiben hineinlegen und 1–2 Minuten einweichen lassen. Wenden und von der anderen Seite ebenfalls einweichen lassen, bis sämtliche Flüssigkeit absorbiert ist.

◆ In einer Pfanne die Butter bei mittlerer Hitze aufschäumen lassen. Die Brotscheiben hineingeben und von beiden Seiten jeweils in 3–4 Minuten goldgelb backen.

◆ Die gebackenen Brioche- oder Brotscheiben auf vier vorgewärmten Tellern anrichten. Die warmen Kirschen mit ihrem Saft gleichmäßig darauf verteilen. Mit Puderzucker bestreuen und servieren. Vergessen Sie nicht, Ihre Gäste vor den Kirschkernen zu warnen.

Für 4 Personen

Provence

Rissoles d'abricots

Gebackene Aprikosentäschchen

Dies ist meine Version eines Fettgebäcks, das ich einmal am Markttag in Digne-les-Bains in den Basses-Alpes probiert habe. Es kam direkt aus einer riesigen Fritteuse, wurde in Papier eingewickelt und mir noch siedend heiß in die Hand gereicht.

Die Schiefertafel an dem schirmbedachten Tisch verkündete »rissoles«. Obwohl der Teig nicht jener gesüßte Backteig war, den man in Savoyen für »rézules« oder »rissoles« verwendet, so ist das Prinzip doch sehr ähnlich. Vom Aussehen glichen diese »rissoles« großen Ravioli, die man frittiert und anschließend mit Puderzucker bestreut hat. Es gab auch welche mit herzhaften Füllungen. Ich probierte eine mit Spinatfüllung und eine weitere mit einer Kartoffel-Käse-Mischung. Der Teig war für süße und herzhafte »rissoles« der gleiche.

FÜR DEN TEIG

300 g Mehl

2 Eigelb

1 EL natives Olivenöl extra

2 EL Wasser

600 g Aprikosenmarmelade mit Fruchtstücken

Pflanzenöl zum Frittieren

Puderzucker zum Bestreuen

◆ Für den Teig Mehl, Eigelb, Olivenöl und Wasser in dieser Reihenfolge in die Küchenmaschine geben und zu einem klebrigen Teig verarbeiten. Den Teigball auf eine bemehlte Arbeitsfläche geben und etwa 7 Minuten durchkneten, bis er geschmeidig und ausrollfähig ist. Den Teig locker mit Frischhaltefolie umwickeln und 30 Minuten bei Zimmertemperatur ruhen lassen.

◆ Den Teig in zwei gleich große Stücke teilen. Die eine Hälfte auf einer großen und gut bemehlten Arbeitsfläche zu einem 3 mm dicken Rechteck von 40 × 50 cm ausrollen. Die Teigplatte sichtbar in 10 × 10 cm große Quadrate unterteilen. In die Mitte jedes Quadrates 3 EL Aprikosenmarmelade geben und bis 1 cm vom Teigrand entfernt glatt streichen.

◆ Die andere Teighälfte auf die gleiche Größe ausrollen und über die erste Teigplatte legen. Mit der Handkante die Teigplatten vorsichtig zwischen den Marmeladenhäufchen zusammendrücken, um die Ränder der Teigtaschen zu versiegeln.

◆ Mit einem Teigrädchen oder einem scharfen Messer zwischen den versiegelten Quadraten entlangfahren und die Teigtäschchen voneinander trennen. Sie können die Teigtäschchen nun sofort ins siedende Fett geben oder bis zur weiteren Verarbeitung auf ein bemehltes Küchenhandtuch oder Pergamentpapier legen. Achten Sie darauf, dass die Teigtäschchen weder übereinander liegen noch sich berühren. Anschließend gut mit Mehl bestreuen und mit einem weiteren Handtuch oder Pergamentpapier zudecken. So halten sie sich einige Stunden.

◆ In eine hochwandige Pfanne 2,5 cm hoch Öl einfüllen und auf mittlerer Stufe auf 180 °C erhitzen. Zur Probe einen Tropfen Wasser in die Pfanne geben. Bilden sich zischende Bläschen, ist das Fett heiß genug. Jeweils nur einige Teigquadrate gleichzeitig in die Pfanne geben und darauf achten, dass sie sich nicht berühren. Von der einen Seite in etwa 2 Minuten goldbraun backen. Mit einer Küchenzange wenden und von der anderen Seite ebenfalls goldbraun backen (etwa 1½ Minuten). Die frittierten *rissoles* auf Küchenkrepp abtropfen lassen. Entweder sofort servieren oder im Ofen warm stellen, bis sämtliche Teigtaschen ausgebacken sind.

◆ Die fertigen *rissoles* durch ein feines Sieb mit Puderzucker bestreuen und heiß servieren.

Ergibt 20 Teigtäschchen für 5–6 Personen

L'affineur

Jeder Käse, abgesehen von den Frischkäsen, ist gereift, und jede Sorte hat ihren eigenen optimalen Reifepunkt, an dem der Käse auf dem Höhepunkt seiner Entwicklung ist. Die *affineurs*, Käsereifer, kaufen alle Arten von Käse bei den Produzenten und reifen sie anschließend in ihren eigenen *caves* (Kellern).

Jean d'Alos aus Bordeaux ist so ein *affineur*. Sein Geschäft mit *cave* befindet sich in der Rue Montesquieu nahe der Garonne. Sein *cave* wurde schon vor Jahrhunderten in den Fels gehauen und diente ursprünglich Weinhändlern zum Lagern von Fässern. Ein Gang durch das Gewölbe, in dem sich auf drei Ebenen die Käse in den Regalen drängen, gleicht einer Reise durch sämtliche Regionen Frankreichs. Die unterirdischen Wände werden gesäumt von Hunderten von Zylindern, Pyramiden, Rädern, Scheiben und Quadraten aus Savoyen, der Auvergne, dem Pas-de-Calais, der Normandie, aus Elsass-Lothringen, dem Burgund, den Alpen und der Provence. Jeder Käse wird von Monsieur d'Alos und seiner in weiße Kittel gekleideten *équipe* fürsorglich umhegt. Darüber befindet sich der lichtdurchflutete und vom intensiven Duft der Käse durchströmte Ladenraum. Kunden fragen nach einem Käse für das abendliche Diner oder für ein Mittagessen am übernächsten Tag, und M. d'Alos wählt zielsicher aus seinem überreichen Angebot ein Exemplar, das zum gewünschten Zeitpunkt die perfekte Reife hat.

Île-de-France

Crème caramel

Wie Mousse au chocolat gibt es auch Crème caramel in Restaurants aller Couleur in zahllosen Variationen. Sie ist sogar als Fertigprodukt im Viererpack im Supermarkt erhältlich. Doch es lohnt sich, dieses einfache und dennoch elegante Dessert selbst zu machen.

250 g Zucker
500 ml Milch
500 ml Schlagsahne
8 Eier
1 Prise Salz
1 TL Vanilleextrakt
Kochendes Wasser nach Bedarf

◆ Die Hälfte des Zuckers in eine runde, feuerfeste Form mit 25 cm Durchmesser und 4 cm hohem Rand füllen. Die Form bei milder Hitze auf den Herd stellen. Mit einem Topflappen die Form greifen und hin und her neigen, damit sich der schmelzende Zucker gleichmäßig verteilt. Sobald er ganz geschmolzen und zu einem braunen Karamell geworden ist, die Form vom Herd nehmen. Nochmals schwenken, damit Boden und Ränder gleichmäßig mit dem Karamell überzogen werden. Beiseite stellen.

◆ Den Ofen auf 170 °C vorheizen.

◆ In einem Topf Milch und Sahne auf mittlerer Stufe erhitzen, bis sich am Topfrand kleine Bläschen bilden. Inzwischen in einer Schüssel die Eier verschlagen. Den restlichen Zucker, Salz und Vanilleextrakt unterschlagen. Dann unter ständigem Rühren langsam die heiße Milch-Sahne-Mischung hinzugießen.

◆ Die mit Karamell ausgegossene Form in eine flache, ofenfeste Form stellen und mit der Eiercreme bis zum Rand füllen. Die kleinere Form vorsichtig von außen bis zur Hälfte mit kochendem Wasser angießen. Die Creme im Ofen 35–45 Minuten backen, bis ein in die Mitte hineingestochenes Messer sauber bleibt. Aus dem Ofen nehmen und auf Zimmertemperatur abkühlen lassen.

◆ Zum Stürzen mit einem Messer am Rand der Form entlangfahren, dann eine tiefe Servierplatte umgedreht auf die Form setzen. Stürzen und die Form vorsichtig abnehmen. Die Crème caramel mit Zimmertemperatur oder gekühlt servieren.

Für 8 Personen

Glossar

Im folgenden Verzeichnis werden wichtige Zutaten und Grundrezepte der französischen Küche beschrieben, die in diesem Buch immer wiederkehren. Weitere Begriffe finden Sie im Register.

ANCHOVIS
Diese kleinen, silberhäutigen Fische – in romanischen Ländern werden Sardellen so benannt, in Deutschland steht der Name für Sprotten in Kräutersalz – werden in Salz konserviert, das ihren von Natur aus schon kräftigen Seegeschmack noch verstärkt. Filetierte Anchovis werden besonders im Süden Frankreichs in vielen Gerichten als würzende Beigabe verwendet. Obwohl Sardellen auch im Atlantik gefischt werden, stammen die feinsten Exemplare aus dem Mittelmeer. Die geschmacklich hochwertigsten und fleischigsten sind die im Ganzen in Salz eingelegten Anchovis. Sie sind in 500-g-Dosen erhältlich oder offen nach Gewicht aus großen Behältern in speziellen Feinkostläden und italienischen Delikatessgeschäften. Wenn Sie keine gesalzenen Anchovis finden, nehmen Sie stattdessen in Olivenöl eingelegte bester Qualität. Wählen Sie nach Möglichkeit in Glas verpackte Anchovis, damit Sie den Fleischanteil der Fische erkennen können.

Vor der weiteren Verwendung müssen in Salz eingelegte Anchovis zunächst unter fließendem kaltem Wasser gründlich abgespült werden. Dann mit einem kleinen scharfen Messer die Haut abschaben, die Rückenflosse abschneiden und den Fisch entlang der Mittelgräte auftrennen. Die Mittelgräte entfernen und anschließend die Filets gut abspülen. Mit Küchenkrepp trockentupfen und in ein Gefäß aus Glas oder einem anderen, nicht oxydierenden Material geben. Die Filets mit Öl bedecken; das Gefäß fest verschließen und im Kühlschrank aufbewahren. Innerhalb von zwei Wochen verbrauchen.

ARMAGNAC
Benannt nach der Landschaft um Auch, Hauptstadt der Gascogne im Südwesten Frankreichs, wird dieser feine Weinbrand aus dem regionalen Weißwein gewonnen und anders als Cognac nur einmal destilliert. Anschließend wird er in neuen Eichenfässern gelagert – im Gegensatz zu Cognac, der in alten Fässern reift. Das Ergebnis ist ein ausgeprägterer – manchmal als erdig bezeichneter – Duft als bei seinem bekannteren Verwandten. Man genießt ihn nach dem Essen und verwendet ihn zum Verfeinern der unterschiedlichsten Speisen.

ARTISCHOCKEN
Die großen, essbaren, unreifen Blütenköpfe eines distelähnlichen Gewächses gelangten im 16. Jahrhundert durch Katharina von Medici nach Frankreich. Ihr Ursprungsland wird im östlichen Mittelmeerraum vermutet. Heute werden verschiedene Sorten des Gemüses in unterschiedlichen Gegenden angebaut. Die Bretagne und Normandie sind für ihre enorm großen, kugelförmigen Artischocken bekannt, darunter die Camus, die von Mitte des Frühlings bis in den frühen Winter geerntet wird. Um das fleischige Herz freizulegen, muss man zunächst die spitzen Blätter und das stachelige Heu entfernen. Kleinere kugelförmige Sorten gibt es auch im Süden, doch die wohl bekannteste provenzalische Artischocke ist die im Herbst und Frühling erntereife Violette, eine blauviolette, spitz zulaufende Sorte von etwa der Größe einer Zitrone, die ganz jung im Ganzen roh gegessen, aber auch gekocht wird.

BOHNEN
Ob im heimischen Garten oder auf gewerblichen Gemüsefeldern, die Franzosen bauen eine Vielzahl verschiedener Bohnensorten an, von denen die einen ganz, mitsamt der Schoten, die anderen geschält gegessen oder zur späteren Verwendung getrocknet werden. Frische, im Ganzen gegessene Sorten werden unter der Bezeichnung *haricots verts,* Grüne Bohnen, zusammengefasst, obwohl sich unter ihnen auch blassgelbe Vertreter befinden. Diese Sorten werden besonders geschätzt, wenn sie jung und zart sind und noch keine Samenkerne entwickelt haben. Die in Frankreich *fèves* genannten Saubohnen oder Dicken Bohnen gleichen überdimensionalen Limabohnen und werden sowohl frisch als auch getrocknet verwendet. Meist werden die ausgelösten Bohnenkerne auch von ihrer zähen Außenhaut befreit, es sei denn, sie sind ganz jung und zart; in der Provence überspringen allerdings viele Köche diesen Arbeitsschritt. Andere geschälte Sorten, die frisch gegessen oder zum späteren Verzehr getrocknet werden, bezeichnet man gewöhnlich als *haricots.* Der Begriff umfasst eine Fülle von Sorten, darunter die besonders beliebten *flageolets,* kleine, blassgrüne Bohnenkerne von wunderbarem Geschmack; cremefarbene Sorten wie die großen *cocos* oder die kleineren *lingots,* die man durch die italienischen Cannellini-Bohnen oder amerikanische Perlbohnen ersetzen kann; und auch gesprenkelte Sorten wie die italienischen Borlotti-Bohnen.

Zum Palen der Bohnen die Schote mit der Naht nach oben zwischen zwei Finger nehmen und durch Druck auf die Naht öffnen. Den Nahtfaden abziehen und die Bohnenkerne über einer Schüssel mit dem Daumen herauslösen.

CALVADOS
Diese hochprozentige Spezialität aus der Normandie im Nordwesten Frankreichs wird aus dem Most und Fruchtfleisch von Äpfeln destilliert. Das Ergebnis ist ein trockener, klarer, bernsteinfarbener Branntwein mit einem unverkennbaren aromatischen Apfelduft. Obwohl zumeist nach dem Essen genossen und zur geschmacklichen Abrundung von herzhaften und süßen Speisen verwendet, trinkt man ihn in der Gegend seiner Herkunft auch während der Menüfolge, gewissermaßen als eingeschobenen Digestif, der *le trou normand,* normannisches Loch, genannt wird. Traditionell wurde Calvados in steinernen Krügen mit einem Apfelzweig dekoriert vertrieben. Heute verkauft man ihn zumeist in Flaschen.

CHARCUTERIE
Der französische Begriff *charcuterie* umfasst eine Vielzahl frischer und gegarter Fleisch- und Wurstwaren, die gewöhnlich in den gleichnamigen Geschäften erhältlich sind. Aus der Fülle des reichen Angebots werden folgende Produkte in diesem Buch erwähnt:

BOUDIN NOIR – Zu Deutsch »Schwarzwurst«, eine herzhafte Spezialität, die aus Schweineblut hergestellt wird und in ganz Frankreich verbreitet ist.

JAMBON – Als Oberbegriff für alle Schinken umfasst Jambon eine ganze Reihe verschiedener Sorten, darunter *jambon cru,* gesalzener, roher Schinken, der überall in Frankreich beliebt ist und

KÄSE

»Wie soll man ein Land regieren, das 246 verschiedene Käsesorten besitzt?«, beschwerte sich der französische Staatspräsident Charles de Gaulle 1962. Wie viel nachdrücklicher wäre wohl seine Klage ausgefallen, hätte er gewusst, dass es in Wirklichkeit fast 400 anerkannte Sorten im Land gibt und dass die Fülle der in kleineren Mengen, auf Bauernhöfen und in Klöstern hergestellten Sorten die Zahl auf bis zu 750 erhöhen könnte? Folgende Käsesorten sind in diesem Buch erwähnt:

BEAUFORT – Dieser in der Region Savoyen im Osten Frankreichs hergestellte blassgelbe Käse ähnelt stark dem Gruyère aus der nahen Schweiz und wird manchmal auch Gruyère de Beaufort genannt. Er hat ein volles, nussartiges Aroma und ist von geschmeidiger, halbfester Konsistenz mit nur wenigen kleinen Löchern.

BLEU DE BRESSE – Ein beliebter, aus dem alpinen Osten Frankreichs stammender Blauschimmelkäse aus Kuhmilch. Er wird besonders wegen seiner milden Würze und seiner cremigen, streichfähigen Beschaffenheit geschätzt.

CAMEMBERT – Dieser vollfette, cremige und leicht strenge Käse – eine Spezialität aus der Gegend um den gleichnamigen Ort in der Normandie – genießt den Ruf, einer der berühmtesten Käse Frankreichs zu sein. Kein Geringerer als Napoleon hat ihn dazu auserkoren und angeblich jene Frau geküsst, die ihm bei einem Besuch im Geburtsort des Camembert ein Stück davon servierte. Der aus Kuhmilch hergestellte, scheibenförmige Käse hat einen pelzigen Schimmelpilzbelag, der mit zunehmender Reife gelborange Flecke entwickelt. Vollreif sollte er innen weich und geschmeidig sein, aber nicht zerlaufen. Überreifer Camembert hat einen stechenden Ammoniakgeruch und sollte daher vermieden werden.

COMTÉ – Dem in der nahen Schweiz hergestellten Gruyère ähnlich und daher manchmal Gruyère de Comté genannt, ist dieser Kuhmilchkäse mit einem nussartigen Geschmack aus dem Jura etwas voller und weniger lieblich im Aroma als sein Schweizer Pendant.

EMMENTALER – Dieser für sein rundes, nussartiges Aroma bekannte Käse ist der Schweizer Käse schlechthin. Man erkennt ihn an seiner strohgelben Farbe und den kirschgroßen Löchern. Zu Emmental verkürzt, bezeichnet sein Name auch verwandte Kuhmilchkäse aus Savoyen und dem Franche-Comté.

FROMAGE FRAIS – ist der Oberbegriff für ungereifte Frischkäse und Quarks, die überall in Frankreich mit unterschiedlichem Fettgehalt zumeist aus Kuh-, oft auch aus Ziegenmilch hergestellt werden. Gewöhnlich isst man sie zum Frühstück oder als Dessert mit Zucker, Honig, Marmelade oder frischen Früchten.

GRUYÈRE – Dieser nach dem Ort seiner Herkunft in den Schweizer Alpen benannte Käse hat ein kräftigeres Aroma als andere Schweizer Käse – ein Ergebnis seiner langen Reifung von 10–12 Monaten. In Frankreich leiht er seinen Namen auch den sehr ähnlichen Beaufort, Comté und Emmental.

MORBIER – Dies ist ein milder, halbfester Kuhmilchkäse, dessen Ursprung hinter klösterlichen Mauern im Franche-Comté liegt. Man erkennt ihn an dem blauen Aschestreifen, der die Mitte des Laibes quer durchzieht und aus der Zeit stammt, als die Mönche den Käse noch in zwei Phasen herstellten, wobei sie den Käsebruch aus der am Morgen gemolkenen Milch mit einer dünnen Schicht Holzkohlenasche schützten, bis die Abendmilch die Käselaibe komplettierte.

MUNSTER – Ein weicher, cremiger Käse mit einer rötlichen Rinde, dessen Aroma von mild bis stechend scharf reicht. Er stammt aus dem Elsass und aus den Vogesen im Nordosten Frankreichs.

PETIT-SUISSE – Dieser Begriff bezeichnet verschiedene, industriell gefertigte, vollfette Frischkäse, die abgepackt überall erhältlich sind und besonders wegen ihres reichen und milden Aromas sowie ihrer weichen Beschaffenheit beliebt sind.

RACLETTE – Dem Gruyère ähnlich und normalerweise als ein Schweizer Produkt bekannt, wird er auch in Savoyen hergestellt. Der Name Raclette kommt von *racler* – »schaben« –, und der Käse wird eigens für das gleichnamige herzhafte und besonders in den Alpenregionen beliebte Gericht hergestellt.

REBLOCHON – Ein milder, aber aromareicher Kuhmilchkäse aus Savoyen. Jung ist er von fester, aber geschmeidiger Konsistenz. Erst mit zunehmender Reife wird er streichfähig. Die abgeflachten runden Käselaiber werden traditionell zwischen dünne hölzerne Platten verpackt.

ROQUEFORT – Dieser legendäre Blauschimmelkäse aus überwiegend Schafsmilch wird ausschließlich in Aveyron in der Gemeinde Roquefort-sur-Soulzon produziert, wo er in Höhlen reift. Er ist von cremiger bis krümeliger Beschaffenheit und hat ein würzig-strenges, salziges Aroma.

SAINT-NECTAIRE – Ein halbfester, geschmeidiger Käse aus Kuhmilch mit mild-würzigem Aroma und orangefarbener Rinde, der aus der Auvergne stammt.

TOMME DE SAVOIE – Dieser Käse aus den Bergen im Südosten Frankreichs (*tomme* bedeutet im regionalen Dialekt »Käse«) ist ein halbfester Kuhmilchkäse mit einem aromatischen Duft und einem milden, nussartigen Geschmack. Man schreibt ihn auch Tome de Savoie.

ZIEGENKÄSE – Ziegenkäse, französisch *fromages de chèvre* oder einfach nur *chèvre,* reicht von tagesfrischen, mild-süßlichen und zum Dessert geeigneten Käsen über etwas reifere, angenehm mild-würzige Frischkäse, bis zu den vollreifen, cremigen Exemplaren, die häufig mit Kräutern oder Asche bedeckt, in Kastanien- oder Weinblättern gewickelt oder in Olivenöl eingelegt sind. Alter Ziegenkäse entwickelt einen beißenden Geschmack und eignet sich gut zum Reiben.

KRÄUTER

Französische Köche ziehen eine Vielzahl von Kräutern in ihren Küchengärten, den »potagers«, sammeln sie wild in der Natur oder beziehen sie vom örtlichen Markt. Unter den vielen, in der französischen Küche verwendeten Kräutern sind folgende in diesem Buch erwähnt:

BASILIKUM – Von der Sonne des französischen Südens verwöhnt, ist dieses süßliche und pfeffrig-frische Kraut besonders in der provenzalischen Küche beliebt. Es harmoniert hervorragend mit sonnengereiften Tomaten, passt aber auch gut zu anderen Gemüsen.

DILL – Dieses feinwürzige, an Anis erinnernde Kraut wird in der französischen Küche als Würzmittel für Essig, Pickles, Marinaden und Salate verwendet, aber auch als Aromabeigabe für weniger geschmacksintensive Speisen wie Meeresfrüchte, Geflügel, Eier und milde Käse.

ESTRAGON – Ursprünglich in Sibirien zu Hause hat dieses würzig-herbe Kraut den langen Weg über Asien nach Europa zurückgelegt und im 15. Jahrhundert schließlich Einzug in die französische Küche gehalten. Der mildere französische Estragon ist seinem sehr kräftigen russischen Verwandten vorzuziehen. Er wird häufig zum Aromatisieren von Weinessig und Dijon-Senf, aber auch für Saucen und Dressings sowie zum Würzen von Meeresfrüchten, Geflügel und Eierspeisen verwendet.

KERBEL – Im Aussehen an sehr feinblättrige, glatte Petersilie erinnernd, ist dieses frische Frühlingskraut mit einem leicht süßlichen, anisartigen Geschmack besonders im Baskenland, in der Touraine und Provence verbreitet. Es passt sehr gut zu feinen Salaten sowie zu gekochtem Gemüse, Eiern, Meeresfrüchten und Huhn.

KORIANDER – Die frischen, grünen Blätter der Pflanze, die auch die gleichnamigen Samen produziert, werden von den Franzosen mitunter auch chinesische oder arabische Petersilie genannt. Die Blätter schmecken säuerlich-scharf und werden für eine Vielzahl herzhafter Gerichte verwendet.

LAVENDEL – Duft und Farbe des Lavendels verkörpern unverkennbar die Provence, wo seine violetten Blüten ganze Felder und Berghänge überziehen und sein Aroma sogar das Fleisch der grasenden Lämmer würzt.

LORBEER – Die langen, spitz zulaufenden Blätter des immergrünen, mediterranen Lorbeerbaumes, *lauris nobilis*, werden frisch oder getrocknet vor allem Gerichten mit längerer Garzeit zugefügt und sind ein klassischer Bestandteil des französischen Kräutersträußchens *bouquet garni*.

MAJORAN – Majoran ist milder im Geschmack als sein wilder Artgenosse Oregano und wird im gesamten Mittelmeerraum Frankreichs frisch wie auch getrocknet verwendet. Er passt gut zu gegrilltem Fleisch, Geflügel und Meeresfrüchten und würzt auch Gemüse und Gerichte aus getrockneten Bohnen.

MINZE – Es gibt mehr als 600 verschiedene Sorten Minze. Französische Köche verwenden zumeist die *menthe douce* oder *menthe verte* genannte Grüne Minze. Ihr erfrischender Geschmack wird zum Würzen von Gemüse und Bratenfleisch, besonders Lamm, verwendet. Man gießt die frischen Blätter auch mit heißen Wasser als Tee auf.

PETERSILIE – Die ursprünglich aus Südeuropa stammende Petersilie ist ein sehr vielseitiges Kraut und wird wegen ihres frischen, vollen Aromas zu einer ganzen Reihe von herzhaften Gerichten verwendet. Glatte Petersilie hat ein intensiveres Aroma als ihre krause Artgenossin, die vornehmlich als Garnitur zum Einsatz kommt.

RAUKE – Seit der Zeit des Römischen Reiches sammeln Köche dieses wild wachsende, pikant-pfeffrige Salatgemüse. Es ist Bestandteil der in der Provence als *mesclun* bekannten Salatmischung.

ROSMARIN – Dieser immergrüne Strauch, dessen Name aus dem Lateinischen stammt und »Tau des Meeres« bedeutet, gedeiht in der salzhaltigen Luft des mediterranen Frankreich. Sein sehr würziges Aroma passt hervorragend zu Fleisch und Geflügel, aber auch zu Tomaten und anderen Gemüsen.

SALBEI – Die bläulich-graugrünen Blätter mit einem würzigen, süßlich-bitteren Aroma sind besonders in der Provence beliebt, wo sie häufig als Würzmittel für Schwein, Kalb, Wild und gepökeltes Fleisch dienen.

SAUERAMPFER – Dieses pfeilförmige Kraut ist bekannt für seinen ausgeprägt säuerlichen, fast zitronenartigen Geschmack und ist entsprechend reich an Vitamin C. Noch junger Sauerampfer wird zuweilen für Salate verwendet. Die zarten Blätter haben die ungewöhnliche Eigenschaft, bei Erhitzen zu einem Püree zusammenzufallen, und sind ein beliebter Aroma- und Farbgeber für Suppen, Saucen und für Füllungen besonders dezent schmeckender Speisen wie Eier, Fisch, Meeresfrüchte und Kalbfleisch.

SCHNITTLAUCH – Die dünnen, zur Familie der Zwiebelgewächse gehörenden Halme werden frisch verwendet und verleihen Salaten und mild-aromatischen Speisen wie Eiern, Käse, Fisch und Geflügel einen Hauch von Zwiebel.

THYMIAN – Dieses aromatische Kraut wächst überall in Südfrankreich wild, und da Wildgeflügel und Hasen sich von ihm ernähren, würzt es oftmals ohne Zutun des Kochs. Thymian ist ein unverzichtbarer Bestandteil eines *bouquet garni* und soll eine verdauungsfördernde Wirkung haben. Er wird besonders für deftige Fleischgerichte wie Hammel, Schwein, Ente und Gans eingesetzt.

WINTER-BOHNENKRAUT – Dieses pfeffrig-herbe, immergrüne Kraut aus dem Mittelmeerraum passt hervorragend zu herzhaften Speisen wie getrockneten Bohnen, gepökeltem Fleisch, Schwein, Käse und Tomatensauce. In der Provence ist es auch als *poivre d'âne*, Eselspfeffer, bekannt.

entweder in dünne Scheiben geschnitten als Vorspeise gereicht wird oder als Umhüllung für gekochte Gemüse und andere Zutaten dient; und *jambon du pays* – wörtlich »Landschinken« –, der nach Art der jeweiligen Region gewürzt wird, wie beispielsweise die mit Paprika eingeriebenen Schinken aus dem Baskenland.

PÂTÉ – Wörtlich »Paste« bezeichnet Pâté alle Vorspeisen aus gewürzten Fleischfarcen, die gegart und anschließend heiß oder kalt und in dicke Scheiben geschnitten serviert werden.

RILLETTES – Fein zerpflücktes Fleisch, gewöhnlich Schwein, mitunter aber auch Gans, Ente oder Kaninchen, das lange gegart, anschließend im eigenen Fett eingelegt und vor dem Servieren leicht gewürzt wird.

ROULADE – Durchwachsener, gepökelter Bauchspeck, ähnlich der italienischen Pancetta.

SAUCISSE – Saucisse werden Wurstsorten genannt, die vor dem Verzehr gegart werden müssen. Besonders erwähnenswert sind die Poumonier-Würste aus Savoyen, deren Name auf das französische Wort für Lungenfleisch zurückgeht, das sie neben Spinat oder Mangold enthalten; die kleinen und schmackhaften *diots*, ebenfalls aus Savoyen stammende Schweinswürste, die gewöhnlich mit Muskat und Zimt gewürzt werden; *cervelas*, eine mit Trüffeln oder Pistazien aromatisierte Schweinswurst, die in Lyon zu Hause ist; und die in ganz Frankreich beliebte *boudin noir*.

SAUCISSON – Meist Bezeichnung für eine reiche Auswahl großer Würste, die durch Trocknen oder Räuchern konserviert und in Scheiben geschnitten gereicht werden.

COGNAC

Chevalier de la Croix-Marron, der angeblich im 17. Jahrhundert den ersten Cognac herstellte, umschrieb das Verfahren, an dessen Ende dieser weltberühmte Weinbrand steht, »die Seele des Weines einfangen«. Cognac, der seine Entstehung eigentlich einer Notlage verdankt – der Weinumsatz in der Region war drastisch zurückgegangen –, stammt aus einer genau umrissenen Gegend um die gleichnamige Stadt in der Charente im Westen Frankreichs. Er wird aus dem regionalen Weißwein hergestellt und zweimal destilliert, bevor er in alte Eichenfässer gefüllt wird, wo er zwei bis 50 Jahre reift und seine charakteristische Bernsteinfarbe sowie sein reiches Aroma entwickelt. Zahlreiche Sorten werden aus jüngeren und älteren Jahrgängen verschnitten, um eine stets gleichbleibende Qualität zu gewährleisten.

CORNICHON

Die kleinen, in Essig eingelegten Gürkchen entstammen einer speziellen Züchtung, die sehr früh gepflückt wird, wenn die Gurken noch unreif und sehr klein sind. Man reicht sie als würzige Beigabe zu Pâtés, Terrinen und anderer *charcuterie* sowie auch zu *pot-au-feu* (Rindereintopf).

CRÈME FRAÎCHE

Dieser volle, leicht säuerliche Rahm wird als Garnierung für Früchte und andere Süßspeisen, aber auch zum Verfeinern und Abrunden von Saucen verwendet. Gekühlt ist Crème fraîche streichfähig; bei Zimmertemperatur wird sie fast flüssig.

DIJON-SENF

Ungefähr die Hälfte des in Frankreich produzierten Senfes stammt aus Dijon im Burgund. Dijon-Senf oder *»moutarde de Dijon«* ist eine Mischung aus gemahlenen schwarzen und braunen Senfkörnern und dem Saft unreifer Trauben. Seine ausgewogene Mixtur aus pikanten, scharfen und milden Aromen machen ihn zu einer beliebten Ergänzung und Würzzutat für Marinaden, Bratengerichte, Saucen und Dressings. Viele Gerichte mit dem Zusatz *à la dijonnaise* enthalten eine Dosis Senf.

ESSIG

Das französische Wort für Essig – *vinaigre* – bedeutet wörtlich übersetzt »saurer Wein« und bringt auf den Punkt, was geschieht, wenn Wein oder ein anderer Gärsaft durch Kontakt mit in der Luft befindlichen Bakterien ein zweites Mal zu gären beginnt: Er wird sauer. Weinessige werden in ganz Frankreich als vielseitiges, den Geschmack anderer Zutaten intensivierendes Würzmittel geschätzt. Ein hochwertiger Weinessig beginnt schon bei der Wahl eines guten Weines, dessen charakteristische Qualitäten er letztlich widerspiegelt. Champagner-Essig hat beispielsweise ein besonders feines und erlesenes Aroma. Himbeeressig hat einen ausgeprägten Fruchtgeschmack – das Ergebnis der Vermählung von frischen Himbeeren und hochwertigem Weißweinessig. Cidre-Essig verkörpert das Apfelaroma des Cidre, aus dem er gemacht wird. Französische Köche schätzen auch den italienischen Balsamico-Essig. Ein ähnlicher Essig wird in Frankreich aus Banyuls, einem süßen, roten Dessertwein aus dem Roussillon, gewonnen.

KAPERN

Die grünlich-grauen, unterschiedlich großen Blütenknospen stammen von dem in ganz Südfrankreich verbreiteten Kapernstrauch. Sie werden in Salzlake oder Essig konserviert und ganz oder fein gehackt als Garnitur oder pikantes Würzmittel eingesetzt.

KIRSCH

Dieser fruchtige, zweimal destillierte Obstbrand ist ein Markenzeichen des Elsass. Kirsch wird aus sehr sauren Wildkirschen mitsamt ihren Steinen gebrannt. Die Kirschsteine fügen dem fruchtig-trockenem *eau de vie* einen Hauch Mandelaroma zu. Kirsch wird meist als Digestif nach dem Essen getrunken, dient aber auch zum Aromatisieren von Fruchtspeisen, Backwaren und Konfekt.

LARDONS

Streifen von geräuchertem oder gepökeltem Speck, die mageres und trockenes Fleisch wie Wild und Geflügel am Trockenwerden hindern sollen. Lardons werden entweder mit einer speziellen Nadel befestigt oder einfach auf das Fleisch gelegt. Der Begriff bezeichnet auch gebratene Speckwürfel.

MACHE

Dieses in Deutschland unter den Namen Feldsalat und Rapunzel bekannte Salatgemüse mit den kompakten dunkelgrünen Blattrosetten wächst im Herbst wild in Frankreich und wird von Spätsommer bis zum Frühling angebaut. Die zarten, aromatischen Blätter werden meist roh zu Salat verarbeitet, können aber auch blanchiert werden.

NÜSSE

Nüsse werden überall in Frankreich in großer Sortenvielfalt angebaut, und ob geröstet und gesalzen als Begleiter zum Aperitif oder gemahlen in Backwaren und Desserts eingearbeitet; sie kommen auf die unterschiedlichsten Weisen zum

Einsatz. Mandeln gedeihen in der Provence, wo man sie sogar roh und noch weich isst. Maronen, die vor allem in der Region südlich von Paris wachsen, sind eine typische Wildbeilage und finden auch in der Dessertküche Verwendung. Auch die im Südwesten und in Savoyen angebauten Haselnüsse werden vielfach in Desserts verarbeitet, obwohl sie genauso zu herzhaften Gerichten passen. Pinienkerne, die Samenkerne aus den Zapfen einer bestimmten Kiefernart, gedeihen in der Provence. Man fügt sie Pâtés, Terrinen und verschiedenen Backwaren zu. Die ebenfalls aus dem Süden stammenden Pistazien harmonieren ganz besonders gut mit Geflügel und *charcuterie* und sind auch in Desserts beliebt. Walnüsse sind im gesamten Süden und Osten des Landes verbreitet, in der Dordogne, Gascogne, Provence und in Savoyen mit der besonders ertragreichen Gegend um Grenoble. Sie sind in herzhaften wie süßen Speisen gleichermaßen beliebt.

Zum Rösten die nebeneinander auf ein Blech gelegten Nüsse 5–10 Minuten in den auf 170 °C vorgeheizten Ofen geben, bis sie eben dunkel zu werden beginnen. Wieder herausnehmen und abkühlen lassen. Auf diese Weise löst sich die Haut von Hasel- und Walnüssen, die sich nun durch einfaches Reiben der noch warmen Nüsse mit einem Handtuch entfernen lässt.

OLIVEN
Ob gewässert und in Salzlake eingelegt oder gesalzen und in Öl konserviert, vor allem in Frankreichs sonnigem Süden genießt man eine Vielzahl verschiedener Olivensorten, sei es als Häppchen zum Aperitif oder als Zutat in Vorspeisen, Salaten und vielem mehr. Zu den schmackhaftesten zählen die kleinen schwarzen *niçoise*-Oliven, die man durch eine ähnliche Sorte aus Nyon oder von der Drôme oder durch die im Geschmack etwas schärferen Kalamata-Oliven aus Griechenland ersetzen kann.

PETITS POIS
Die nahe Paris und im Norden und Westen des Landes angebauten grünen Frühlingserbsen werden besonders wegen ihrer Feinheit und außergewöhnlichen Süße geschätzt. Erbsen lassen sich sehr gut einfrieren, so dass sie außerhalb der Saison als Tiefkühlprodukt mit der Aufschrift *»petits pois«* ein würdiger Ersatz sind.

PUY-LINSEN
Die in der Gegend um Puy-de-Dôme in der Auvergne wachsenden, kleinen blaugrünen Linsen haben ein feineres Aroma als andere Sorten und werden besonders geschätzt, da sie beim Kochen ihre Form bewahren.

QUITTEN
Dieses im Osten Frankreichs angebaute Obst erinnert an große, plumpe, gelbgrüne Birnen. Doch anders als Birnen sind sie roh ungenießbar und von unangenehm bitterem Geschmack und harter Konsistenz. Erst beim Kochen werden sie weich und entfalten ihr süßes, duftendes Aroma, das bei gebackenen Desserts und zuweilen auch in herzhaften Gerichten zur Geltung kommt. Meist werden Quitten jedoch zu Gelees, Marmeladen und in Konfekt verarbeitet.

RÜCKENSPECK
Der fette Speck aus der Rückenpartie des Schweines wird zur Herstellung von Schweineschmalz, zum Verpacken und Umhüllen von Bratenfleisch, damit es schön saftig bleibt, und als Zutat in Würsten, Pâtés und Terrinen verwendet.

SAFRAN
Die hocharomatischen getrockneten Narben einer Krokusart sind ein kostspieliges Gewürz, das in vielen Teilen Frankreichs, besonders aber in der Provence, verwendet wird, um herzhaften wie süßen Speisen sein kräftiges blumiges Aroma und seine charakteristische gelbe Farbe zu verleihen. Obwohl Safran auch in der Gegend um Orléans, westlich von Paris, gezüchtet wird, gilt sein spanischer Artgenosse im Allgemeinen als der feinere. Kaufen Sie immer die geschmacklich überlegenen ganzen Narben oder Fäden statt Safranpulver.

SEMMELBRÖSEL
Semmelbrösel dienen als knusprige Kruste bei Überbackenem und zum Anreichern und Binden von Füllungen und Farcen. Sie sollten aus ein oder zwei Tage altem Weißbrot hergestellt werden, so wird die Krume schön fest.

Für die Herstellung von Semmelbröseln zunächst die Rinde des Brotes abschneiden. Dann das Brot in eine Küchenmaschine geben und entsprechend dem gewünschten Mahlgrad zu groben bis feinen Bröseln verarbeiten. Zum Trocknen die Semmelbrösel auf einem Backblech verteilen und für etwa 15 Minuten in den auf 170 °C vorgeheizten Ofen geben. Zum Rösten die Semmelbrösel weitere 15 Minuten im Ofen goldgelb werden lassen und zwischendurch ein bis zweimal wenden.

SCHWEINENETZ
Schweinenetz, in Frankreich *crépine* genannt, ist eine dünne Fettmembran, die den Magen des Schweines umgibt. Ihr feines Flechtwerk erinnert an einen spitzenartigen Schleier. Schweinenetze werden gewöhnlich als essbare Verpackung für hausgemachtes Fleischbrät, das zu kleinen, *crépinettes* genannten Paketen geformt wird, verwendet. Doch sie dienen auch zum Umwickeln von Kalbsbraten, damit dieser schön saftig bleibt, sowie als Umhüllung von Pâtés und Terrinen, ja selbst von gefülltem Kohl. Schweinenetz erhalten Sie frisch oder eingesalzen beim Schlachter. Ist es zu steif zum Verarbeiten, weichen Sie es für etwa 5 Minuten in warmem Wasser ein, bis es geschmeidig ist.

TOMATEN
Von den spanischen Entdeckern im 16. Jahrhundert aus der Neuen Welt nach Europa gebracht, sind Tomaten mittlerweile ein unverzichtbarer Bestandteil besonders der sommerlichen südfranzösischen Küche.

Zum Häuten der Tomaten mit einem scharfen Messer den Fruchtansatz herausschneiden und die Haut an der Oberseite einkreuzen. Für etwa 20 Sekunden in kochendes Wasser tauchen und anschließend in Eiswasser abschrecken. Mit den Fingern oder einem Messer die eingeritzte Haut abziehen. Zum Entkernen der Tomaten die Früchte quer halbieren und behutsam ausdrücken.

WACHOLDERBEEREN
Die leicht harzigen, getrockneten Beeren stammen von einem kleinen immergrünen Strauch und sind besonders im Nordosten und in der Alpenregion Frankreichs ein beliebtes Würzmittel für Schweinefleisch und Wildgerichte. Wacholderbeeren sind eine unverzichtbare Zutat für *choucroute garnie*, das fleischreiche Sauerkrautgericht aus dem Elsass, und werden häufig auch in Marinaden und Füllungen sowie für Pâtés und Fleischbrät verwendet. Vor der Verwendung zerdrückt man die Beeren gewöhnlich ein wenig, damit sie ihr Aroma besser abgeben können.

FONDS

Verwenden Sie für die Rezepte in diesem Buch qualitativ hochwertige, in Dosen abgefüllte oder tiefgekühlte Fonds und achten Sie darauf, dass das Produkt nicht zu salzig ist. Oder stellen Sie einen der folgenden Fonds selbst her, wenn Sie mal einen Nachmittag Zeit haben.

RINDERFOND

3 kg Fleischknochen von Kalb und Rind, vom Metzger in Stücke gehackt
2 Zwiebeln, grob gehackt
1 Stange Lauch, geputzt und grob zerkleinert
2 Karotten, geschält und grob gehackt
1 Stange Bleichsellerie, grob gehackt
250 ml heißes Wasser
6 Knoblauchzehen
4 Zweige glatte Petersilie
10 Pfefferkörner
3 Zweige frischer Thymian
2 kleine Lorbeerblätter

Den Ofen auf 220 °C vorheizen. Die Kalbs- und Rinderknochen in eine große Bratenpfanne geben und im Ofen etwa 1½ Stunden unter gelegentlichem Rühren von allen Seiten rösten, bis sie schön braun sind. In einen großen Topf umfüllen, großzügig mit Wasser bedecken und langsam zum Kochen bringen. Den sich an der Oberfläche absetzenden Schaum immer wieder abschöpfen. Die Hitze auf niedrige Stufe herunterstellen und unbedeckt 2 Stunden köcheln lassen. Wasser nachfüllen, falls nötig, damit die Knochen stets gut bedeckt sind. Gelegentlich abschäumen.

Inzwischen die Bratenpfanne auf den Herd setzen und Zwiebeln, Lauch, Karotten, und Sellerie in das verbliebene Fett geben. Auf hoher Stufe unter häufigem Rühren 15–20 Minuten rösten, bis das Gemüse karamellisiert. Acht geben, dass es nicht verbrennt.

Nach zwei Stunden das Röstgemüse zu den Knochen geben. Die Bratenpfanne mit dem heißen Wasser ablöschen. Zum Kochen bringen und den am Pfannenboden haftenden Satz losrühren. Die Flüssigkeit in den Topf geben. Knoblauch, Petersilie, Pfefferkörner, Thymian und Lorbeer auf ein Stück Mulltuch legen, die Ecken zusammenführen und mit Küchengarn fest verschnüren. Den Gewürzbeutel in die Brühe geben. Bei geringer Hitze unbedeckt weitere sechs Stunden, besser noch den ganzen Tag, köcheln lassen.

Den Topf von der Kochstelle nehmen und die festen Bestandteile mit einer Schaumkelle herausschöpfen. Die Brühe durch ein Sieb abseihen. Anschließend das Sieb mit einem Mulltuch auslegen und die Brühe ein zweites Mal passieren. Den fertigen Fond unbedeckt gänzlich auskühlen lassen. Vor der weiteren Verwendung die an der Oberfläche erstarrte Fettschicht abschöpfen. In einem fest verschlossenen Behälter hält sich der Fond im Kühlschrank bis zu 5 Tage, in der Tiefkühltruhe bis zu 2 Monate.

Ergibt 4–5 Liter

HÜHNERFOND

2,5 kg Geflügelklein, ohne Fett
3 l Wasser
1 Zwiebel, geschält und gehackt
1 Karotte, geschält und gehackt
12 Zweige glatte Petersilie
1 TL frischer oder ½ TL getrockneter Thymian
1 Lorbeerblatt

Das Geflügelklein mit sämtlichen anderen Zutaten in einen großen Topf geben. Langsam zum Kochen bringen und regelmäßig den sich an der Oberfläche absetzenden Schaum abschöpfen. Die Hitze auf niedrige Stufe herunterstellen und unbedeckt 3–4 Stunden köcheln lassen, bis sich das Fleisch von den Knochen löst. Das verkochte Wasser immer wieder ergänzen.

Ein Sieb mit einem Passiertuch auskleiden, die Brühe abseihen und vollständig auskühlen lassen. Die an der Oberfläche erstarrte Fettschicht vor der weiteren Verwendung abschöpfen. In einem fest verschlossenen Behälter hält sich der Fond im Kühlschrank bis zu 5 Tage, in der Tiefkühltruhe bis zu 2 Monate.

Ergibt 3 Liter

GEMÜSEFOND

1,5 kg verschiedene frische, zerkleinerte Gemüse, z. B. Lauch, Sellerie, Tomaten, Champignons, Grüne Bohnen, Spinat, Mangold
1 Zwiebel, grob gehackt
1 Karotte, geschält und grob gehackt
12 Zweige glatte Petersilie
1 Prise Thymian
1 Lorbeerblatt

Sämtliche Gemüse in einen großen Topf geben. Petersilie, Thymian und Lorbeer auf ein Stück Mulltuch legen, die Ecken zusammenführen und mit Küchengarn fest verschnüren. Den Gewürzbeutel in den Topf geben. Alles gut mit Wasser bedecken und auf großer Stufe zum Kochen bringen. Die Hitze sofort wieder auf niedrige Stufe reduzieren und unbedeckt 1–1½ Stunden köcheln lassen, bis der Fond ein kräftiges Aroma hat. Die verkochte Flüssigkeit immer wieder ergänzen. Den fertigen Fond durch ein feinmaschiges Sieb abseihen. Entweder sofort weiterverarbeiten oder zur späteren Verwendung vollständig auskühlen lassen. In einem fest verschlossenen Gefäß hält sich der Gemüsefond im Kühlschrank 1 Woche, in der Tiefkühltruhe bis zu 2 Monate.

Ergibt 2–3 Liter

Register